八卦掌汇宗

李子鸣 著

李秀人 整理

人民体育出版社

顾　　问：徐　才　康戈武　线起华

初稿整理：李秀芝　张修林

二稿整理：李秀人　李秀惠

责任编辑：孔令良

动作示范：李秀人

动作绘图：何芳桂

逸事插图：张　坤

美术设计：张　云

动作摄影：于　建

排版录人：王晶涛

代前言

——1984 年李子鸣先生拍摄动作片前言节选

　　董海川先师始创八卦掌，已遍布全世界，各地中外人士爱好者颇多。吾拜董公门下八卦掌第二代梁振蒲先生为师，已锻炼七十年有余，接受恩师及众师伯师叔教诲深受其益。八卦掌创自董海川先师，为中华武林精华，值此机会把先辈所传尽数献出，盼后辈武林研习。崇武尚德，把这宝贵的中华文化遗产继承下来，为祖国、为人民作出贡献，振兴中华，吾愿足矣。

李子鸣

作者像

1988年时任国家体委副主任、中国武术协会主席、中国武术院院长徐才先生
为李子鸣先生颁发"中国武术贡献奖"

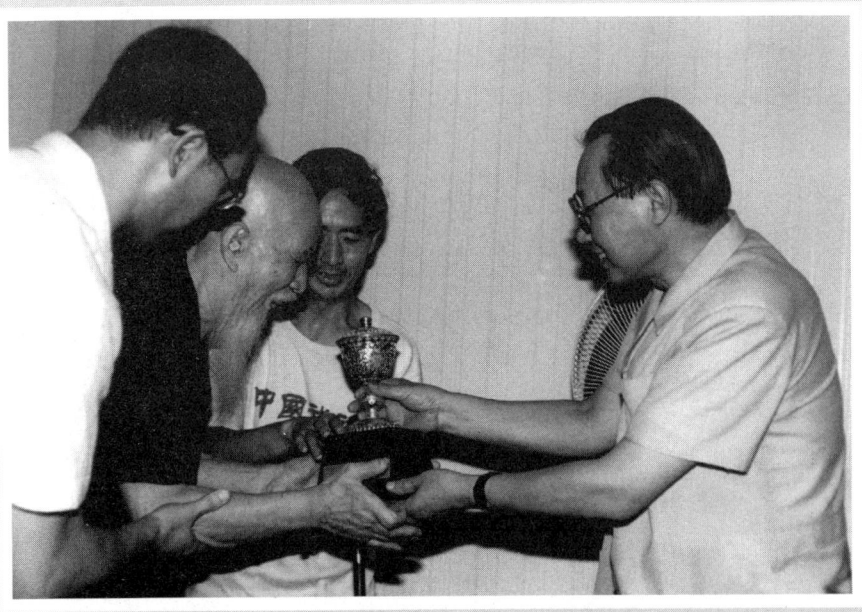

1990年时任国家体委副主任、中国武术协会主席、中国武术院院长徐才
向李子鸣先生颁发"武术成就奖"

李子鸣夫妇与原北京市副市长陆禹、北京市武术运动协会主席刘哲、
秘书长范宝云在董海川先师墓前合影

1982年李子鸣先生与首届八卦掌研究会各支系老武术家、老拳师合影

1984年李子鸣先生为董海川先师扫墓

李子鸣先生三伏天伏案疾书整理八卦掌资料

李子鸣先生与武术名家在北京大学合影
左起：周遵佛、马礼堂、李子鸣、吴图南

1981年李子鸣先生与康戈武先生在
万安公墓董海川先师墓前对练

禀承师传　八卦掌四世同堂　丹心同怀　毋忘振兴中华

1983年李子鸣先生在弟子收徒仪式后与师兄弟、师侄及再传弟子合影
一排左起：王桐、孙鸿彦、王其昌、马传旭、安国良、李子鸣、傅振伦、诸葛家葆、
刘介民、傅质彬、张子玉、李长兴
二排左起：魏永顺、隋云江、彭超、张俊民、李功成、赵大元、张华森、姜胜远、高虎、邢志宏

1983年李子鸣先生与夫人线起华在师兄郭古民先生墓前

1986年李子鸣先生与夫人线起华于北草厂胡同14号家中

李子鸣先生与五女李秀仁　　　　　　李子鸣先生与六女李秀芝

1989 年李子鸣先生与家人合影

李子鸣先生练功照，时年 83 岁

李子鸣先生八卦掌著作选

《梁振蒲八卦掌》　　　　（1982 年）

《董海川转掌》　　　　　（1983 年）

《八卦掌气功健身术》　　（1984 年）

《董海川转掌》　　　　　（1984 年）

《董海川转掌》　　　　　（1984 年）

《八卦掌悟通》　　　　　（1975 年）

《董海川八卦掌》　　　　（1985 年）

《意气功详解》　　　　　（1987 年）

《八卦六十四式秘手》　　（1992 年）

《八卦掌珍秘录》　　　　（1992 年）

《梁派八卦掌》（老八掌）　（2003 年）

人尽其业在，
人尽其缘在，
人尽其风范在，
人尽其精神在。

徐才

原国际武术联合会主席 亚洲武术联合会主席 国家体委副主任 中国武术协会主席
国家体育总局武术研究院院长徐才先生题

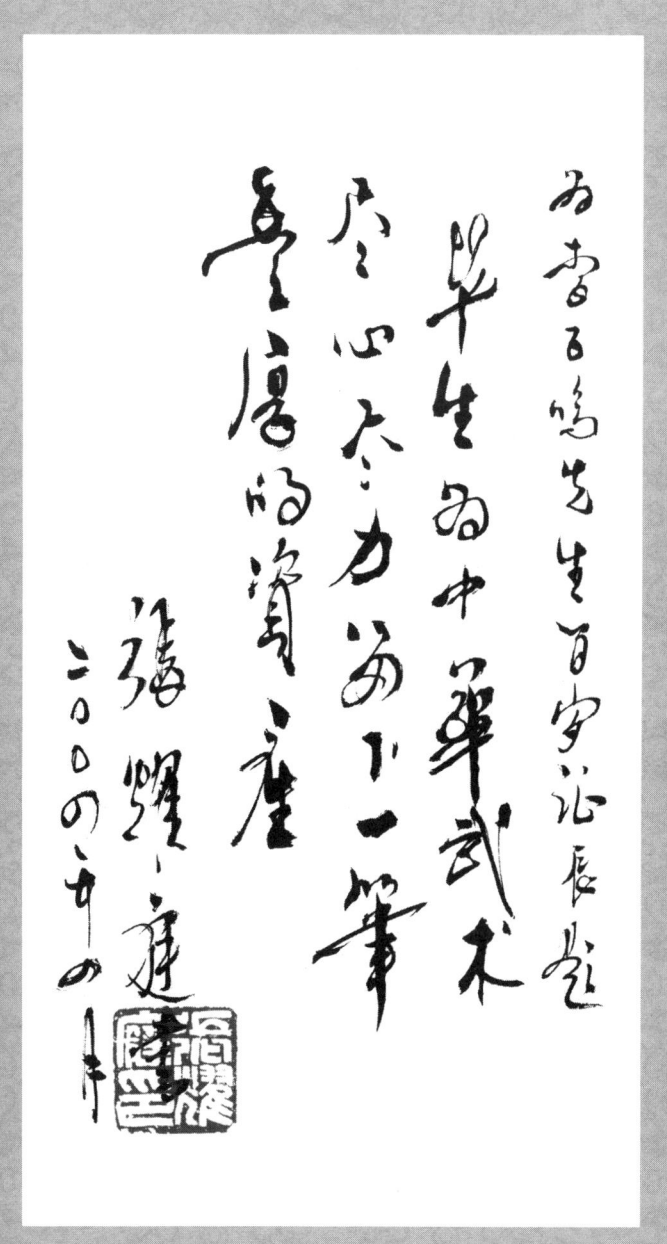

为雪上鸣先生百岁诞辰题

半生留中华武术
尽心尽力为巨笔
丰厚的资产

张耀庭
二〇〇四年

原中国武术协会主席 国家体育总局武术研究院院长张耀庭先生题

缅怀著名武术家李子鸣先生

武艺双馨

无极拳术

中国武术协会主席 王筱麟

二〇〇四年秋

原中国武术协会主席 国家体育总局武术研究院院长王筱麟先生题

八卦門宗師李子鳴先生

宏揚武學

掌中闡祕

香港武術聯會會長霍震寰敬題

香港武术联合会会长霍震寰先生题

弘揚中華武術
振興民族文化

一九九〇年春　張文廣

原北京体育大学教授张文广先生题

龍行電話 猿步鷹乌翻

如風曳柳 似珠走盤

子鸣先生大作
出版书此以贺
𣏾掌学

萧军 [印]

中国著名文学家萧军先生题

大师虽去　风范永存

武林英豪、八卦掌大师李子鸣先生辞世已有十年。十年间他那慈祥和善的音容笑貌、诲人不倦的为师风范依然深刻留在人们记忆之中。在他十年忌辰，出版一本画集以示后人对他的缅怀追念，实在是太好了。

子鸣先生是人去事业在，人去人缘在，人去风范在，人去精神在。

北京的八卦掌武术事业在蓬勃发展，新人辈出，这会使您含笑九泉。您那爱国爱民、贡献革命的高风亮节始终为人们所称颂和乐道。

我国历史上曾涌现过众多的武林英豪。尤其在长期的封建社会，战乱不断，灾害频频，官府的横征暴敛使得民不聊生，人们渴望出现有超人胆识、超人品格、超人力量的英雄，于是产生了行侠仗义的侠士、侠客。春秋战国时侠客之风盛行，一直到封建社会解体绵延二千余年。侠士、侠客沉淀了丰富的侠士精神。梁启超就曾著书列举了多条侠义精神，其中最重要的一条就是"国家重于生命"。这种国家至上、民族至上的爱国精神，到了近代帝国主义列强侵略中国后，更是深深地渗入武林英豪头脑里。像北京颇负盛名的大刀王五，曾与维新派烈士谭嗣同来往情深。当谭被捕时他全力营救，之后又率众迎击八国联军，竟惨遭杀害。在反对帝国主义侵略的斗争中涌现了一批武林豪杰，他们的爱国精神、抗敌风骨让人永志不忘。

在伟大的抗击日本帝国主义斗争中，著名武师李尧臣、朱凤君、吴江平等先后应聘为 29 军的教官，传有名的 29 军大刀队威震日寇，名扬全国。而在北京经商的八卦掌传人李子鸣积极参加革命工作，掩护中共地下党的同志，直至北京解放。他曾掩护过的原北京市副市长陆禹同志，一直与子鸣先生过从甚密，一直保持着深深的革命情谊。李子鸣先生不只是中华武术的积极传播者，而且是为革命事业做过至大贡献的革命者。

在子鸣先生十年忌辰，我要说：大师虽去，风范永存。

原国家体委副主任　中国武术协会主席　国家体育总局武术研究院院长
亚洲武术联合会主席　国际武术联合会主席　　　**徐才**

2003 年 9 月·北京

序

——追忆李子鸣先生

积累、思致和探讨上做到窗悫的理路往虚卜志、书写...

李先生看了之年、为了更好的搞自己毕生对搞研究成果的...

不日功劳的仅生一世。

李先生、那么迫论是陈年佳酿是他因汗水和心空酿造守......是

传播中国武术、这本书以备贵于她毕生的心血、对来起的郑书比作一

李子鸣先生从少年起开始习武到他九十二岁仙逝一生热爱、研究、

阐并未陪勤我们对迫往可敬老人的思索。

发阁远逝、李子鸣先生高五我们上往十年了、缓写的阎和灵

句读、曲手对李先生的尊崇、欣然命笔。

他的女儿、老人女士是一往事世的感切学、希圣我为话书论几

李子鸣先生生遗著面版、不胜之喜！

这也是对李鸣先生以及天王泰深切的纪念！

典籍问世，所以，我为李子鸣先生的遗著王履向敛慰！

的人士日渐增多，无论热爱与习练者，研究本更期待真佳的

推爱和奉献！纵观华夏、喜爱和传好中国传统武书文化

是父女情长，人之孝道，又好似是两代人对中国传统武书文化的

归正部小都李典，滥正武正服，我想这一举动，正是吞的绝不仅：

再资进引想些照，车地如爱女经历她老人家的遗愿

在地弥留之际，为子满足老先生的心愿，寄人成郡书研究人员

提供给众好的武书爱好者，促史手评名的原因二去未解正帖，

她伏案疾书，废寝忘食将好自己的著作以至挥刻字油印无偿地

是为序

癸巳夏月
张耀庭

发扬武德传统　提倡奉献精神

各位来宾、李子鸣先生的亲友及传人：

今天，大家怀着崇敬的心情，来到这里参加李子鸣先生墓碑落成仪式，缅怀这位为武术发展做出了重要贡献的著名武术家。

李先生的贡献是多方面的，其中贯穿着一种精神。这种精神，就是作为传统武德核心的奉献精神。

一些老同志对我说，在革命战争时期，李子鸣先生不顾个人安危，掩护中共北平工委负责同志，不惜耗费家资营救被捕的革命同志。这些无私的奉献，正是为国为民、坚持正义等武德传统的体现。

在武术方面，李子鸣先生的奉献精神，表现在他将广求名师学得的技艺，义务传授给求学者；将自幼收集的武术资料，无偿赠送给研究者。他年逾古稀后，还为了保护武术古迹，发起并主持迁建八卦掌创始人董海川墓碑群；为了八卦掌的普及与提高，创建八卦掌研究会，开设八卦掌辅导站，主办八卦掌会刊，编写八卦掌专著，在国内推广，到海外宣传，将他的晚年奉献给了武术事业。

李子鸣先生不愧为武术贡献奖的获得者，不愧被人们尊为一代宗师，不愧人们送给的"德高望重"匾。

我们缅怀李子鸣先生，就应该向李子鸣先生学习。不仅要学习他高超的武术技艺和广博的武术知识，更重要的是学习他高尚的武德和无私奉献的精神。只有德艺双修、德艺双优，才算得上一个真正的武术家。只有具备了无私奉献精神，才能对武术、对社会、对人类做出更多的贡献。

原中国武术协会主席　国家体育总局武术研究院院长　李　杰

1997 年 4 月 5 日

德艺双馨　无私奉献

今年正好是著名武术家李子鸣先生逝世 11 周年，我主持武协工作刚刚 10 个月。在对前边的工作学习了解过程中，很多老同志向我介绍起李子鸣先生，称他为一代宗师。在抗日战争和解放战争时期，李子鸣先生不顾个人安危，花自己钱财掩护北平工委主要负责同志，营救革命同志出狱，为革命做出了忘我的贡献。新中国成立后，李子鸣先生先后在工业战线的很多工厂担任领导工作，在搞好本职工作的同时，花了很大心血，在弘扬中华武术的光荣传统和民族精神方面做了大量的工作。

他在全国第一个成立了八卦掌研究会，并有很多专著，弟子遍天下，不仅在国内还有的在国外。那时李老无偿教学、无私奉献，对学生倾其所有。包括海外学生，和弟子建立了深厚的感情。李老去世后，他的海外弟子也赶到北京吊唁他。由此可见李子鸣先生的师德师风堪称楷模。

我们学习李子鸣先生，尤其要学习他在武术事业上所表现的高尚武德和为武术事业发展贡献自己一生的无私奉献精神。

最近中宣部、教育部要求在中小学课程中适当增加武术课，不单是加大武术课时间的问题，更重要的是要教育青少年懂得武术是中华民族特有的，通过武术教学，加深爱国主义教育。爱国主义精神在李老身上体现得很完美。在中国的武术史上，有一代代志士仁人，李子鸣先生是这中间非常突出的一位。当前正面临中国武术申请进入奥运会，我们一定要把中国武术推向世界。

在武术事业蓬勃发展的今天，我们不会忘记为中国做出贡献的老同志，全国体育武术工作者都要学习李子鸣先生的崇高精神，把各项工作搞好。

原中国武术协会主席 国家体育总局武术研究院院长　王筱麟

2004 年 4 月 20 日

读《八卦掌汇宗》　学李子鸣做人

李子鸣先生，姓李名镛，字子鸣。河北冀县人，生于 1902 年，卒于 1993 年 1 月。李先生自幼受家庭熏陶，习文练武，能书善画。成年后，学铸造，设公司，办工厂。工作兢兢业业，一丝不苟。处事刚正不阿，尚德重义。对人宽厚谦和，乐善好施。他一贯热爱祖国，热爱民族，关心国家命运，急他人危难。李子鸣先生早年参加革命。在抗日战争和解放战争时期，不怕个人牺牲，不顾家属安危，根据中国共产党组织的决定，在北平城内开设宏业酱油厂及元隆商行，掩护北平工委主要负责同志，还不惜家资营救革命同志出狱。李子鸣先生为祖国做出了忘我贡献。

新中国成立后，李子鸣先生服从党组织的安排，先后担任制冰厂、食品厂等几个国营工厂的厂长。李先生晚年拥护改革开放，强调在借鉴西方有益经验的同时，要继承国粹，发扬中华民族精神。他致力于继承、整理、研究和推广中华武术，为武术事业的发展做出了突出贡献。曾任中国武术协会荣誉委员，北京市武术运动协会顾问，八卦掌研究会会长，全日本中国拳法联盟顾问。李子鸣先生是一位德高望重、享誉海内外的著名武术家。

李子鸣先生于 1921 年带艺拜董海川入室弟子梁振蒲为师，研习八卦掌。随后，又入河北省国术馆，得到张占魁、尚云祥、居庆元等武术名家的指教。在北京与郭古民、李少庵、曾省三等众多武术名家交往密切，博览了不同流派的技法，收集了大量资料，取各家之长，完善了梁振蒲先生承传的八卦掌体系，培养出了一批著名拳师和名手。他还通过自身的实践体验，发展了对八卦掌的理论认识，精辟地指出了八卦掌的技击特点是运动战、游击战。系统地注释了八卦掌传统的《三十六歌》《四十八法》，揭示了其中的奥秘。他相继编写出版和刊刻了《董海川转掌》《梁振蒲八卦掌》《八卦掌珍秘录》等十多种专著和稿本，为武术技术和理论建设做出了可贵的贡献。

李子鸣先生在年逾古稀后，不辞艰辛，竭力奔忙，联络同好，牵头挖掘八卦掌创始人董海川先师墓碑，迁建董海川先师墓陵，创建八卦掌研究会，主办《会刊》，开设八卦掌辅导站，开展与海外同仁的交流。这些工作，加强了武术传习者间的团结，活跃了武坛的学习气氛，推动了武术技术和理论的发展。这在浩劫刚过、百废待兴之时，起到了倡导尊重民族传统和热爱民族文化的积极作用。李老的益举受到海内外武术同好的推崇和体育界、文化界的赞誉，多次获得中国武术协会和北京市武术运动协会的嘉奖。

李子鸣先生年过八旬后，还无私地向北京市武术队、体育院校师生及各界武术爱好者传授技艺。应聘为北京大学、清华大学、人民大学、科技大学、工业大学、航空学院等大专院校武术协会的名誉会长或顾问，向学子们讲授和传播传统武术。还应邀到日本、新加坡等国讲学，向慕名前来求教的美国、韩国、日本、英国、奥地利、新加坡、比利时等国家和港澳地区武术爱好者传授拳技。李老为弘扬中华民族传统文化，加强中外文化交流，做出了重要贡献。

李子鸣先生品德、师德、武德堪称师表，爱国、爱乡、爱民堪称楷模，为我们做出了献身祖国、承传武术、弘扬武德、发展武术文化的榜样。

国家体育总局武术研究院　秘 书 长
国家武术研究院专家委员会　执行专家　**康戈武**
中国武术协会段位制办公室　主　　任

整理者的话

父亲的遗著《八卦掌汇宗》终于在他走后 22 年正式出版了，我也如释重负。

作为父亲疼爱的女儿，我亲眼目睹了他老人家为了传承中国传统武术、弘扬民族精神、光大八卦掌这一武林奇葩而付出的艰苦努力，用呕心沥血来形容并不为过。

父亲虽从少年开始习武，但到了青少年时期，身体一度特别虚弱，也有大夫断言命不久长。可自从他于 1921 年带艺拜八卦掌第二代名家梁振蒲先生为师习练八卦掌后，仅一年多的时间，身体就大好。自此，他坚持习练八卦掌 70 余年，尊恩师为再生父母追随一生。同时，他也立志将八卦掌这一集养身防身、内外兼修、刚柔相济且蕴含着深奥传统文化的优良拳种传承下去，让更多的人受益。

出于对祖国、对民族对人民的大爱和对中国传统武术文化的痴迷，父亲对中国的宝贵文化遗产产生了浓厚的兴趣和追求。他对中国传统武术文化的传承和发展，也有自己深刻的认识和独到的见解。

父亲在 1954 年 3 月 4 日的一篇日记中这样写道："旧有遗传下来的各种拳术对身体健康特有功效，到现在失传很多。失传原因：擅长武技的人往往采取保守态度，密不传人，所以学者日少，行将失传。"接着他又写道："建议政府予以提倡，一方面提倡，一方面对旧有国术在方式方法上加以改善，对擅长武技的人士加强新的教育，截长补短取精用宏，想象这样对人民健康上是有极大贡献的。"

正是由于父亲在 60 年前就认识到了中国传统武术有行将失传的危险，所以，他在传承与发展上殚精竭虑、不遗余力。1980 年，他牵头倡议为八卦掌创始人董海川先师迁坟立碑后，马上又积极倡导并在武术界各级领导和北京八卦掌各支系老拳师的支持参与下，组建了全国第一家单拳种研究会——北京市武术运动协会八卦掌研究会。当时，他发起创建八卦掌研究会的目的就是想把习武之人组织起来，改变当时武术界一盘散沙的现状。

他对自己的学生说："研究会是干什么的，首先是把同仁团结起来，组织起来。研究什么？就是要研究发展中国传统武术。有继承才有发展。怎么继承？要继承就要把老祖宗好的东西挖掘出来，去除不好的。要发展就要普及，有了普及才能提高发展。"

父亲是这样说的，也是这样做的。在他担任八卦掌第一任会长期间，组织出版了八卦掌研究会会刊；在北京创办了近30家八卦掌辅导站；他积极参加中国武术协会和北京武术运动协会组织的各种活动；带着他的弟子第一次把传统武术八卦掌推进了高等学府，并坚持教学。他80岁高龄还骑着自行车送艺上门。有时坐公交车到武校和警校，示范教学。也是他，第一次打破传统观念，把八卦掌过去密不传人的"三十六歌""六十八法"率先公布于世。他打破陈腐的门户之见，倡导门中同仁互学互助、互相尊重、取长补短、尊师重道，团结一致以大局为重。

我觉得父亲那种老骥伏枥、志在千里和不懈追求、勤奋努力的精神，是特别值得我们后人学习的。

他晚年为了抢救性的整理武术资料，每天伏案十多个小时，多少次写累了就趴在书桌上睡着了。有时候睡到半夜，想起什么，披上衣服继续奋笔疾书。从20世纪70年代初，他已经把自己多年积攒的资料、笔记、心得整理成册，先后刻印了《八卦掌悟通》《八卦掌怎样使人健康》《董海川转掌图解》《八卦气功健身术》《梁振蒲八卦掌》等十几部武术专著。更可贵的是，他把这些宝贵资料无偿地送给武术爱好者和八卦掌习练者，表现出一个武术工作者的胸怀和气度。

但遗憾的是，由于种种原因在他弥留之际，却未能见到他自己专著的正式出版，这也是母亲去世前的热切期盼，更是我们做儿女的愧疚。时隔22年，在中国武术协会和北京市武术运动协会各位新老领导的关注与激励下，在师兄弟、师侄们的配合下，在武术同好的支持下，在我们姊妹的积极努力下，父亲的遗著终于能和广大武术爱好者和八卦掌习练者见面了，我们感到万分释然和高兴，因为我们终于做了一件我们早就应该做的事。

在这里，我代表家人，感谢中国武术协会、国家体育总局武术研究院和北京市武术运动协会各届领导多年来的关注与支持，感谢武术界同仁的厚爱，感谢大家的鼓励。是大家在父亲走后22年来的不离不弃和殷切期望，使我们成就了这本书。

鞠躬致谢！

李秀人

2014年6月

代前言

理论部分

技术部分

附 录

理论部分

八卦掌的命名由来

八卦掌的习练往返变化运动刚柔相承，走圆转圈亦是循八个方位，形同易理中的八卦一般，因此借作拳的名称。八卦掌的拳理也以古代《周易》之义理来阐发。八卦有先天八卦（伏羲八卦）和后天八卦（文王八卦），二者的卦序排列不同。

先天八卦的卦序是：乾、兑、离、震、巽、坎、艮、坤，后天八卦的卦序则是：乾、坎、艮、震、巽、离、坤、兑，图1-1所示的是先天、后天八卦合一图，内圈为伏羲先天八卦图，外圈为文王后天八卦图。

图1-1 先天、后天八卦合一图

两卦按各自的卦序连接起来就是"S"和"C"图形（图1-2、图1-3），若按《易》理将八卦的"数""重卦"和组合爻变，就有八八六十四卦之

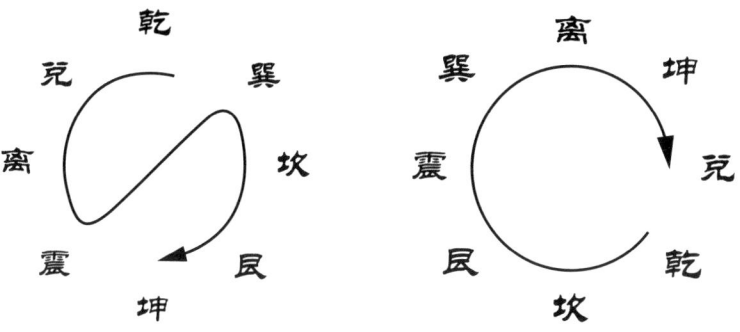

图1-2 先天八卦卦序连线图　　　图1-3 后天八卦卦序连线图

变（数），进而连接变"序"，就会出现各种不同的圆、圈、弧、曲线，以及单层次的或多层次的、规则的或不规则的、连续连环的曲线、圆圈等，八卦掌就是采用了这种原理组成的。

　　八卦掌在运动时遵守八卦的方位、数、变、圆的规律进行，其八个方位称为四方和四斜角是也。在走转时要上静下动，发劲时又必须刚中有柔，柔中寓刚，全身上下要虚实分明，拧成一股劲。当时董海川先生在京首传八卦掌时，只教8个式子（即八大掌或称老八掌），其又合乎八卦之数和方位，它的变招换式又暗合着八卦的数变，在与人比手和对敌交锋时，对方随时可变招换式，手势不一，我也应当以变应变，与之周旋。由于八卦掌是用走圈的形式不停地转圈，又在转圈时不停地变换招式。所以左旋右转是练八卦掌的基本功。八卦掌气功和动力都是由走转得来的。这种转圈换式是八卦掌运动的独特形式和对敌作战的战略战术，它的走动原理来自八卦的方位和数变之理。八卦掌之名便由此产生。由于八卦掌的招数千变万化使人莫测。因此，一提起八卦掌，人们便说，八卦掌有八八六十四掌或三百八十四掌。其实八卦掌基本只有八掌，它和八卦只有八个符号一样，只是可以重卦，可以错综变化，组合排列，技术的再组合等等。正因其动变的关系、随机应变的关系，使人感到其招数变化莫测、愈演愈多。

八卦掌是健体防身兼备的内家拳术

人类要生存，要与自然界和疾病做斗争，要与入侵者（人和野兽）相抗争，就必须要有一种方法和技能作为防身的手段。我们祖先在长期的斗争实践中，总结和创造发明了斗争的技击方法"武艺"，现代称为"武术"。它不仅在技击应用方面有成效，而且在强健身体、祛病延年方面都特别有效果。武术在我国有着悠久的历史，是中华民族有价值的灿烂文化遗产之一，而且内容丰富、种类繁多，流派林立、各具所长，丰富了世界的文化宝库。

武术界有一句谚语："外练筋骨皮，内练一口气。"它是要把道家的"导引吐纳术"和武术的内容结合起来。通过气功的锻炼促进武功的加深。通过武功的锻炼又促进了气功的提高。由于内外兼修，使内功与外功都得到高度的发展。这样既锻炼了体格筋骨，又锻炼了气和劲。也加强了体内脏腑的功能，逐渐地改善了身体的素质，从而加强了身体素质获得了健康。因此，它长期以来成为人们养生长寿的良好方法。

八卦掌是内家拳的一种，是中国武术史上较晚发展起来的一种拳术，清朝同治初年，董海川先生才在北京收徒传艺，至今已有一百多年的历史了。八卦掌发展的时间虽然不太长，但由于它动静结合、刚柔相济，内功外功方面都很有实效，故深受武术爱好者的欢迎。由于练习八卦掌时，脚不停步地走转，好像游龙一般，变化多端，变招换势又像鹞鹰一样敏捷，转身出掌又好比猿猴一样灵活，显得形象优美，轻而不浮，沉而不滞，是一种理想的体育运动，也是一项体用兼备的内家拳术。

八卦掌是技击技术与艺术相结合的武术

八卦掌在运动中讲究技术和技法的应用，它有会意、仿生的运动技巧，也有舞蹈艺术美的形态。八卦掌运动时要有轻灵敏捷、圆转如意和上下相随的整劲，以求在实际运用时，拳艺自如。八卦掌中有很多动作是模仿一些动物的特殊技能，这些动作往往较为复杂，在锻炼时要表现出这些动物的形象取意和特征的神似。如狮子滚球、白蛇吐信、鹞子钻天、白猿献果、青龙翻身、狮子摇头、麒麟吐书、燕子抄水、大蟒翻身、大鹏展翅、黑熊反背等等。而且，这些动作都要在不断的走转中表现出来。如："行走如龙、换式似鹰、动转若猴。"或者说："动如龙、坐如虎、动转如狮子滚球。"在技击作用上还要求"走如风、站如钉"。如要达到以上说的神似，并不是容易的，必须通过长期刻苦的锻炼才能取得。一旦功夫纯熟便能进退自如，能化敌招，能生己招，刚而不滞，柔而不软，静若泰山，动若江河，螺丝拧动，层出不穷，圈中有圈，招中套招。在对抗争斗中便能随机应变，因势制宜。达到这种境界后，便会感到趣味无穷，神清体舒，百脉舒畅。同时还会在对抗时因回转走动使对方不习惯而目迷神乱，以至被动。这就是八卦掌的技艺与艺术形态相结合而产生的一种特殊的效果。

武术是要讲究应用技击的，否则就会失去"武"的精髓，而成为"武舞"和"武操"。八卦掌的艺术美并非是武舞美和武操美，而是自具特色的武技功理和功法美。目前，世界上许多国家的武术爱好者都很重视中国的八卦掌武术，有的成立了八卦掌学会和协会，进行研究；作为八卦掌发源地的中国，更应深入地继承挖掘，让它发扬光大，永远流传下去。

八卦掌创始人董海川先师像

（此像由董先师弟子全凯亭敬绘）

董海川先师原位于北京东直门外小牛坊村的墓地

董海川先师北京万安公墓的新墓地已列入北京市海淀区文物项目

八卦掌创始人董海川先师生平

八卦掌创始人董海川先师，生于嘉庆二年（公元 1797 年），卒于光绪八年冬（1882 年）。祖籍山西省洪洞县。祖上于明代迁居河北省，后定居河北省文安县朱家务村。董海川先师自幼喜武，勇武冠乡里，弱冠后遍游大江南北，遍访名家，武功大长，武艺日渐精湛。其技击、拳术和器械无不练到出神入化的境界。

董海川先师将武功与道家吐纳导引内功术融为一体，并博采众长及己之经验，独创了以走转为基本步法，以掌法为主要技击手段，以易理释其拳理的一种独特风格的拳种——八卦掌。

董海川先师中年入京供职于肃王府。除护院职守，白天坐功，夜晚行功。后被王府总领班全凯亭发现，遂拜为师，自此八卦掌始传于京城。董海川先师有弟子上千人，名声显赫的有尹福、程廷华、马维骐、史计栋、刘德宽、樊志涌、梁振蒲、刘凤春等 70 余人。清同治十三年董海川先师离职后，曾住在北新桥船板胡同梁宅；朝阳门大街天丰木厂；3 年后又迁至崇文门外马维骐处；最后迁至东四牌楼义顺木厂弟子兼干女婿史计栋处，由史计栋供养。董海川先师晚年专事授徒，享年 85 岁。董海川先师逝世后由尹福等弟子葬于京城东直门外小牛房村南。先后共建碑四座，记载其生平事迹。墓碑在"文革"中被推倒深埋，1979 年至 1981 年，由八卦掌第三代传人李子鸣牵头，中外八卦掌传人及武林同好响应，迁至北京万安公墓。

八卦掌是熔养生和技击于一炉，涵养道德的拳术，是董海川先师将武功及内功融为一体，独创以掌为主的武术，董海川先师采用的沿圈走转、扣摆转换以及避正打斜等运动形式，有别于其他拳术。使八卦掌在内功、养生、技击和调理病体及涵养道德方面有明显的效应。另外，八卦掌在走转中可培养习练者的毅力和耐性，并潜移默化到德性涵养上来，使习练者养成良好的风度气质，坚强的意志，健康的体魄，造福后人。

董海川先师的一生，在武术上是卓有贡献的一生，也是传奇的一生，是留名千古的一生。他所创的八卦掌恩泽后人，造福了人类，是祖国宝贵的武术文化遗产。

董海川先师碑铭说明

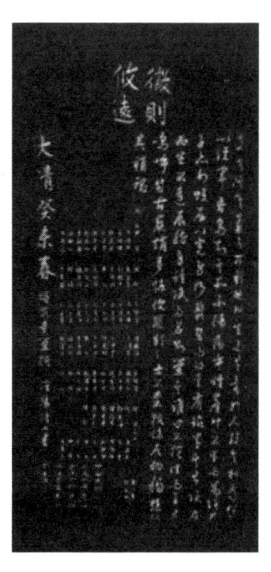

阴面碑额刊"徵则攸远"。碑文如下：

先生其有气之所钟也，何生而有异于人？脱令壮年仗剑以从军，吾焉知其所不扫荡乎烟尘！即不幸而为隐君子，亦可蠖屈以完身，乃郁哲而白圭有玷，岂其有隐痛，而生不逢辰。然身虽泯，而名则荣，其谁曰不抱璞而全生。呜呼！自古燕赵多慷慨悲歌之士，不禁抗怀屠狗，独黯然其销魂！

门生：

尹 福	马维骐	史计栋	程廷华	宋长荣	孙天章	刘登科	焦毓隆
谷毓山	马存志	张 钧	秦玉宽	刘殿甲	吕成德	安 份	夏明德
耿永山	魏吉祥	锡 璋	王辛盛	王怀清	沈长寿	王德义	朱紫云
宋永祥	李万有	樊志涌	宋龙海	王永泰	彭连贵	傅镇海	王鸿宾
谷步云	陈春林	王延桔	双 福	李长盛	徐兆祥	刘宝贞	梁振蒲
张英山	郭玉亭	赵云祥	张金奎	焦春芳	刘凤春	司元功	张 铎
何 五	何 六	郭通海	徐鹤年	冯广廉	李春年	陈 泮	

小门生：

张逸民	马 贵	杨峻峰	刘金印	文 志	奎 玉	王 志	世 亭
居庆元	刘印章	耿玉林					

大清癸未春铁岭贵荣撰沈阳清山书

八卦掌的主要运动特点

八卦掌的走转和步法

"走圈"是八卦掌的第一个主要运动特点，是根本大法，是练八卦掌的基本功。梁振蒲先生曾说："八卦掌是通过走转运动的锻炼方法取得效果的。"所以初学者开始必须先练走转，将练腿和步法作为基础，只有练好腿功、步法，才能练好八卦掌及其内功。

走动的作用很大，"老从脚下起"，人的衰老首先是表现在脚步的滞涩，步伐不再灵活，逐渐感到步履艰难，这在实践中是被证实了的。在武术的锻炼和应用中更为重要，所有手、眼、身、法、步的运动，特别是对抗性的较技中，关键在于腿和脚的灵便。闪、展、腾、挪，更是靠腿的弹跳力和步法捷健来保证的。腿是人体重量（包括附加负荷）的支柱，锻炼它，使它健壮、灵活、矫健是至关重要的。所以，八卦掌的锻炼，重点就在于腿、步的锻炼，而八卦掌蹚泥步法的走转就更具有特色了。

八卦掌技击方法是迂回运动战术

八卦掌的迂回运动战术是它第二个主要特点。在对抗较技时，运用自身的特长走转迂回方法，不停地走转，始终在对方的侧面，以便观察对方，寻找破绽，把握战机。运动游走，（走转不停）是游击战和运动战较技方式，是从基本功走圈中派生出来的。走圆不能在固定的方位上走，而是要因势制宜、因地制宜，千变万化地变位游走，避正打斜，以正驱斜，处处有虚实，式式有变化，引人入空，采取主动。

八卦掌的战略概括说来，是"攻守进退"。因此它要求："动敌之将动，静敌之先静，敌劳我逸，敌刚我柔，敌退我进，敌动我动，敌不动我也动。"古代军事家有一句名言"久守无胜理"。因此，我们可以认为八卦掌是一种运用辩证法而主张进攻的拳术。它是在动中观敌，在动中运变，动中取胜。贯彻了敌动我动，敌不动我也动的原则。也就是说攻是本来的目的，守是暂时的措施，而不是长久之计。因此，八卦掌机动灵活的战略战术是以运用八卦掌法作为对敌攻守的方法，而以走圈为它的主要形式，以争取主动和胜利。

八卦掌的锻炼原则

八卦掌以顺乎自然为锻炼原则，是其第三个主要特点。

人类的生存，是顺循自然规律发展的，也就是人从出生到少壮、衰老而死亡的规律。我国养生家、丹道家、武术家，他们能把握生理发展规律，顺应自然，发现和发明了许多顺应自然的格斗自卫技能，同时又能够强身健体、延缓衰老的练功方法，并造福于人类。

在武术锻炼的方法上，有强制形锻炼和自然形锻炼两类。八卦掌是自然形锻炼的，它以练气与内功为主，武技动作配合内功锻炼，以达到心静安舒，气沉丹田，纯任自然；内练精、气、神，外练筋、骨、皮。武艺的精进，从而达到人体内脏的阴阳协调，五行（心、肝、脾、肺、肾脏功能）平衡，体强力壮，益寿延年，健脑益智的效果。

另外，八卦掌的走转运动，须使身躯下坐，上身要直，头要悬顶，项要挺竖，肩要下塌，肘要下坠，背要紧拔，胸要涵空，腕要下塌，掌要前顶，腰要松塌，臀要微敛，双膝要屈，脚趾要抓地。上身的肩坠肘，肘坠手，使气和力都贯注到手指尖上去，下身在走转时要脚面伸直向前平落。全身重量要肩坠腰，腰坠胯，胯坠膝，膝坠脚，这样气和力便能贯注到脚趾尖上去。当八卦掌在变招换式时，身体就不会动摇，因为有稳固的下桩功夫。以上锻炼要求，都是顺应自然，在严格要求和努力实践下，便会得到理想的效果。

八卦掌的对敌作战原则也是顺从自然规律的。所谓"手打三分脚打七，得力全凭后足蹬"。这就是说手的用劲只用三成，而脚的用劲须七成。这些道理是从实践中得来的，也是完全合乎自然规律的。它和太极拳所说"其根于脚，发于腿，主宰于腰，形于手指"的原理是一样的，也就是所谓"整劲"。因为腿部的力量要比手部的力量大得多，另外脚步有增加快速动作之功能，所以胜人之处全在步法。"步不稳兮身必摇，脚踏实地胜千招"。步法再配合身法圆转灵活，手法的虚实变化，使人感到神妙莫测。因此锻炼八卦掌不论是从身体健康，还是为了提高技击水平，都要顺乎自然。也就是要慢慢合乎自然规律的练，绝不能求快求速，不依规矩。尤其对于初练者，更应如此。

八卦掌运动是动静结合、刚柔相济的拳术

动静结合、刚柔相济，是八卦掌第四个主要特点。八卦掌在运动时肩、腰、胯、膝、脚，不停地走转运动，前手伸后手送，肩、肘、腕随掌而动，这是上静而下动。在运掌变招换式时是动的，而复原定势是静的，这是动变复静。在技击对抗时，要根据对方来势，可以正取斜，又可以斜取正，没有固定的招式，就是要设法引对方入空，从而取得战机，获得胜利。同时内心要如静水，神清气爽，这是外动而内静。由于心静则视觉才灵锐，行动才敏捷。即使是激烈地运动或对抗比赛，也不会头晕眼花，失去方向而被动。

在健身方面，如能做到动静结合、心静气沉，全身松弛，气血调和，血液循环能通行四肢而无滞留，身心得到良好的锻炼，致使神经系统、呼吸系统、消化系统、血液循环系统、骨骼系统、肌肉系统各个方面都会得到益处，使身体内脏机能增强。"动为静之机，静为动之伏"，其义即基于此。

八卦掌是借易理说拳理的拳术，重在阴阳虚实，五行生克，刚柔相济和矛盾对立与统一。刚柔的应用和表现，是通过运动的形态和劲力的蓄发体现的。蓄劲时要显得柔和，发劲时要显得刚硬。一切招式在转换过程中都要求转换灵活，均宜用柔劲。但在发招的落点时力要刚劲则气铺全身。反之转动不灵，发劲时便不能表现出坚刚；纯用柔劲则气散不聚，没有归著，到达落点时也不能表现出坚刚。若需用刚时反而用柔，则气不能聚；若需用柔时而用刚，则气应散而不散，便会失去刚柔相济的妙用。所以，善于运用刚柔的人，其蓄柔而发刚，从而得到刚柔相济的效果。

八卦掌"八反"的运动规律

"八反"是八卦掌的第五个主要运动特点。所谓"反"，是反常的意思，"反其道而行之"，就是指与众不同、异于通常规律的运动方法。这也是根据长期锻炼和实践经验总结出来的。

第一反，一般人进步先上后脚，退步先退前脚；而八卦掌则进步先进前脚，退步先退后脚。

第二反，一般人退进都用直步，而练八卦掌出则变步，跨则横步，回

则倒步，使自己进退灵便、回转自由。

第三反，一般人出手五花八门，而练八卦掌则以静待动，以动应变，以不变而应万变。总之，主宰在我，保持实力。

第四反，一般人交手时，窜、奔、跳、跃，拳打脚踢，而练八卦掌则穿掌掩肘，直掌穿打，以腕攻击；最忌用满手捉拿而用指掌发力。

第五反，一般人使用梢节，局部用力，而练八卦掌则使梢先使根，梢是手，根是肩、是腰、是腿。

第六反，一般人用手握拳而后击出，而练八卦掌则善用两掌。

第七反，一般人回身才能对后，而练八卦掌则动步使走八方、灵活多变。别人拳打六路，而八卦则顾盼十方（四正、四隅和上下空间）。

第八反，一般人健身直进直退，而练八卦掌则转换变位、掌到步随。

以上特点说明，八卦掌的应用实践，技击方法异于常规，有其独特之处。由此，又总结出争斗三法。

第一法，人来我解，而后还击，谓之互进法。

第二法，人来我接，同时还击（即破和攻同时产生），谓之堵截法。

第三法，人来我以法化之，谓脱身化影法。

这三法有粗、细、精的不同层次之分，唯需在锻炼、应用实践中求之。

八卦掌走转的注意事项：

走圈的大小和多少，向左走或向右走，都没有过多的限制，由自己来决定。但初练者以走8步一圈为宜。开始走圈时以慢为好，因为越慢对于腿部的运动负荷量大，更容易练出功夫来。

另外，走圈要讲究方位，当与人对手时，自己要处于主动地位。就要记住自己的方位，才能不迷失方向。以便利用走圈的左旋右转，右旋左转，不时变换方向，来迷惑对方，使其不能掌握方向，从而导致被动。而自己由于经过长期锻炼就不会感到头晕目眩，反而能从动转中寻找对方的弱点，伺机取胜。

所以八卦掌的歌诀中说："混元一气走无涯，八卦真理是吾家；步步不离脚变化，站住即为落地花。"八卦掌的走圈忽东忽西，随着走圈的变化，掌法、步法和身法也随之变换。方法就是"动"和"走"；假如站着不动，便成为落地之花而凭人践踏了，也就违反八卦掌变化的原则了。

另外，走圈时要做到"周身拧成一股绳"，才能在走转中换招，变化运掌，运掌为多，用拳较少，得心应手运用自如。

其次就是走圈的步法，八卦掌要求在走圈时必须能快能慢、轻灵自如而又稳健和劲整。因此对步法提出了非常严格的要求。通过对腿部的严格训练，能在运动时做到轻灵之中含蓄沉稳、外若优柔、中实刚劲，才能飘而不浮、柔而有骨。从而使下盘腿部稳健灵活，中盘腰身柔韧活泼，上盘臂掌能用劲敏捷。这样三盘紧密配合而达到"身随步换，掌随身变，步随掌转"。从而能表现出"行如游龙，换式似鹰，回转如猴"三形兼备的功夫来。

八卦掌的步法是以左右两步前进一次为一步，里脚直进，外脚落地往里略扣，使两脚成里"八"字形，如此，走转成圈，符合八卦的规律。八卦掌的走转步法是蹚泥步，即两脚往前迈步时，脚要平起平落，不允许揭底（即后脚跟提起脚尖向下，脚心向后亮）和亮掌（即前脚迈时脚尖翘起，脚心向前亮），因为如揭底和亮掌则站不稳定。在变式时则必须将前脚扣或摆，待脚落实后，再转身变式，切不可以用脚掌磨地旋转，使阻力增大，旋转不灵，站立不稳。

关于扣步是将脚向里横过来，两脚成倒八字形，或丁字形，但步法要小，这样既稳固又便于转身；摆步是前步向外摆转，即脚尖向外横放，一扣一摆，成为错综八字形，这样灵活，容易转身。在迈步转行或摆扣转身时，两膝要相抵（又称磨膝、磨胫或剪子股），这是运动力学的需要，亦可起到护裆的作用。脚掌落地时，还必须脚趾用力抓地（脚心空），所谓扭步掰膝抓地牢。就是说脚步向里一扣，两脚相合，脚步平放下去，脚趾用力抓地，人就能牢固地站稳了。

八卦掌运动要领

研求和明理

学习八卦掌，首先要树立信心，认真对待，细致用功，勤学苦练才行。要学好八卦掌，必须深入研究，对八卦掌的功理功法要细心地琢磨，要严格而准确地掌握它的形和体用的内容细节，不可只粗浅涉猎而泛泛掌握，而是要努力实践，注重规矩。把理论和实践结合起来，练出真功夫来，练出八卦掌的"变""活"和"劲"来。

八卦掌传统的功理、功法内容很多，技术内涵也极其丰富。这些都将在下面章节中加以介绍。

技法准确，重在规矩

"没有规矩，不成方圆"，在明理、实践的同时，追求八卦掌的"规矩"是最为重要的。学八卦掌，先从"准"字入手，要练到符合八卦掌的运动规律。肢体各部位（头、项、眼、胸、手、肘、臀、肩、腰、胯、膝、足等）静态的姿势要"准"，走转时要有劲势和气势，动作变化时，动态的形象要"精"，习练者内在的意念、气息、劲力要"合"，刚柔相济，蓄发成为"整"劲，变化翻转时要稳，以达到制化技法的"明"了。总之，基本功要扎实，而后再循规渐进，方可有成。

严禁"三害"

八卦掌是内家拳之一，在锻炼八卦掌时必须顺乎生理的自然规律，才能起到锻炼身体和增进内劲的目的。所谓"三害"，第一是努气，第二是努力（或称拙力）；第三是颠胸提腹（或叫挺胸收腹）。其所以要防止这三种情况的道理是：努气是有意提气或憋气，容易造成胸满气拥而伤肺气。努力也容易鼓气憋气，并且导致手足局部之力，不是整劲。因此它影响血脉流通，使气血憋在局部地方；颠胸提腹，容易使气滞留肺部而不能气沉丹田。由于气道不舒，不能周流全身；也由于气上浮而使重心上升，影响两脚无根而不稳。所以三害是违反生理自然规律的，必须谨防。但在锻炼时往往容易努气或努力，那是出于心急而不知放松的缘故，从而使自身变成僵劲。关于颠胸提腹，经过锻炼可以逐步改变。在日常生活中，行、住、坐、卧时始终要保持虚领顶劲、沉肩垂肘，含胸拔背，松腰松胯，而且还要养成一种逆腹式呼吸的习惯，使气始终沉于丹田。这样便容易心平气和，心神舒泰。这样既不努气，又不努力，气守丹田，胸空腹实，才能平稳自然地走转，悠然自得地运动。也只有这样，才合乎运动的自然规律，才会增进健康，才能使内劲逐步增长。

八卦掌运动法则

法则就是规矩，是八卦掌运动对人体各部位的要求。

头部正直，并有向上顶之意，谓之头顶悬；项要竖直，下颌往里微收，这样头部便正直了；两目要平视，舌尖要微卷贴上腭，并有上顶之意；肩要松垂，不可耸肩，并要往前微扣，肘要下垂，不能上翘；掌要直竖，腕要下塌，五指分开；指尖要有前顶之意，大指微扣，中指、食指上挑，无名指和小指靠拢，虎口开圆。这样便能使掌心向里微凹，即是掌心空之意。两臂不论前伸或后掩，都要略呈弧形（即半月形）圆屈，不可伸直，使肘有下垂之意，也不可太弯，术语叫作"死弯子"，两臂还必须有裹抱之意。胸要内涵，背要绷圆，即是胸心要空之意，这样能使气道畅顺，气沉丹田。切忌挺胸腆肚。腰要松要塌，胯要松要提，才能使走转灵活，圆转自如；否则会圆转笨滞。另外臀要收，腹要提，使头顶百会穴与尾闾会阴穴，连成垂直线，使整个身躯无前倾后仰之弊。腿要下蹲，从腿到膝到脚，要呈弧形，两膝要抱（即靠拢）这样才能使肩以上之重量下降到腰，腰以上的重量下降到胯，胯以上的重量下降到腿，再降到膝，再降到脚，这就是所谓"四坠"。依此方法则全身之重量都下沉到脚上，从而使上身灵活，下肢稳健，这是由于运动时重心全在下面。两膝相抱，即走动时要有两膝相磨之意，叫作"磨膝磨胫"，由于两膝相抱，走转时双腿形成剪子形状。所以，又叫作剪子股。两膝相抱还起到保护裆部的作用。两脚在运动时要平起平落，切不可揭底和亮掌，前伸时要绷平，然后再落地，后脚提起时要先将大脚趾翘起，再将后脚提起。这样两脚行走便可避免揭底和亮掌了。并且两脚落地时都要十趾抓地，即所谓"落地生根"，这样行走起来身体便稳固而不会动摇了。这样平起平落地行走好像是在泥中蹚行一般，因此又有"步若蹚泥"的说法。由于五趾抓地脚心必然向里凹进，就是脚心要空。它和手心空、胸心空，总称为"三空"。以上提出的规矩，要求，持久练习自然形成习惯，练到火候时，全身上下一致，内外相合，拧成一股绳，就会练出"内劲"来。

练八卦掌时要思想集中，运掌时用意不用力。谚语说："心如元帅，眼为先锋，脚是战马，手如兵刃。"眼有鉴察之明，手有拨转之能，脚有快速之功，神有领导之能，所以锻炼时必须意到手到，手到步随，出掌如牛舌，换掌如穿梭。发劲时要眼到意到，意到气到，气到劲到，其劲之发放必须是由脚而腿而腰而手，这样出劲既快速而又齐整、又准又狠。

"四梢"和"九节"是学八卦掌要了解的内容，"四梢要齐，其齐之法是：舌若摧齿，牙若断筋，甲若透骨，发若冲冠"。四梢一用力，则可变其常态，能使人望而生畏，四梢之用，即内劲所由出也。

所谓九节是将人体分为三节，每节再分三节，共九节。具体讲："人身以头为梢节，身为中节，大腿以下为根节；以上臂来讲，手为梢节，臂为中节，肩为根节；以下肢来讲，脚是梢节，腿为中节，胯为根节"。因为内家拳的发劲是由根节起，通过中节而透达于梢节。所以有"使梢先使根"之说。故四梢与九节必须牢记。

八卦掌运动要领歌诀

顺项提顶	溜臀收肛	松肩沉肘	实腹畅胸	滚钻刁裹
奇正相生	龙形猴象	虎坐鹰翻	拧旋走转	蹬脚摩胫
屈腿蹚泥	足心涵空	起平落扣	连环纵横	腰如轴立
手似轮行	指分掌凹	摆肱垂肩	桩如山岳	步似水中
火上水下	水重火轻	意如飘旗	又似点灯	腹乃气根
气似云行	意动生慧	气行百孔	展放收紧	动静圆撑
神气意力	合一集中	八掌真理	俱在此中	

八卦掌三十六歌

（一）空胸拔顶下塌腰，扭步合膝抓地牢。沉肩坠肘伸前掌，二目须冲虎口瞧。

（二）后肘先叠肘掩心，手再翻塌向前跟。跟到前肘合抱力，前后两手一团神。

（三）步弯脚直向前伸，形如推磨一般真。屈膝随胯腰扭足，眼到三面不摇身。

（四）一势单边不为奇，左右循环乃为宜。左换右兮右换左，抽身倒步自合机。

（五）步既转兮手亦随，后掌穿出前掌回。来来去去无二致，要如弩箭离弦飞。

（六）穿时指掌贴肘行，后肩改作前肩行。看准距离莫犹豫，脚入裆兮是准绳。

（七）胸欲空兮气欲沉，背紧肩垂臂前伸。气到丹田缩谷道，直拔颠顶贯精神。

（八）走时周身莫动摇，全凭膝下两相交。底盘虽讲平膝胯，中盘也要下腿腰。

（九）抿唇闭口舌顶腭，呼吸全从鼻孔过。力用极处哼哈泄，混元一气此为得。

（十）掌形虎口要撑圆，中指无名缝裂开。先戳后打使腕骨，松膀长腰跟步钻。

（十一）上步合膝倒步掰，换掌换步矮身骸。进退退进随机势，只须腰腿巧安排。

（十二）此掌与人大不同，进步抬前乃有功。退步还先退后足，跨步尽外要离中。

（十三）此掌与人大不同，手未动兮膀先攻。未曾前伸先后缩，吸足再吐力始丰。

（十四）此掌与人大不同，前掌后掌力相通。欲使梢兮先动根，招招如是不能松。

（十五）此掌与人大不同，未击西兮先声东。指上打下孰得知，卷帘倒流更神通。

（十六）天然精术怕三穿，不走外门是枉然。他走外兮我走内，伸手即得不费难。

（十七）掌使一面不为功，至少仍需两面通。一横一直三角手，使人如在我怀中。

（十八）高欲低兮矮欲扬，斜身绕步不须忙。斜翻倒翻腰著力，翻到极处力要刚。

（十九）人道掌法胜在刚，郭老曾言柔内藏。个中也有人知味，刚柔相济是所长。

（二十）刚在先兮柔内藏，柔在先兮刚后张。他人之柔腰与手，我则腰吸步稳扬。

（二十一）用到极处须转身，脱身化影不留痕。如何变幻端在步，出入进退腰先伸。

（二十二）转掌之神颈骨传，转颈扭项手当先。变时缩颈发时伸，要如神龙首尾连。

（二十三）打人凭手膀为根，膀在肩端不会伸。欲要进时进前步，若进后步枉劳神。

（二十四）力足发自筋与骨，骨中出硬筋须随。足跟大筋通脑脊，发招跟步力能催。

（二十五）眼到手到腰腿到，心真神真力又真。三真四到合一处，防己有余能制人。

（二十六）力要刚兮劲要柔，刚柔偏重劲难收。过刚必折真物理，优柔太盛等于休。

（二十七）刚柔相济是何言，刚柔相辅总无难。刚柔当用乾坤手，掀天揭地海波澜。

（二十八）人刚我柔是正方，我刚人柔法亦良。刚柔相济腰求胜，解此纠纷步法强。

（二十九）步法动时腰先提，收缩合宜显神奇。足欲动兮腰不动，跄踉迈去误时机。

（三十）转身变法步莫长，擦地而行莫要慌。看准来路方伸手，巧女穿针稳柔刚。

（三十一）人持利器我不忙，飞剑遥遥到身旁。看他来路哼哈避，邪不胜正语颇良。

（三十二）短兵相接似难防，哪怕锋利似鱼肠。伸手取来探囊物，指山打磨妙中藏。

（三十三）人众我寡力难挡，巧破千钧莫要忙。一手不劳凭指力，犁牛犹怕反弓张。

（三十四）伸手不见掌前伸，又无油松照彼身。收缩眼皮努睛看，底盘掌使显神奇。

（三十五）冰天雪地雨泞滑，前脚横使且莫差。翻身切忌螺丝转，高低紧避乃为佳。

（三十六）用时最要是精神，精神焕发耳目真。任凭他人飞燕手，蚁鸣我听虎龙吟。

歌　赞：掌法拳法与要义，传出日久或忘记。我歌掌诀三十六，字字句句有真意。

　　八卦掌的歌诀，是前辈八卦名家们练功实践的经验总结，它概括了八卦掌运动的动作规则、技术要领和技击经验；功理功法的内容丰富，十分全面，很有价值；这些歌诀，过去均散存在民间嫡系传人的手里，少为流传。这次集中整理，部分加以注释，以供八卦掌学习者参考。

　　注：三十六歌和四十八法于1983年由李子鸣先生公布于世，以便爱好者习练。

八卦掌三十六歌注释

歌 一 空胸拔顶下塌腰，扭步合膝抓地牢。
　　　　沉肩坠肘伸前掌，二目须冲虎口瞧。

注释

空胸：也叫含胸。保持空胸的姿势，气才能沉于丹田，否则导致胸满气急，感到乏力，气就不能纳入丹田了。

拔顶：也叫顶劲或悬顶。就是使头颈挺直，由于头部端正，躯干自然也就正直了。只有保持这种头正项直的姿势，动转才能灵活。

合膝：使双膝相距很近但不要相碰。

扭步抓地牢："八卦掌"对于腿法和步法要求特别严格，走圈时要稳而快速，屈膝下蹲，双膝相靠，使双腿成剪子状，称为"剪子股"。双脚迈开要平稳、扣步、摆步要分清，转动时不要以脚掌或脚跟为主，必须整个脚离地后再扣步或摆步。走转时双脚要平起平落，不能向前亮掌（指前脚掌）或揭底（底指脚后跟），脚面绷平着地后，五趾立即抓地。这种走法像"蹚泥"一样。

沉肩坠肘：即松肩垂肘。这种姿态能使劲力通过肘部到达手指。

虎口：大拇指和食指之间为虎口。

这首歌诀是锻炼"八卦掌"的纲要，是对走圈的基本要求。开始锻炼时要保持正确的姿态和充沛的精神；头部要虚领顶劲；上身要空胸紧背，塌腰松胯，沉肩坠肘；掌向前伸，双目注视虎口，精神要集中，两腿弯曲，降低身体的重心，才能使下盘稳固，然后再开始练功。

歌 二 后肘先叠肘掩心，手再翻塌向前跟。
　　　　跟到前肘合抱力，前后两手一团神。

注释

叠肘：即屈肘，肘弯窝紧对胸口。翻塌：将手心向上的双手往圈中心内旋下压成立掌。

这首歌是对臂和双手提出的要求。锻炼时先伸直双臂，双手分为一前一后，手心向上。后手先叠肘，能起保护胸肋的作用，称为"肘掩心"，然后放在前手的肘关节之下稍离寸许。手指上顶，手腕下塌，两臂在沉肩垂肘时如同抱着一件东西。又因双手一前一后，在走圈时随着步法的变化而变化，即前手后手可以变换位置，穿掩自由。也就是穿即是掩，掩即是穿，前手即是后手，后手即是前手。此即阴阳变易之理，所以称"两手一团神"。也就是两手表里如一，起着一股劲的作用。

歌 三　步弯脚直向前伸，形如推磨一般真。
**　　　　屈膝随胯腰扭足，眼到三面不摇身。**

注释

这是对腰胯以下提出的要求。在锻炼走圈时，必须里脚直迈，外脚向里微扣，这样向前走去，便自然走成圆圈了。由于始终向着圆心兜圈子，好像推磨人对着磨子转一样。有人以树为中心绕着树练习走转也是这个道理。由于合膝坐胯，从而使重心降低，下盘稳固。加上腰的左右拧转，上身轻灵自如，两眼就能顾盼多方，而不会使身体动摇了。

歌 四　一势单边不为奇，左右循环乃为宜。
**　　　　左换右兮右换左，抽身倒步自合机。**

注释

练习"八卦掌"时必须左右两边的势子都会练，在走转时要左旋右转、右旋左转。在交手时，如果你只会左边的招术，而对方偏用右边的，那么你就要手足失措遭到失败了。所以要求两面都练得精熟，在熟练的基础上，不论是抽身倒步，势大势小，都可以随机应变，自然能合机合拍了。

歌 五　步既转兮手亦随，后掌穿出前掌回。
**　　　　来来去去无二致，要如弩箭离弦飞。**

注释

这首歌说明手脚配合的重要意义。武术谚语说："手到脚不到，自己寻烦恼，眼到手脚到，方算得玄妙。"手脚不能密切配合是技击上的一大缺点。因为脚先到而手后到，必然击人无力。同时，手慢又容易被人所乘；若手先出而脚后到，所发出的力无根，就要失势，力也容易被人所借，所以要"手随步开"。"来去无二致"是指两手如撕丝绵一样，去是击人（即推），回是捋人（即带）。

歌 六　穿时指掌贴肘行，后肩改作前肩行。
　　　　　看准距离莫犹豫，脚入裆兮是准绳。

注释

准绳，此处作标准讲。

此歌讲穿掌时指尖要直向对方穿去（即戳去）。后手必须紧贴前臂肘部向前穿，前手必须沿后臂抽回，至后手肘部停止，这就是"莫要距离"的意思。另外，两肩由于两手前后互穿而变换位置时，须以腰为轴左右转动。在穿掌的同时还要配合步法，当左手穿时左脚在前，右手穿时右脚在前。同时把脚向对方的裆部（指两腿间）插进去。只有这样紧密配合，穿掌才能发挥出强大的威力来。

歌 七　胸欲空兮气欲沉，背紧肩垂臂前伸。
　　　　　气到丹田缩谷道，直拔颠顶贯精神。

注释

练八卦掌必须与道家的导引吐纳术相结合，要圆背、沉肩、垂肘、空胸，两臂前伸用意不用力才能使气沉到丹田。还必须缩谷道（即提肛门），使气通任脉、会阴达到督脉，上升到百会，再降到人中、兑端、承浆、任脉，再回到丹田。这样周而复始贯穿全身，锻炼日久，便能产生一种内劲（即真气），使人精力旺盛，体格健壮。

歌 八　走时周身莫动摇，全凭膝下两相交
　　　　　底盘虽讲平膝胯，中盘也要下腿腰

注释

三盘：有两种解释，一种是指练拳的架子，上盘高架子，中盘中架子，下盘低架子。另一种是手、臂为上盘；身、腰、胯为中盘；腿、脚为下盘。

八卦掌以步法走圈来胜人，所以对腿脚要加强锻炼。走圈时，上身不准动摇，腰胯须下坐，重心下降，两腿屈膝相抱，两小腿相互交叉地行走。

歌　九　抿唇闭口舌顶腭，呼吸全从鼻孔过。
　　　　力用极处哼哈泄，混元一气此为得。

注释

此歌讲的是导引吐纳的呼吸方法和发劲方法。八卦掌是内外兼修的拳术，既练体又练气。练气时，嘴唇闭合，舌顶上腭，用鼻呼吸，使气沉入丹田。这种气在导引吐纳术中叫"混元一气"，在武术中叫"内劲"。当蓄劲时，吸气归于丹田；在发劲时，向四肢发射。为了加强威力，可以用哼、哈二字来助长自己劲力的威势。

歌　十　掌形虎口要撑圆，中指无名缝裂开。
　　　　先戳后打使腕骨，松膀长腰跟步钻。

注释

此歌诀讲掌型和掌的使用方法。锻炼时，是立掌、俯掌、仰掌或劈掌，都要将两手虎口撑圆。大拇指微扣，中、食指伸直，无名指和小指靠拢，使掌心内含，中指的中冲穴和无名指的关冲穴不能挨上挤靠，否则就阻碍了气的贯通。在交手时先用掌尖向对方直戳，然后再用腕根向下打击。同时，后脚紧跟前脚直插入对方的裆内，后脚再跟步而进。沉肩松腰，两手用劲下塌，使全身之力都贯注在手上。

歌　十一　上步合膝倒步掰，换掌换步矮身骸。
　　　　　进退退进随机势，只须腰腿巧安排。

注释

八卦掌的换势上步，必须合膝扣步，使两膝相抱似挨而非挨，欲转身就必须先倒步掰步，这样身体动转便能灵活。这就是扣步摆步的作用。其次是变掌换势时，变招换势或高势、低势都没有强求，随机应变，但都是以腰胯的动转变化为主宰。

歌　十二　此掌与人大不同，进步抬前乃有功。
　　　　　退步还先退后足，跨步尽外要离中。

注释

八卦掌最讲究步法。与人交手时，向前进攻要先进前脚，将前脚略抬起离开地面，然后后脚蹬地跟上（即跟步）。这样，既抢了时间，在劲力上又利用了后脚的蹬劲（所谓根节劲），发挥了整劲，所以说"抬前乃有功"。若向后退时，要先退后脚，就是后脚先离地，前脚向后蹬地。这叫"半步当先"或"半步跟"。

关于"跨步要离中"是指对方向我直线攻来时，不要和他发生正面冲突；要利用身法（即侧身法）和步法（即向斜上方上步）避开对方的攻击。同时也使他劲力落空，由于惯性作用他的身体继续向前必然失去重心站立不稳，我就可以绕到他的侧面，趁他未站稳时向他攻击。

歌 十三 此掌与人大不同，手未动兮膀先攻。
　　　　　未曾前伸先后缩，吸足再吐力独丰。

注释

此歌诀讲的是在未发劲之前，应当先蓄足劲再发力。同时，在蓄劲发力时还必须配合呼吸（即蓄劲是吸气、发劲时呼气），特别是在蓄劲和发劲时要用意为之，就是蓄劲时用意蓄气于根节，到发的时候就一抖而出。所以说手未动膀先攻，未前伸先后缩。

歌 十四 此掌与人大不同，前掌后掌力相通。
　　　　　欲使梢兮先动根，招招如是不能松。

注释

此歌诀讲的是两手如何配合以及如何发劲。

前后两掌力相通，是指一种对称力，这样可使前掌发力更足，而后手回时还带有挎劲。在出掌时，其力在根，根于脚，发于腿，主于腰，形于手指。因此说使梢先动根。

歌 十五 此掌与人大不同，未击西兮先声东。
　　　　　指上打下孰得知，卷帘倒流更神通。

注释

锻炼八卦掌要求会应用兵法中的刚柔奇正、进退攻守、兵不厌诈等策略来声东击西，指上打下，迫使对方不知所措。卷帘倒流是使用抖劲由上往下打。

歌 十六 天然精术怕三穿，不走外门是枉然。

　　　　　他走外兮我走内，伸手即得不费难。

注释

这是讲三穿掌用于接手时应注意步法，必须配合向左或向右走跨步。三穿掌是八卦掌的重要手法之一，故有好汉怕三穿的说法。

歌 十七 掌使一面不为功，至少仍需两面通。

　　　　　一横一直三角手，使人如在我怀中。

注释

此歌诀第三句讲的是手法原理，末句讲的是用好手法的效果。以自己两手来讲，一手直，一手横，中间成为一个三角形，就可以变化无穷。在交手时，以我的横破他的直，以我的直攻他的横，双方的手也就形成了一个三角形。这就是以斜取正，以正取斜的交手方法。同时必须走跨步，使双方的脚步也成为一个三角形。因此，三角手法在使用时要大扑大盖，也叫四大开的手法。在交手时对方如同在我的怀中一样。

歌 十八 高欲低兮矮欲扬，斜身绕步不须忙。

　　　　　斜翻倒翻腰著力，翻到极处力要刚。

注释

交手时，对方若比我高，我就应用低势攻他的下路，若比我矮，我就应用高势攻他的上路。但是无论何种动势都要以正取斜或以斜取正，就是不和他正面交手，而是让过他之后，紧贴他的身体前进，以求取胜。因为腰是一身的主宰，所以不论是斜翻或倒翻，都要靠腰肢的动转来完成。但是当腰转动到极限时，翻转就不能用柔劲而必须用刚劲才行。

歌 十九 人道掌法胜在刚，郭老曾言柔内藏。

　　　　　个中也有人知味，刚柔相济是所长。

注释

郭老指谁待进一步考证。

八卦掌是刚柔相济的拳术。当锻炼加深以后，就能做到刚能达柔，柔能达刚，就没有刚柔的区别了。

歌 二十 刚在先兮柔内藏，柔在先兮刚后张。

他人之柔腰与手，我则腰吸步稳扬。

注释

这首歌讲的是刚柔相济的方法。当我们使用刚劲之先必须隐含柔劲，叫作"刚中寓柔"。当使用柔劲之前，必须要以刚劲作为后备，叫作"柔中寓刚"。在交手时，也可运用这个原则。当对方用柔劲时，我就用刚劲对付他；他若用刚劲时，我就用柔劲吸腰稳步而化之，然后再击，就可以战胜他了。所以攻与守都不能脱离这个原则。

歌 二十一 用到极处须转身，脱身化影不留痕。

如何变幻端在步，出入进退腰先伸。

注释

极处：是指上一势与下一势的连接处。脱身化影：是指侧转变化的身法。

八卦掌靠步法胜人。如果步法精炼纯熟，那么就能进退出入无不随心所欲了。但是步法和手法的千变万化，都必须用腰来带动。所以说"以腰带步、身随步翻、掌随身变、步随掌转、上下相随"。

歌 二十二 转掌之神颈骨传，转颈扭项手当先。

变时缩颈发时伸，要如神龙首尾连。

注释

锻炼时保持颈项竖直挺拔，精气自然能贯顶，显得精神抖擞。而在"眼随手动，手随眼动"的要求下，转项必然要当先了。关于"变肘缩颈发时伸"，是讲在变招换势蓄劲时要松而自然，发劲时颈和头一齐上顶，这样可以助长发劲之力。也就是一动全动，手眼身法步一齐配合起来，就好像神龙摇头摆尾一样协调连贯。

歌 二十三 打人凭手膀为根，膀在肩端不会伸。

欲要进时进前步，若进后步枉劳神。

注释

此歌前两句讲的是交手时使梢要先使根以及手脚相配合的关系，前歌中已述，这里不再重复。第三、四句是说进步时必须先进前步，然后跟后步，动作一慢则效力顿减，也就徒劳无功了。

歌 二十四 力足发自筋与骨，骨中出硬筋须随。
足跟大筋通脑脊，发招跟步力能催。

注释

过去认为刚劲是从骨中锻炼出来的，柔劲是从筋中锻炼出来的，两种劲合二为一便成为刚柔相济的内劲。这种劲的发出又必须从脚跟开始，通过腿部、胯部和腰部通到脊背，再透达到于手指。因此，它的威力较大。

歌 二十五 眼到手到腰腿到，心真神真力又真。
三真四到合一处，防己有余能制人。

注释

三真，即指精气神之谓。

四到，指眼到、手到、腰到、腿到合称四到。

歌 二十六 力要刚兮劲要柔，刚柔偏重劲难收。
过刚必折真物理，优柔太盛等于休。

注释

有的拳术以刚硬胜，有的则以柔软胜。这首歌诀指出，刚硬的物质性脆而易断，柔软的物质多棉易萎。所以劲力之大小都必须要求刚柔适中。

歌 二十七 刚柔相济是何言，刚柔相辅总无难。
刚柔当用乾坤手，掀天揭地海波澜。

注释

阴阳虚实，刚柔软硬，都是矛盾的对立面，矛盾的双方对立而统一。"太过"是偏于刚、硬、阳、实；"不及"则是偏于柔、软、虚、阴，这些都是失败的原因。因此研究拳术者必须明了"刚能济柔之偏而不失于弱，柔能泄刚之偏而不失于强"。此即刚柔相济互助而使矛盾得到统一。但在运用上当以虚实软硬更容易明白。这个虚实是随时可变化的。如以两手来讲，前手实后手虚或前手虚后手实。至于两腿、两臂上下和前后左右都要分虚实。关于乾坤手，乾代表天（即代表阳、刚）；坤代表地（即代表阴、柔）乾坤手就是将两只手一虚一实、一上一下或一左一右交替使用，如同海浪一样，连绵不断。

歌 二十八　人刚我柔是正方，我刚人柔法亦良。
　　　　　　刚柔相济腰求胜，解此纠纷步法强。

注释

如果对方用刚劲击来时，我就用柔劲之法避开他的锋芒。若我用刚劲击对方，而他也能用柔劲借我之力。这时我就必须用身法（即用腰）来取胜，用身法还必须依靠步法来配合。总之，刚柔相济最终是用身法和步法来决定胜负。也就是"不能得优势，当以腰腿求之"的意思。

歌 二十九　步法动时腰先提，收缩合宜显神奇。
　　　　　　足欲动兮腰不动，跄踉迈去误时机。

注释

腰是全身的主宰，当动步时必须以腰为轴带动四肢。提腰是指在走转时，动步之前将腰先略微转动一下，并不是向上提。收缩是指将胯略微收缩一下，也就是两胯左右要虚实互换。如果提左脚时，先将重心落在右胯上，轻轻托起左胯；如果提右脚时，就将重心落在左胯上，而轻托右胯。这样做，步法自然就轻灵自如了。因此说迈步时如果不动腰必然不灵活。交手时如仓皇迈步，就给了对方以可乘之机。这要切忌勿忘。

歌 三十　转身变法步莫长，擦地而行莫要慌。
　　　　　看准来路方伸手，巧女穿针稳柔刚。

注释

凡是动转变势换招，步法要小，这样才能动转灵活快速，发之必急，使人难于躲闪。当和对方周旋时，要从容自若、不慌不忙，看清对方来势的虚实顺逆，再出手应付。这好比巧女穿针一样，稳住刚硬的针和柔软的线，才能将线穿入针孔内。意思是要求眼准、心静、步稳、手狠。

歌 三十一 人持利器我不忙，飞剑遥遥到身旁。

看他来路哼哈避，邪不胜正语颇良。

注释

与人交锋或对敌首先凭胆气胜人，其次是凭技艺。所以有"一人拼命万夫莫敌"的说法。因此必须胆壮，胆壮则心静，心静则眼明，眼明则手快。在对敌时不管敌人手拿什么利器，哪怕刀砍剑劈已到自己身旁，也必须镇静以待，看清来势，伸手御之；再以哼哈之气以震慑之，使他闻声而惊，我便乘隙以取之。

歌 三十二 短兵相接似难防，哪怕锋利似鱼肠。

伸手取来探囊物，指山打磨妙中藏。

注释

鱼肠：古代剑名。如果能保持心静神安、静以待动的态度，即使是短兵相接遇到如鱼肠剑一样锋利的武器，也能如探囊取物一样容易对付。同时我还必须采取声东击西的诱敌策略，以迷惑对方，趁势进攻取得胜利。

歌 三十三 人众我寡力难挡，巧破千钧莫要忙。

一手不劳凭指力，犁牛犹怕反弓张。

注释

古代度量衡三十斤为一钧，千钧就是三万斤。与多人相敌时，当用穿花打柳的方法，指东而击西，避实而击虚，胆要壮，心要细，还要懂得力从人借、杠杆虽小能起千斤重物等道理，以智取之。就好像犁牛虽然身大力强，若搬它的头角，也能把它搬倒。所以只要善于使用巧劲，便可以制人。

歌 三十四 伸手不见掌前伸，又无油松照彼身。

收缩眼皮努睛看，底盘掌使显神奇。

注释

油松：古代夜里作战时用以照明的亮子，也叫火把。此诀所讲的是在黑夜遇敌，伸手不见五指，又没有灯笼火把的情况下该怎么办？最好的办法是蹲身下势，既容易看清对方，又便于自己施展招术。

歌 三十五　冰天雪地雨泞滑，前脚横使且莫差。

翻身切忌螺丝转，高低紧避乃为佳。

注释

在雨雪纷飞的天气里，地面泞滑难走，遇敌时应怎样对付呢？办法仍是在于步法。即将前脚横迈，也就是扣成丁字步。这样，前脚落地面积大，不易向前滑。前脚横迈时合胯合膝，又使重心稳定，便于进退转换。在翻身变招时切忌用脚跟或脚掌为轴拧转，因为拧转时，体重的支点小，容易跌倒。所以必须将脚全部离地，再根据需要或扣或摆，将重心稳定后，再将另一脚提起转换，这样便能始终不失重心而站立稳固。其次要注意地形的高低，避开地上的障碍物。

歌 三十六　用时最要是精神，精神焕发耳目真。

任凭他人飞燕手，蚁鸣我听虎龙吟。

注释

凡与人交手，最主要的是精神集中，心定神安。这样便能耳聪目明，不管对方怎样凶猛，我都能明察对方的一举一动。"蚁鸣我听虎龙吟"，是用听到蚂蚁小虫的鸣叫声就好像虎啸龙吟一样。

说明感觉器官的反应迅速和灵敏。

歌 赞：掌法拳法与要义，传出日久或忘记。

我歌掌诀三十六，字字句句有真意。

注释：

以上三十六歌诀是八卦掌的锻炼方法（掌法、步法、身法和使用方法）的概括。每一字每一句都有深刻的含意，它把八卦掌的原理阐述得比较透彻，是锻炼八卦掌的精奥秘旨。因此锻炼者必须仔细领会，熟读背诵，才能从中领悟身法的配合、步法的动转、手法的利用、气息的吐纳。如能运用自如，日久定能得到很多教益，练出真功夫来。

八卦掌四十八法

（一　）身　法　　手法步法要相随，手到步落力必微。手脚俱到腰欠力，去时迟慢难抽回。

（二　）相　法　　对御群敌相法先，未曾进步退当然。退步审势知变化，以逸待劳四两牵。

（三　）步　法　　未从动梢先动根，手快不如半步跟。出入进退只半步，制手避招而安神。

（四　）迈　法　　功夫本从弯步来，两手变化随步开。高挑低搂横避掩，推托带领不离怀。

（五　）连步法　　连步必三费功夫，使手要简自然无。搭手转身是空手，机会恰巧是江湖。

（六　）囤步法　　囤步不要两相齐，前虚后实差相宜。若要站齐前后仰，亦且腰腿少灵机。

（七　）手　法　　偏重则随双重滞，外硬里软拈枪势。横推里勾身为主，只有吸手腰腹随。

（八　）力　法　　人说冷弹脆快硬，我说冷弹是一般。脆硬细分无二致，发动全凭心力含。

（九　）存力法　　只会使力不会存，力过犹如箭离弦。不但无功而有害，轻输重折且伤身。

（十　）续力法　　力着他人根已断，若再续力彼难逃。此时唯有冲前步，长膀长腰一齐交。

（十一）降人法　　快打慢分不足夸，强制弱分不为佳。最好比人高一招，顾盼中定不空发。

（十二）决胜法　　彼力千钧快如梭，避强用顺快步挪。千人只有三五近，稍伸手脚不难遮。

（十三）用　法　　高打矮分短打高，斜打胖分不须摇。若遇瘦长凭挎带，年迈不攻上下瞧。

（十四）封闭法　　手讲三关脚伸屈，一手三关脚直迁。肩腕膝胯肘可用，缩颈空胸步带躯。

（十五）接拳法　　五花八门乱如麻，长拳短打混相加。你越快分我越慢，我若发时神鬼夸。

（十六）摘解法　　多少拿法莫夸技，两手拿一力固奇。任他神拿怕过顶，穿鼻刺目势难敌。

（十七）接单补双法　　莫说双手掌坚兵，一来一往是其能。闭住右手左无用，双手齐来更无功。

（十八）指山打磨法　　他人来手我不然，侧身还击彼自还。他若还时我入手，他若守时三手连。

（十九）脱身化影法　　他不来时我叫来，他要来时我化开。不须手避凭身法，步步不离两胯哉。

（二十）背后转身法　　伸手要小步要大，开步半跨贴身抓。跨步落地蹲身转，他要转时我鹰拿。

（二十一）磕砸劈撞法　　磕来还磕我要先，砸右换步左手粘。劈来叠肘桩横立，撞来乾坤手摇圈。

（二十二）半圈手法　　他人手法多直线，跨上半步等如闲。即或指直打斜法，再跨半步不相干。

（二十三）整圈手法　　四面敌人我在中，穿花打柳任西东。八方凭势风云变，不守呆势不守空。

（二十四）心　眼　法　心如大将眼如法，见景生情能制他。最忌心痴眼不准，手忙脚乱费周折。

（二十五）定　眼　法　四面刀枪乱如麻，又当昏夜月无华。矮身定睛招路广，步步弯行必赢他。

（二十六）接　器　法　长短单双器固精，算来不如两手灵。铁掌练来兵一样，两手偏找肱腕行。

（二十七）保　身　法　以强胜弱不足夸，弱能胜强方是法。任他离弦箭快硬，左右挪身保无差。

（二十八）乱　人　法　心乱先从眼上乱，千招不如掌一穿。对准鼻梁连环使，跨步制人左右换。

（二十九）开　合　法　欲合先开是一致，见开防合不二传。诈败佯输知卷土，指东打西意中含。

（三　十）定　南　法　任他千手千眼快，守住中心是枉然。不到要时不伸手，伸手即要发手还。

（三十一）求　近　法　封闭固是护身招，躲过他人自逍遥。切记远出尺步外，开门绕道法不牢。

（三十二）六　路　法　他人六路是空言，我之掌法六路观。动步既能八方顾，瞻前顾后自无难。

（三十三）不　二　法　发不准兮不妄发，发不中兮第二发。任他鬼神多灵妙，不勾魂兮亦裂牙。

（三十四）防　滑　法　冰天雪地步难牢，前横后直记心梢。转动须用小开步，切忌挺身去打高。

（三十五）稳　步　法　步不稳兮身必摇，脚踩实地胜千招。进取足踩退悬踵，不扣步兮莫回瞧。

（三十六）小　步　法　回身转步必须小，步大舍身不灵脚。欲要转身迈半步，人难擒兮人不晓。

（三十七）掌　　　法　掌法虽分上中下，上下不过是靠架。圆转自如唯中盘，高下全凭此变化。

（三十八）忌　俯　法　低头如同眼不开，亦且身易往前栽。低头猫腰中枢死，全掌全步使不来。

（三十九）忌　仰　法　紧背空胸静中求，挺胸腆腹气难收。腆肚吸腰来不及，最怕转身不自由。

（四　十）正　身　法　全身力量在中枢，自身歪斜力不周。别看步弯身必正，发手如箭不停留。

（四十一）转　身　法　身如君王腰腿臣，君正臣强可制人。进退躲闪凭身法，若无腰腿不生神。

（四十二）扭　身　法　人来制我已贴身，此时手脚不赢人。左右吸腰用扭法，化险为夷把人擒。

（四十三）跨步侧身法　穿梭直入势难停，先发制人先他能。若遇比手接连退，不如跨步侧身灵。

（四十四）左右甩身法　闪躲东方西又来，摇身一变甩身开。左右连环皆如此，前推后捋腰安排。

（四十五）蹲步沉身法　身高架大路上三，举手招封势所难。蹲步沉身使就下，入我机关使法宽。

（四十六）忌　拿　法　八卦之手不讲拿，我拿人兮我亦差。设若人多不方便，直出直入也堪夸。

（四十七）忌　站　法　浑元一气走天涯，八卦真理是吾家。招招不离脚变化，站住即为落地花。

（四十八）太　上　法　力要足活招要准，即或使空三不紊。招套招兮无穷极，精神法术在乎纯。

歌诀赞：四十八法意真切，说说练练不为神。要得所传纯功到，几人三年试验深。

八卦掌四十八法注释

一、身 法

手法步法要相随，手到步落力必微。手脚俱到腰欠力，去时迟慢难抽回。

注释 八卦掌要求手眼身法步密切配合，用整劲击人。整劲必须以脚为根，以腰为主宰，上下内外配合一致。如手已击出，脚未跟上，那么其所用之力则是手中局部之力。即使手脚能配合而没有腰力贯通，仍是手脚的局部之力。这样，就会使进退迟缓，动转不灵。所以手眼身法步必须紧密配合。

二、相 法

对御群敌相法先，未曾进步退当然。退步审势知变化，以逸待劳四两牵。

注释 面对众多的敌人时，应先看清楚敌人的强弱和虚实。兵法说："知己知彼，百战不殆。"所以在未弄清敌方虚实以前，不宜急进，应当先考虑退步。这是凭借退步来看清对方的虚实，从而避实击虚，乘隙而取胜之。所以善战者能进能退。"审势知变"，以我之长制他之短，是以逸待劳的方法。

四两牵：指四两牵千斤。即言在以逸待劳的情况下，能用较小的力量发挥出较大的作用。

三、步 法

未从动梢先动根，手快不如半步跟。出入进退只半步，制手避招而安神。

注释 关于动梢先动根，前歌已讲过。但根梢没有一定的部位。论臂，手是梢，肩为根。说脚，胯是根。所以全身劲的发出必由脚由腰而手，快速的手法还必须配合好的步法。八卦掌的步法讲究"半步"。在进退转换、变招换式时，只需半步，进攻闪躲时也只需半步。如果能熟练地应用"半步当先"或"半步跟"的步法，对敌发招时就能得心应手了。

四、迈 法

功夫本从弯步来，两手变化随步开，高挑低搂横避掩，推托带领不离怀。

注释 八卦掌的功夫是以走圆圈练出来的。这种左旋右转、右旋左转地走圆圈，就是走弯步。由于不停地走转，两手的变化也是跟着步法的走转而不停地变化，所以叫"手随步开"。等到手法、步法、身法能密切配合时，就可以发挥挑搂避掩、推托带领的威力了。

五、连步法

连步必三费功夫，使手要简自然无。搭手转身是空手，机会恰巧是江湖。

注释 与人对手比招，有时搭手转身便走，这用的是诱敌之计，目的是诱使对方出招，而我转身避之。这个搭手乃是空手。对方出击后，由于惯性作用身体必然继续前倾，从而使他失势拔根，此时我即转身乘他不备而击之。江湖指的是老于江湖者，他们的功夫和见识都是很丰富的，能及时抓住战机，所以说"机会恰巧是江湖"。

六、囤步法

囤步不要两相齐，前虚后实差相宜。若要站齐前后仰，亦且腰腿少灵机。

注释 此诀讲的是站立的姿势。与人对手时，两脚不能并排站齐，应该是前后叉开，前脚虚后脚实。因两脚站齐容易导致向前倾倒或向后仰跌，而且虚实不分，动转进退不灵活。八卦掌要求分清虚实，虚中有实，实中有虚。只有这样，对敌时才能进退有方，攻守相宜。否则，即使遇到可乘之机，也必然会因动转不灵而失去攻击机会。

七、手 法

偏重则随双重滞，外硬里软拈枪势。横推里勾身有主，只有吸手腰腹随。

注释 手法和步法一样，也必须分清虚实。运用手法时还要求外硬里软，好像拈枪尖，随之而入。对手横来我便推之，对手向里击来我则勾之。总之是引化对方来力，移动对方重心，使他落空失重；我身却有所主，含胸吸手，腰腹相随。这是取胜的良方妙法。

八、力 法

人说冷弹脆快硬，我说冷弹是一般。脆硬细分无二致，发动全凭心力含。

注释 凡是拳都讲冷、弹、快、脆、硬五种力。作者认为冷力与快力二者合并便成为弹力。所以冷与快是一样的。脆力与硬力从表面看似乎不同，其实两种力没什么区别。八卦掌所要求的是整劲，这种整劲必须以意运气，以气运身，由丹田出发下达至脚心涌泉穴，再上翻到腿、腰、脊背、手而放出。所以它的运用必须是用心意含蓄。

九、存力法

只会使力不会存，力过犹如箭离弦。不但无功且有害，轻输重折且伤身。

注释　发劲时不能把劲全发尽，必须要留有余地。否则，就容易被人所乘，招致失败。

十、续力法

力着他人根已断，若再续力彼难逃。此时唯有冲前步，长膀长腰一齐交。

注释　当对方被我牵引或是他在发劲时脚跟已动，但尚未跌倒。这时我应在他未站稳之前（即旧力已去新力未生之前），利用我的余力继续向他击去，就能取胜。在使用余力时要用步法向前冲，然后松腰沉身，在原来的招式下再塌之或再抖之，就必胜无疑。

十一、降人法

快打慢兮不足夸，强制弱兮不为佳。最好比人高一招，顾盼中定不空发。

注释　这首歌诀告诫学者要刻苦钻研技击，把功夫锻炼得高人一筹，在与人比招时便可取胜。

十二、决胜法

彼力千钧快如梭，避强用顺快步挪。千人只有三五近，稍伸手脚不难遮。

注释　此诀讲避实就虚之理。当和人比手对招时，如果对方力大手快，我要看清他的来势，迅速顺步引导并转移他的来力方向，使他落空失势。若是敌众我寡时，也要沉着应对。对方虽然人多，但能够接近我身边的也只不过三五人而已，我要择其弱者攻击，打击了对方的锐气，其他众人也就不敢贸然向前冲了。所以说"稍伸手脚不难遮"。

十三、用 法

高打矮兮矮打高，斜打胖兮不须摇。若遇瘦长凭捋带，年迈不攻上下瞧。

注释 此诀讲八反的用法（八卦掌又叫八反掌）。对于比我高的人要用矮势攻他的下盘，引导他向下不得逞其高；对于比我矮的人要用高势攻他的上部，居高临下而击之，使他不得逞其矮。如果对方是肥胖人应该避开他的锋芒而斜着攻击，或攻他的背部，因为他体胖动转不灵活。若是对方身材瘦长，我要用捋带之法使他动摇晃失重。倘若遇到年迈衰弱者，就用"先声夺人"之法，只要虎视眈眈便可使他心慌意乱，甘拜下风了。

十四、封闭法

手讲三关脚伸屈，一手三关脚直迁。肩腕膝胯肘可用，缩颈空胸步带躯。

注释 手的三关是肩肘腕，脚的三关是胯膝踝。走圈转掌时紧闭上部的三关，而下部的三关腿做屈伸之状而走转变化，叫作全身封闭法。三关的使用不仅要依脚步的直与弯来决定，还须靠步法和身法的配合才能奏效。

十五、接拳法

五花八门乱如麻，长拳短打混相加。你越快兮我越慢，我若发时神鬼夸。

注释 此诀与降人法相似。我国拳术种类很多，五花八门各有所长。但在交手时我应守定以静待动的原则，要心定神安地看清来势后再决定攻守。不争一时之勇，要等待时机用整劲攻击他的破绽。

十六、摘解法

多少拿法莫夸技，两手拿一力固奇。任他神拿怕过顶，穿鼻刺目势难敌。

注释 擒拿法并非无解之绝技。如果遇到对方想要拿自己时，只要把自己的手高举过头，就可泄他的力而破其拿法。同时我还要用手穿他的鼻刺他的眼来迷乱他，那么他的擒拿法就无效了。

十七、接单补双法

莫说双手掌坚兵，一来一往是其能。闭住右手左无用，双手齐来更无功。

注释 此诀讲的是以空手破兵刃的方法。如果对手双手持利器向我击来，我只要闭住他的右（左）手，他的左（右）手便无用了。即使他双手齐来，只要闪过他，其械也就无用了。

十八、指山打磨法

他人来手我不然，侧身还击彼自还。他若还时我入手，他若守时三手连。

注释 指山打磨。其目的不在山而在石，因为石是磨的材料。正如兵法上的"声东击西"的策略。运用此法必须心静神安，沉着应付。对方若出手击来，我则侧身以避之，并乘机还击，对方由于落空必急还。在他收回时我趁势而进。他想避我攻击而采取防守之法，我则使用连环穿掌，连续击之，不让他有喘息的机会，迫使他手足失措而败之。

十九、脱身化影法

他不来时我叫来，他要来时我化开。不须手避凭身法，步步不离两胯哉。

注释 此诀讲的是八卦掌独有的特点，即运用游击战的方法。在与人对手时，如双方势均力敌，他也守定以静待动，两相对峙，那时我可引他出手。他若出手，我则走而化之；他若收回去，我就跟随他乘势进击。你来我往，既不丢开，又不硬拼，这样和他周旋以寻可乘之机。运用此法须依靠步法、身法，而身法和步法的变换，还必须靠腰胯来配合。

二十、背后转身法

伸手要小步要大，开步半跨贴身抓。跨步落地蹲身转，他要转时我鹰拿。

注释 八卦掌与人对敌大都是转到敌人背后攻击的，此诀就是讲转身方法。凡出手攻人，手中必须有含蓄之力，所以伸手要小。在走转时步法不能大，但在进攻时则要大。在与敌身贴近时只须半步，那时我只要用抓人之力，便足以制之。假如当我贴近敌身时，对方也来拿我，那么我必须用跨步落地蹲身而转以避之。如果他也跟着我转，那我可以用鹰拿之法拿他就能取胜了。

二十一、磕砸劈撞法

磕来还磕我要先，砸石换步左手粘。劈来叠肘椿横立，撞来乾坤手摇圈。

注释 如对方由外磕来，我也可用磕法向他磕去，但我必须争取为先。

对方若向我这里砸来，我便换步用左手粘其手，再换劲变出手为妙。若对方向我头劈来，我则叠肘为桩用螺旋劲以杀其势。如对方用手撞来，无论单双，我则用手敷其上并划圆圈便可泄其力，还可乘机而发之。

二十二、半圈手法

他人手法多直线，跨上半步等如闲。即或指直打斜法，再跨半步不相干。

注释 他人攻我多是直线而来，我只要斜跨半步，对方便落空了。即使对方用"指直打斜"发法，我可仍用前法再斜跨半步，仍能使他落空。这就是半圈手法。这种步法是避实就虚的主要方法。

二十三、整圈手法

四面敌人我在中，穿花打柳任西东。八方凭势风云变，不守呆势不守空。

注释 当我被围攻的时候，神不可乱，色不可变，仍要处之泰然。只要不守定呆势，不使空手，往来反复，应前顾后，能进则进，可退则退，遇实则避，逢虚则发，即不走空，也不虚发，虚虚实实，因人而施，随机应变，就能克敌制胜。

二十四、心眼法

心如大将眼如法，见景生情能制他。最忌心痴眼不准，手忙脚乱费周折。

注释 此诀讲的是心与眼在技击时的作用以及与手法、身法、步法的密切关系。见景生情就是随机应变，而其劲力之发必须当机立断，眼准步稳，才能胜人；切忌心痴眼钝手忙脚乱。

二十五、定眼法

四面刀枪乱如麻，又当昏夜月无华。矮身定睛招路广，步步弯行必赢他。

注释 当黑天昏夜星月无光，我被四面围攻的时候，则应蹲身下势，以便看清楚对方的来势，再决定对付他的方法。但步法必须采取左右变步，忽东忽西，使对方左右扑空，我再乘机攻击，就可取胜。

二十六、接器法

长短单双器固精，算来不如两手灵。铁掌练来兵一样，两手偏找肱腕行。

注释　铁掌，指掌上功夫练得纯熟。虽然对方握有长短兵器，可是占住了双手。而我的空手却很灵活。只要运用身法闪展腾挪，避开他的锋芒，用步法、身法结合拿法专门找他的手臂和手腕，以"拿闭敌血脉，拨挽顺势封"，乘机夺取他的兵器，便能取胜。

二十七、保身法

以强制弱不足夸，弱能制强方是法。任他离弦箭快硬，左右挪身保无差。

注释　挪身是挨着对方的身体转动，专门绕到他的背后去，即使对方很厉害，我也可避开他的攻击。

二十八、乱人法

心乱先从眼上乱，千招不如掌一穿。对准鼻梁连环使，跨步制人左右换。

注释　当比手对招时，先用手掌连续向对方的鼻梁和双目直刺，使他的眼花心乱；再用跨步左右互换，迫使他应接不暇难以招架。

二十九、开合法

欲合先开是一致，见开防合不二传。诈败佯输知卷土，指东打西意中含。

注释　与对手比招时，看到对方开势，下面必然是合势。如果对方不是由于筋疲力尽而败退，必是有诈，要当心他会卷土重来。同时，还要注意对方声东而击西。我必须瞻前顾后，左顾右盼。既要防止对方的随时进攻，又要寻找对方的破绽而趁机攻击他。

三十、定南法

任他千手千眼快，守住中心是枉然。不到要时不伸手，伸手即要发手还。

注释　此诀名为"定南法"，讲的是与对手比招时要看地形，有无障碍物和高低不平之处，要占据险要平坦的地方。其次，还要注意天时与方向。如在阳光下，上午不向东，下午不向西，以避免阳光刺目。在这样有利的条件之下，尽管对方人多势众，我也能沉着应付，乘机而进。

三十一、求进法

封闭固是护身招，躲过他人自逍遥。切记远出尺步外，开门绕道法不牢。

注释 拳法上说"不即不离，若即若离"，就是此诀之意。不管对方如何向我进攻，我都可以封闭住他。但必须与对方身体贴近靠拢，相距不能超过尺步以外，否则等于空兜圈子白费劲。

三十二、六路法

他人六路是空言，我之掌法六路观。动步既能八方顾，瞻前顾后身无难。

注释 拳术技击都讲眼观六路，耳听八方（六路是前后左右上下，八方是东西南北四正方；东南、西南、东北、西北四隅方）。但他们在步法上都不能照顾到这些方面，而八卦掌一动步便能看一圆周，自然能做到瞻前顾后。

三十三、不二法

发不准兮不妄发，发不中兮第二发。任他鬼神多灵妙，不勾魂兮亦裂牙。

注释 技击要讲究稳、准、狠。发招时切不可"无的放矢"。即使一次没击中目标还可继续再发，这样连续不断地猛攻，就能使对方胆战心惊，失魂落魄。

三十四、防滑法

冰天雪地步难牢，前横后直记心梢。转动须要小开步，切忌挺身去打高。

注释 遇冰天雪地，为防脚下打滑，迈步须前脚横，后脚直；转身动步，步子要小，并"切忌挺身"。因为挺身后，人体重心必随之上升，就容易下盘不稳，使身体前倾后跌。

三十五、稳步法

步不稳兮身必摇，脚踏实地胜千招。进取足踩退悬踵，不扣步兮莫回瞧。

注释 此诀讲怎样使用步法才能稳健。第一句讲步法不稳之害。第二句讲步法稳固的好处。第三句讲步法进和退的方法。最后末一句讲回身时必须先扣步。

三十六、小步法

回身转步必须小，步大舍身不灵脚。欲要转身迈半步，人难擒兮人不晓。

注释 要做到进退动转灵敏，则步法必须要小。对敌时步法小，便于靠近敌身。而且由于我方的步子小，对方才不容易判断出我攻击的意图。

三十七、掌 法

掌法虽有上中下，上下不过是靠架。圆转自如唯中盘，高下全凭此变化。

注释 任何拳术都讲上中下三盘功夫，这三盘便是高架势、中架势、低架势。架势高者省力，架势低则运动量大而吃力。在锻炼时都要求架势越低越好，这样容易练出功夫来。在对敌时则以中架势最为相宜，因为它可以圆转自如，高则随之而上，低则因之而下，各种变法皆从中盘架势生出，故曰"唯中盘"。

关于三盘的说法，还可以解释为：上盘是两手及臂，中盘是胸、背、腰、胯，下盘是两腿及足。因上下盘的变化都要从腰部(中盘)动转自如而取得，所以说"高下全凭此变化"。

三十八、忌俯法

低头如同眼不开，亦且身易往前栽。低头猫腰中枢死，全掌全步使不来。

注释 拳谚说："低头猫腰，技艺不高。"就是指各种拳术都忌低头猫腰。因为低头如同瞎子一样，看不见前方情况的变化，就不能及时采取对策。猫(弯)腰时，由于中轴弯而不直，必然转动不灵活。又由于身体重心前移，容易导致前倾。低头猫腰时意气不能通畅，使用招术也要受影响。

三十九、忌仰法

紧背空胸静中求，挺胸腆腹气难收。叠肚吸腰来不及，最怕转身不自由。

注释 八卦掌在锻炼或交手时，要求紧背空胸，这样才能气沉丹田，达到气平心静。若挺胸腆腹，则会妨碍叠肚吸腰，使动转不灵。

四十、正身法

全身力量在中枢，自身歪斜力不周。别看步弯身必正，发手如箭不停留。

注释 全身之力的蓄发和通导都以腰部为中枢，因此无论步法如何变化，都要求立身中正，不前俯不后仰。假若自身歪斜，下盘必然不稳，所发出的力也就不整了。

四十一、辅身法

身如君王腰腿臣，君正臣强可制人。进退躲闪凭身法，若无腰腿不生神。

注释 正身法要求身体端正，辅身法要求在此基础上进一步运用身法，因拳术中的进退躲闪各法皆以身法为主。在使用身法时，还需要有四肢的配合，特别是腰腿的配合。

四十二、扭身法

人来制我已贴身，此时手脚不赢人。左右吸腰用扭法，化险为夷把人擒。

注释 当对方与我贴近时，如果他当胸打来，这时我再用手法和步法都已来不及了，唯一的办法是吸腰向右（左）转到他背后去，才能化险为夷。

四十三、跨步侧身法

穿梭直入势难停，先发制人先他能。若遇此手接连退，不如跨步侧身灵。

注释 若遇对方全力进攻锐不可当时，只可暂时退却回避。如对方继续进攻，我方不必再退，只要向横方向跨步侧身，就可以使对方落空了。

四十四、左右甩身法

闪躲东方西又来，摇身一变甩身开。左右连环皆如此，前推后捋腰安排。

注释 在一人对群敌时，避开了东面而西面又来，穷于应付。不如采取主动，用穿花打柳的办法，将近身之敌前推后捋。前推后捋，必须用整劲击之。

四十五、蹲步沉身法

身高架大路上三，举手招封势所难。蹲步沉身使就下，入我机关使法宽。

注释 如遇高大的人，我如果和他就高势周旋，势必吃亏。我先蹲身而下，他必随我而下，这是变我的劣势为优势。所以说："入我机关使法宽。"

四十六、忌拿法

八卦之手不讲拿，我拿人分我亦差。设若人多不方便，直出直入也堪夸。

注释　八卦掌不主张以拿法胜人，因拿法只能拿住一人，并且拿了人自己的双手也被占用了，因此说"我拿人分我亦差"。另外，拿了一人便不能对付群敌了，若要对付群敌则不如直出直入来得干脆。

四十七、忌站法

浑元一气走无涯，八卦真理是吾家。步步不离脚变化，站住即为落地花。

注释　八卦掌的功夫是走出来的。它的道理就是动变和练气，所以走转时必须配合道家的导引吐纳术集中意气。　"走为百练之祖，百练不如一走"。不停地走圈可转的对方头晕目眩。站住不动，则易为人所乘，如落地之花被人践踏。因此练八卦掌忌站。

四十八、太上法

力要足活招要准，即或使空三不紊。招套招兮无穷极，精神法术在乎纯。

注释　方法和技巧达到纯熟，谓之"太上"。虽然"八卦掌"的方法巧妙，但还必须精力旺盛，劲力充沛，心静胆壮，发出招来才能准确。假如由于估计错误而使招发空，该怎么办？首先要"三不紊"，心不慌，手不忙，脚不乱，才能看清楚对方的来去招术，并随着对方的变化而变化，按八卦掌变动的原理而施招。这样便能招中有招，手外有手，迫使对方穷于应付。达到这种变化莫测的境界，其功夫可谓纯熟了。

[附注]

《三十六歌诀》和《四十八法诀》都是旗人金增启总结编写的。

金增启，字省三，清代文举。曾拜八卦掌先师董海川的弟子尹福为师，好与八卦掌传人交往。他博闻好记，研究拳技，遂将八卦掌创始人董海川及其传人在研习、传授八卦掌中总结出来的技术规格和术语，系统归纳成歌诀。为了更好地继承民族文化遗产。现将歌诀原文抄录出来并酌加注释，以便于练习者掌握八卦掌的运动要领。

八卦掌十六字歌诀

第一种说法：推托带领，搬扣劈进，穿闪截拦，粘连黏随。

第二种说法：穿搬截拦，拧翻走转，推托带领，缠刁扣钻。

注：十六字诀，即八卦掌运动的十六种劲法和用法。

八卦掌起势及手眼身法步歌诀

1．起势口诀

竖形立势掌如拳，当按阴阳次第间。审势分明知躲闪，防身斜侧识端偏。

进攻推托步偷半，插打劈穿学贵全。欲免临场心手乱，闲居发愤读斯篇。

2．手的口诀

撑拳托掌若风烟，劈穿抓拿势贵偏。挺去牵来脚管硬，勾搬裹挽削劈连。

三盘内外须纯练，前后高低混打全。一日无间三岁满，保能发手倒山巅。

3．眼的口诀

两眼圆睁若朗星，头端审势更分明。瞻前顾后疾如电，展动周旋似转轮。

觑定敌人身手脚，乘虚攻击莫留情。临场对敌人难进，全在双眸一团神。

4．身的口诀

头端面正手平分，直竖身昂腿护阴。斜立足分丁八字，势如跨马弯弓形。

脚腿不浮身便稳，落脚须平移动灵。足动脚跟同进退，肩投腰趁臀齐行。

翻身腹缩随舒卷，偏闪腾挪势势承。练习如常寡敌众，横冲直撞莫停留。

5．法的口诀

个中奥妙在深玄，掌在师传学在专。掌法千般学不尽，机关百种卒难言。

水到渠成三载力，钢须精炼始刚坚。总之熟便能生巧，处处相承节节连。

6．步的口诀

两膝弯步力自然，屈前直后练成坚。之从顺闪腾挪步，玄经斜击反回圈。

翻覆旋风肩平硬，膝顶跟踹带勾镰。跟落指悬神化用，轻浮坚固步中玄。

注："之"和"玄"都是步法的名称，因其形状像之玄二字。

八卦掌"八拳"之法歌诀

一头：头打之法进中央，靠山探穴两肋旁。

乳上乳下如风市，此头乃是掌中王。

二肩：肩打一阴反一阳，上臂引手先去商。

手换肩下要靠准，头来肩打命必亡。

三手：抓打擒拿把手伸，脚手齐到方为真。

拳似炮形龙折身，手似劈山向前抡。

四肘：肘打三节不见形，直横斜打用皆准。

虎豹头法意在肘，穿林交叉顶后心。

五胯：胯打中节肩相连，阴阳相合力摧山。

外胯去时里胯走，回身如鹰变式还。

六膝：膝打几处人不明，若用膝顶命必倾。

斜打髋胯加肋力，形似猛虎出了笼。

七足：脚打去意刮地风，消息全凭后脚蹬。

踩住敌人脚下落，功夫不到全是空。

八腿：腿法原有七二变，扣摆之中把敌算。

下扫上击各含意，点心点意手法先。

八卦掌歌诀

八卦掌，走为先。收即放，走即还，变中虚实步中参。走如风，站如钉，摆扣穿翻步法精。腰如轴，气如旗，眼观六路手足先。行如龙，坐如虎，动如江河静如山。阴阳手，上下翻，沉肩坠肘气归丹。要六合，勿散乱，气遍周身得自然。扣摆步，要仔细，转换进退在腰间。手打三，脚打七，手脚齐进莫迟疑。胯打走，肩打撞，周身挤靠暗打膝。高不挡，低不拦。迎风接近最为先。数语妙诀拳中要，不用纯功也枉然。

八卦掌转掌歌诀

八卦转掌论阴阳，五行六合内中藏。七星八步九宫定，两仪三才见柔刚。

混元一气培根本，四正四隅按八方。落步三盘掰扣步，发行四梢弯转强。

前掌虚实牛舌样，后手埋伏肘下藏。进步有门退有法，变化反正拳阴阳。

屈直横竖斜正面，翻转盘旋腰主张。内讲五行分四梢，外有五行眼法强。

内讲气道分三节，外有手法分阴阳。步法走转分八字，身法意气行细详。

柔身转换不定势，高低远近无限量。腰法要合行四梢，腿法要合定八方。

手法要合情变化，用法要合左右防。膀法要合阴阳变，身法要合扭转强。

胯法要合挨身使，膝法要合进身旁。步法要合进退快，闪展腾挪腰偏强。

头打去意随腰使，起落总须站中央。脚弄中门奇地位，掌行直穿上下忙。

掌打起落头手挡，肘打去意占胸膛。背紧胸空缩谷道，肩打胯打并阴阳。

身法全凭盖世气，两手只在胸前藏。推托带领随身劲，搬扣劈进上下忙。

八式八母总由转，以掌为母悟刀枪。文知八卦明道理，武晓易理亦生光。

先师掌法传至今，世人鲜有得其真。莫说前人多保守，只怨己身功未深。

说明道理揆用意，树茂枝圆根必深。八卦先从转掌起，精研其法乃得真。

头顶肩垂行气下，直到丹田出入匀。臀肩要分三节用，身法要停四梢均。

步走圆圈分八字，眼随身手一团神。元气须在肛门提，猿臂熊膀龙虎身。

二人对手腕中求，动手制胜步法分。上下前后左右使，肩肘膝胯里外轮。

腿法出腿不见腿，八卦起首腿为根。前后左右三十六，横腿顺提又切真。

进退钩挂明暗腿，连环阴阳并转身。蹬踢蹁踩屈搓绊，习之熟纯使无心。

武术虽精教凭法，徒费心机枉劳神。学习武艺功夫到，得之艺业不压身。

艺如出众人尊敬，学问高强自超群。莫道求学有止境，不进则退要记真。

八卦掌转圈歌诀

八卦连环分五行，相生相克变无穷。六合归一真根本，阴阳二字两分明。

乾出巽入离与坎，艮往坤来震兑同。八门反正直斜走，横冲直撞任纵横。

掌法九宫步下取，左右转身变化精。出手顺逆随身起，落步开合四梢行。

脚踢对面不见腿，掌打敌人莫知情。翻转身形势无定，四门八腿使无穷。

远攻长拳近短打，五行步法显奇能。三十六招走为上，不招不架却使空。

打法须从身上起，手足齐到方为功。身似强弓手比箭，消息只在后足蹬。

走时无形落无影，去意好似卷地风。手起万莫使空起，脚落不要枉落空。

侧闪两边防左右，高低相随功妙生。往来横顺依身变，脚打七分手三成。

硬打硬攻快招胜，柔者软化占上风。拳出三节为能手，没见形影万莫停。

转身活动势不定，左右横顺任意行。退如狸猫进如虎，脚打踩意不落空。

上步对面人不见，掌拳打去不见形。手脚起落人莫觉，犹如做梦在心中。

二人比手无虚招，前进后退一寸争。掌打须知出入步，去意如水进如风。

窜纵跳跃无非步，闪展腾挪手法清。寸垫过快剪步转，七步打法要分明。

踏偏身探病在腿，前俯后仰也是空。手脚齐到莫现形，如见形影不为能。

蛰龙未起雷先动，风吹大树百枝倾。内要提防外要稳，虚实见景便生情。

一手分为八手用，紧连不断是真功。千招不如一招妙，万招不如不落空。

两手变成多手用，招至使时方显能。有人解开无极法，保证到处得功成。

八卦掌用法歌诀

掌分八势转为根，左旋右转要缩身。二人相战腕中求，动手取胜步法分。

八卦奥妙要学真，走穿拧翻人难进。任他巨力来打我，旋转变化到彼身。

八卦八形阴阳生，六十四掌藏真情。练至筋骨通灵处，周身贯气纵横行。

先天之气要练习，刚柔相济细推寻。八卦掌法留意记，不怕猛汉力千斤。

外重手法身法步，内修心神意气根。升降开合练内功，丹田有宝妙无穷。

哼哈意合吞吐妙，霹雳一声使人惊。乾坤艮巽分四隅，坎离震兑八卦成。

练功须明三步妙，上下二气不离中。八卦掌法贵三盘，三盘三节各分三。

三盘功夫全在腿，趟泥步法意存丹。上下三丹水火济，掌中力从涌泉行。

练艺精心求其妙，证悟斯道得长生。

软中求硬好，缩小绵软巧。要讲九节劲，言明得知晓。

拳掌肘和腕，肩腰胯膝脚。手眼身法步，此是武艺招。

周身要整劲，慢慢往里找。左右变化广，动时赛猴猫。

旋转稳健步，站住泰山牢。绳虫不能落，轻时如鹅毛。

学会八卦掌，比人招法高。

技术部分

1983 年摄于天坛祈年殿

六把总拿开式

索喉反照

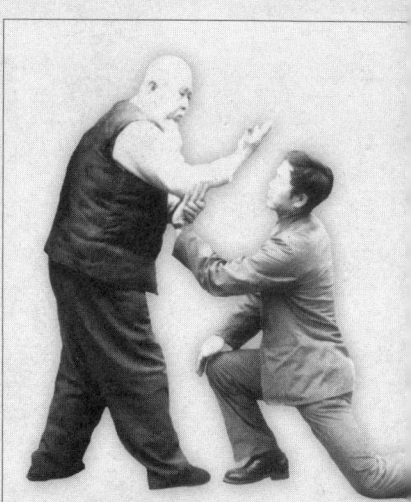

翻天印反照

实战教学

与君共研八卦掌葆我中华亿兆春

外掰筋第三式

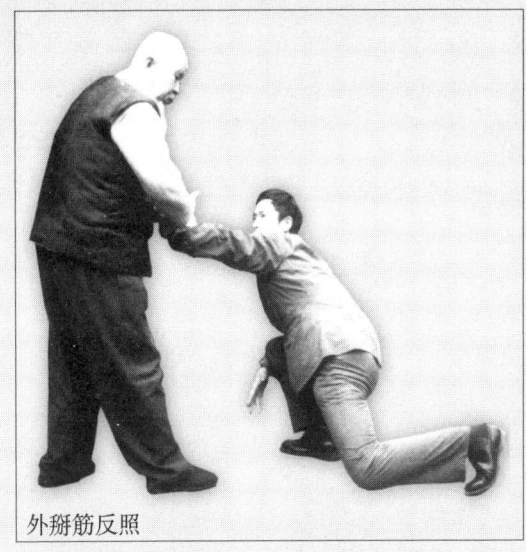

外掰筋反照

小金丝第五式

小金丝反照

滚腕第四式

滚腕反照

八卦掌手型

按八卦掌的需要，手形分为掌、勾子掌、拳三种。

一、掌

手指伸直为掌，可分为平掌、竖掌、侧掌、插掌、掖掌。

1．平掌

平掌又分为俯掌、仰掌。

①俯掌：掌心向下。（图2-1）

②仰掌：掌心向上。（图2-2）

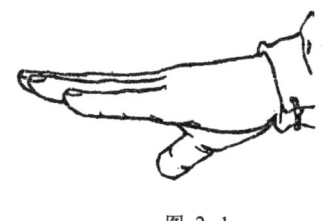

图 2-1

图 2-2

③捏掌：捏掌是平掌之变手。在技击上防拿。捏掌是中指和无名指在下，食指、小指在中间，拇指在上。（图2-3）

2．竖掌

（1）塌腕手指向上，虎口挣圆。掌心向外，中指和无名指稍张开，余指合拢。（图2-4）

（2）掌心斜向前方，也是竖掌。（图2-5）

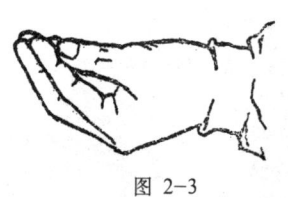

图 2-3

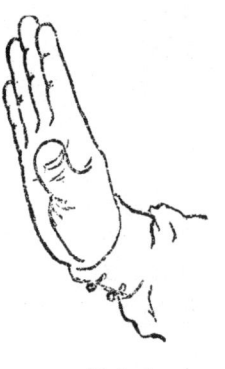

图 2-4

图 2-5

3．插掌

掌指向下为插掌，分为正插掌和反插掌。

①正插掌：掌心向里，拇指朝前。（图 2-6）

②反插掌：掌心向外，拇指朝后。（图 2-7）

③掖掌（塌掌）：掖掌是插掌的变手，用掌根发劲。掌指朝前也叫掖掌。

（图 2-8）

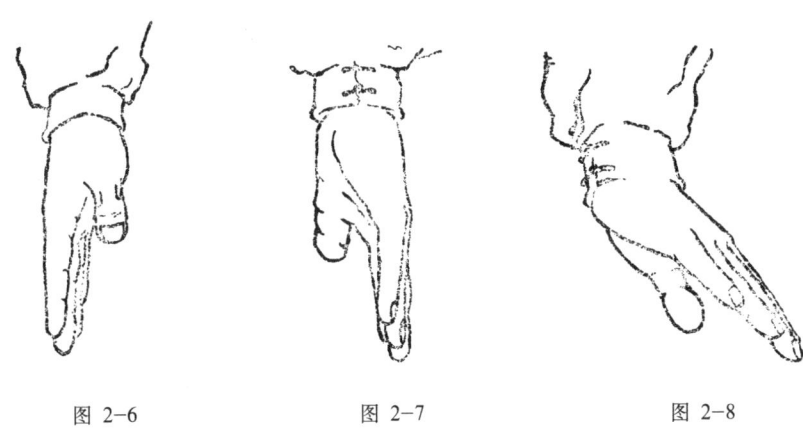

图 2-6　　　　　　　图 2-7　　　　　　　图 2-8

4．侧掌

侧掌是拇指扣向掌心，其余手指伸直(拇指张开也可以)，分正、反侧掌。

①正侧掌：掌心向前。（图 2-9）

②反侧掌：掌心向后。（图 2-10）

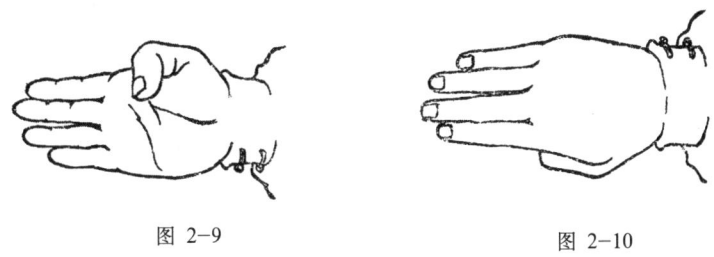

图 2-9　　　　　　　　　图 2-10

二、勾子掌

勾子掌，也叫勾手，是捏掌屈折，弯向掌根里侧。分正勾掌、侧勾掌两种。

①正勾掌：腕根向上。（图 2-11）

②侧勾掌：腕根向前。（图2—12）

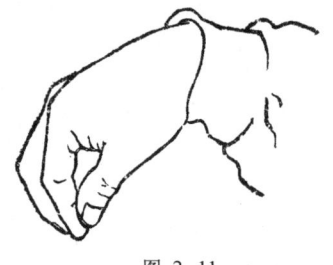 

图 2—11   图 2—12

三、拳

握拳是四指并拢，先屈第一节，再屈第二节，再屈第三节。按"握拳如卷饼"的要领握紧，指尖都紧扣到掌心。各节要平齐，拇指弯曲压在食指、中指中节处。可分立拳、俯拳、仰拳三种。

①立拳：拳眼（虎口）向上。（图2—13）

②俯拳：拳眼向前，拳心向下。（图2—14）

③仰拳：拳心向上，拳眼朝后。（图2—15）

 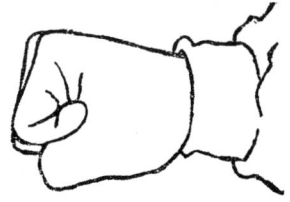

图 2—13   图 2—14

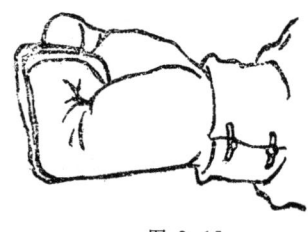

图 2—15

八卦掌步型

一、两脚落地的形状

在转圈时，脚形要按歌诀要求"步弯脚直向前伸"去练。就是说里脚落地要直（图2-16）。里脚落地易犯的最大毛病是往里撇（图2-17），练时应注意。外脚为了转圈需要，要稍向里扣，这样两脚似"八"字。（图2-18）

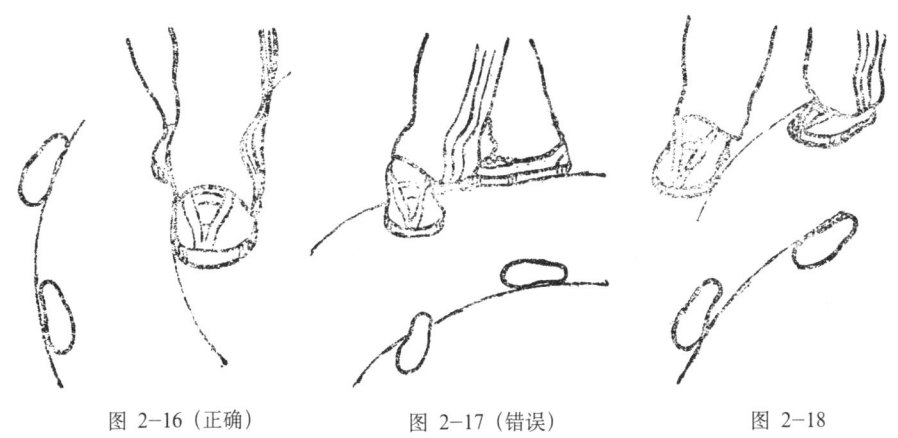

图 2-16（正确）　　　图 2-17（错误）　　　图 2-18

二、两脚在圈上落地的宽度

如果正确理解了八卦掌歌诀所讲的"全凭膝下两相交"的道理，对两脚落地的宽度就可以不用管它。"膝下两相交"就是两膝里侧不离开，也不要用力挤靠，而是似挨非挨，"蹚泥步，剪子腿，稳如坐轿"中"剪子腿"，就是说的这个道理。在转圈时按"膝下两相交"的要领去做，两脚的宽度就定了。

三、迈步之大小

迈步之大小应以自身高度来决定，原则是两脚起落灵活为合适。歌诀讲"步大舍身不灵脚"，告诉我们脚步不易过大。当然，过小也不合理，应注意起落灵活。

四、抬脚的高度

抬脚的高度应按歌诀中的"擦地而行莫要慌"去做。擦地应理解为似擦非擦，就是说不离开地面也不要擦地有声。

五、马步

八卦掌的马步不要求过大，两脚分开稍宽于肩即可；不宜过大，过大动作不灵。两膝合拢，两脚微向里扣呈"八"字形（两脚平行也可以）（图2–19）。呈倒"八"字形是错的。（图2–20）

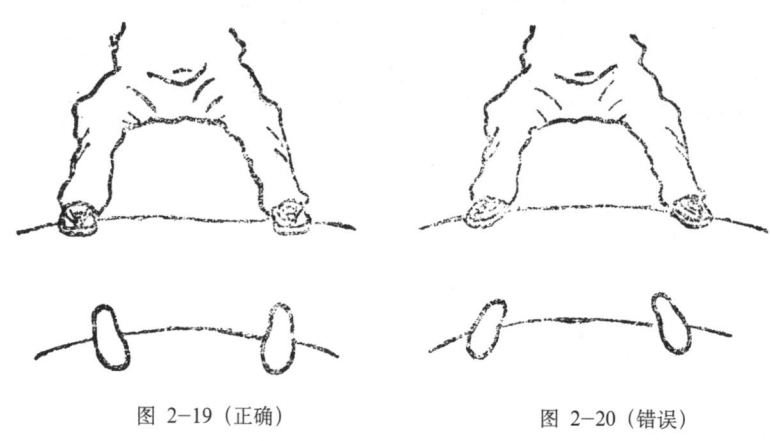

图 2–19（正确）   图 2–20（错误）

六、抬脚的形状

在转圈迈步抬脚时应平起平落，这是八卦掌走转迈步与一般人的行走的最大的区别。在练八卦掌时要做到"平起平落"，在抬脚时先翘大拇指，带动其余的脚趾翘起，随之抬脚，这样就不至于抬脚后跟。抬脚后跟是错误的，叫"揭蹄"（图2–21）。在脚抬起向前迈的过程中，就要五趾抓地，脚落地后五趾就要牢牢地抓住地面，两脚如踩入地内。在脚落地时，不要翘脚掌，翘脚掌是错误的，叫"亮掌"。（图2–22）

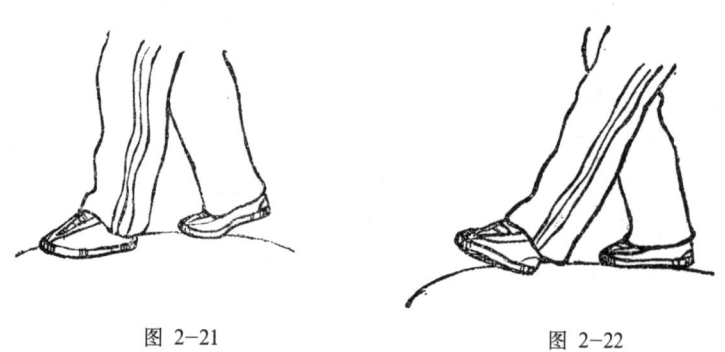

图 2–21   图 2–22

七、扣摆

扣摆步，也叫扣掰步。八卦掌歌诀讲"不扣步兮莫回瞧"就是这个道理。要回瞧一定要扣摆步，否则动作慢而且容易失根，站立不稳。

1．小扣

扣脚分后脚过前脚扣和前脚扣两种。后脚过前脚后脚尖立即向里转，与前脚呈90°或大于90°角。脚尖与前脚的外侧呈一直线，其距离相对于自己的一俯拳左右。（图2-23）

前脚扣又分原地扣或收到后脚尖处扣。前脚原地扣，就是所扣之脚向里转，与后脚也呈90°或大于90°角。收到后脚尖处扣，要求也同上。

2．大摆

大摆一脚带动全身一齐转身。摆是脚尖一边外展，一边往前迈出。迈出步幅要大。（图2-24）

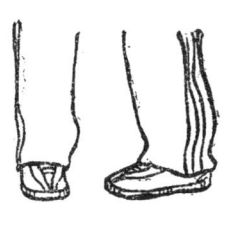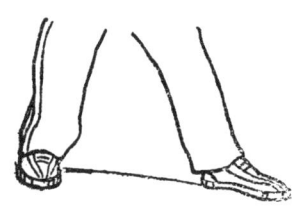

图 2-23   图 2-24

摄于 1985 年

定式八掌

　　这里介绍的定式八掌是梁振蒲先生所传的八卦掌入门基础，有 8 个单练式子，它是在定位（转圈范围区域）转圈锻炼中，不做复杂的换掌变化，而是采取 8 个定式(掌形)单纯的左右转走，最适用于初学者习练，简单易学，容易掌握，是八卦掌深入研求的入门阶段，具体练法介绍如下。

　　定式八掌：定式八掌分为下塌掌（或下沉掌）、托天掌（或朝天掌）、揉球掌、抱月掌、托枪掌、指天划地掌、阴阳鱼掌、推磨掌（单换掌）8 式。练习的场地要求：取一块直径 2.5 米的平地，如图 2-25 所示。初学者可在地面上画一圆圈，运动时则沿此圈线转行。

　　预备势：正立于圆圈北方的圈线上，面向圆心（正南方），两脚平行

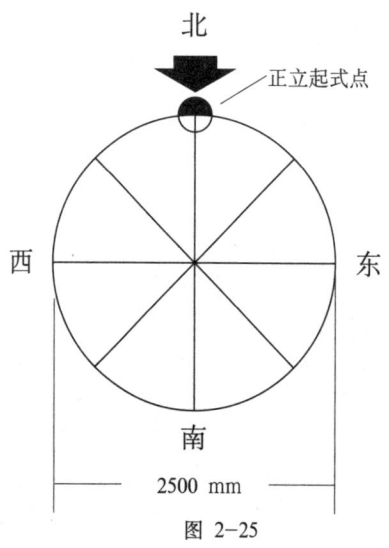

图 2-25

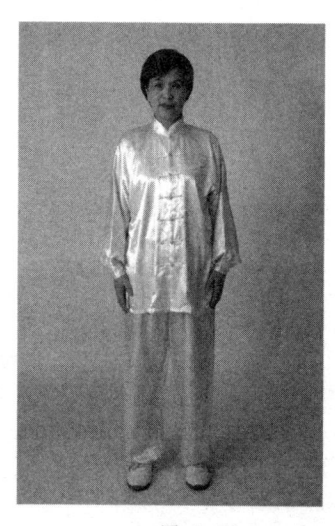

图 2-26

与肩同宽，脚尖朝前微内扣，头正项直（虚虚领起，不可用力），尾闾要中正，下颌微向内收，两肩放松（沉肩），两手自然下垂，中指尖对准风市穴。嘴唇自然闭合，以鼻呼吸，舌舔上腭，上下牙齿对正轻轻叩合，两眼平视正前方。胸部不可挺起，要含胸拔背，平心静气，呼吸自然，准备做下面运动。（图 2-26）

一、下塌掌（下沉掌）

动作说明：

左转式。右脚微向外摆（注），向右转腰。身体下沉，左脚向前蹚出一步，成中盘势。两手提于小腹前方，两臂圆屈，**塌腕**，舒指，两虎口张圆（大拇指微内扣），掌心向下成俯掌，两掌平按，两手五指指尖相对，两掌位置与脐平。上体微左转，面向左前方；重心前移，左脚向前进一步，再上右脚沿圈线继续走转。走转跨步时，两膝相磨，里脚直迈，外脚向里扣迈，两脚要平起平落，形如蹚泥。初练时一步一趋，以慢走准确为好，身体不可忽高忽低，要平稳如坐轿。练习到一定程度时，腰向圆心扭转（胸也向圆心）。在形态上要做到：鸡腿、龙身、猴相、熊膀、虎豹头，此为下塌掌。（图 2-27）

图 2-27

要点：

① 走转时上体保持原形，不可用力，要自然。

② 提肛收臀、含胸拔背，要气沉丹田。

③ 转圈时要内脚直迈，外脚内扣（弯）迈于圈线上。

附注：

① "摆"字是指脚尖的外转，与"掰"字在武术运动中同义，后文均用"摆"字，以近通用。

② 走转圈数不限，少转多转依据自身情况自由决定，以下均同。

③ 走转时，身体要保持平稳，不要起伏。

图 2-28

二、托天掌（朝天掌）

动作说明：

前式所讲左下塌掌式是向左转走，而练习右托天掌则回身向右转走。

继前式，当左脚在前，右脚在后时，停住。右脚向前上一步，脚尖内转扣步，向左转身，左脚向左后外摆，右脚向前上一步，身体下沉，做中盘势步；同时，两掌外旋，令两掌心向上（掌型不变）；同时，两掌上举，掌心斜向上，与鼻同高，两臂圆张，形如托一个大球。此式为托天掌，托天掌也称为开合掌，掌式有开有合。（图 2-28）

继续向右沿圈线走转。两脚行走，用蹚泥步前行转圈，圈数不限，在换下个式子时停步。

要点：

① 走转时，胸向圆心扭转，平步，保持原形。

② 两臂圆屈，不可伸直，含胸拔背收臀，气沉丹田。

三、揉球掌（叉子掌）

动作说明：

继前式右托天掌向右转走，左揉球掌向左转走。

前式停住，使右脚在前，左脚在后。左脚向前一步，脚尖内扣；向右转身，右脚向右后方外摆，左脚向前上一步，身体下沉，做中盘势步；同时，右掌掌心向上经头顶转向下，左掌指向左探出，右掌在右额前上方；同时，左掌掌心朝上前伸，与下颌同高，双手似抱球状，高不过头，两掌心相对，继而腰由右向左拧转，左手和胸部都转向场地中心；同时，沿圈线向前上步，双脚交替向左环行。（图 2-29）

要点：

① 此式与狮子滚球相差无几，两臂要圆屈、不可伸直，也不可过于弯曲。

② 左转时收臀，要气沉丹田，平稳慢步走转，最见功力。

③ 眼睛注视左掌。

图 2-29

四、抱月掌

动作说明：

前式左揉球掌是向左转走，右抱月掌是回身向右转走。

前式停住，使左脚在前，右脚在后。右脚向前扣上一步，向左转身，左脚向右后摆步，右脚向前上一步，身体下沉，做中盘步势。同时，右掌内旋（大指向下，掌指向左，掌心向圆心），而左掌内旋（大指向下，掌指向右，掌心向圆心）；两掌中、食指相对，相距约40厘米，两臂圆撑，与肩同高。在右脚上前时，两臂平撑，扭向圆心，眼睛注视圆心（图2-30）。这两个势子两手心向胸口为拢月，两手心向外为推山掌。

定式后继续向右转走，左脚沿圈线向前蹚进一步，右脚向左脚前上步走转。

图 2-30

要点：

① 两臂撑圆与含胸组成一个满月形状。两臂与肩同高。

② 此式两肩松沉，要含胸，走转的要求与前几式相同。

图 2-31

五、托枪掌

动作说明：

前式右抱月掌是向右转走，左托枪掌是向左转走。

前式右抱月掌停住，使右脚在前，左脚在后。左脚向前扣上一步，向右转身，右脚向右后方摆步，左脚向右足内侧的左方扣上一步，两膝相抵，两脚成正"八"字，身体下沉；同时，右掌微内旋，使掌心向下，由胸前向下、向右、向上划弧，屈臂内旋，然后向上托至右额斜上方，掌心向上，掌指向左指；左掌外旋，向下、向左、向上划弧上托，掌心向上，左臂略弯曲，高与左肩平，食指对场地中心，眼睛注视左掌（图2-31），意在两掌，类似托枪姿势。此为托枪掌式。托枪掌和揉球掌有相近之处。（注：揉球掌掌心相对，而托枪掌的掌心是斜向上方。）

要点：

① 上手臂尽量向斜上方圆撑，腿弯曲，两肩松沉，气下沉。

② 眼睛注视左掌，走转的要求与前几式相同。

六、指天划地

动作说明：

前式左托枪掌是向左转走，右指天划地是向右转走。

左托枪式停住，左脚在前，右脚在后。右脚向前上一步扣脚，向左转身，左脚向左后摆步，右脚向前上一步，身体下沉，做中盘势步；同时，右掌外旋使掌心向内、向左，在胸前逆时针划弧一圈后，右臂贴右耳，尽量上举伸直，掌心朝斜下方；左掌翻掌前移至右大腿根部，双眼注视圆心。（图2-32）

继而向右拧腰，使胸对准场地中心。右脚向前蹚进一步，左脚继续向前上步左转。

要点：

① 右臂上伸，左臂下插，腰要扭向圆心。上下两掌内劳宫穴相对，意如滚动一个接邻天地的大球。

② 走转要求，与前几式相同。

图 2-32

七、阴阳鱼式

动作说明：

前式右指天划地式是向右转走，左阴阳鱼掌是向左转走。

指天划地式停住，使右脚在前，左脚在后。左脚向前上一步扣脚，向右转身，右脚向右后摆步，左脚向前上一步，身体下沉，做中盘式步；同时，右掌内旋下落、左掌微内旋，使两掌心相对，如抱球状；然后，右脚外摆，左脚向前上一步；同时，右掌向下、向右、向前、向上划弧，置于右胸前，掌小指外侧向上，高与肩平，大指斜向下，虎口撑圆，掌心向右前方；同时，左掌向下经左腋下向后内旋，停于后方，掌背靠近骶部，大指向上，掌心向后，眼睛注视左前方。（图2-33）

图 2-33

定式后向左转腰，前胸对圆心，左脚向前蹚进一步，右脚沿圈线向前上步走转。

要点：

① 右臂前撑圆，不可伸直。

② 左掌背虚对骶部，相距约5厘米。左臂亦圆，不可太屈，双掌心要有向外的撑劲。

③ 走转时不可挺腰，要吸胯蹚泥，平稳转走。

八、推磨掌（单换掌）

动作说明：

图 2-34

推磨掌是八卦掌中最具典型化的掌势，亦称单换掌。

前左阴阳鱼停住，左脚在前，右脚在后。右脚向前上一步扣脚，向左转身，左脚向左后摆步，右脚向前上一步，身体下沉，做中盘式步；同时，左掌从身后旋腕向左、向前划弧，掌心向下；在右脚向前上一步时，左前臂横于胸前，高度与肩平。右掌从胸前掌心向外经右转向左（顺时针）划一圆弧，右前臂屈肘横置于腹前，掌指与左肘上下对齐，掌心转向上（形如抱球状）。继而两肘合抱，左掌心外翻转向上，右掌在外，自左肘外侧贴左臂掌向上穿，两前臂竖起于身前，右掌高与额头齐。左掌至右臂肘内侧，两掌心均斜向上方，动作不停，随着腰向右拧，双掌内翻下塌成立掌，运至右手和胸部都转至正对向场地中心。两虎口撑圆，右掌根前顶、沉肩、坠肘、塌腕、舒指，状如弯月，四指向上，右肘窝向上，右掌中指与无名指微开小缝。在右掌内翻塌同时左肘内合，左掌亦成立掌内裹翻塌，前推至右肘下方1寸处（大拇指向内，掌心斜向下）。左肘内侧与心口相对，腋如夹球，不可贴肋。两肘臂含合抱力。眼睛通过右掌虎口平视圆心。（图2-34）

继而向右走转，右脚向前蹚进一步，左脚继续向前上步沿圈线向右走转。

要点：

① 此式是老八掌单换掌的转走式，十分重要，两臂要圆屈，不可伸直也不要过于弯曲。要沉肩、坠肘、塌腕、舒指。

② 走转时，要气沉丹田、平稳、慢步走转，最见功力。

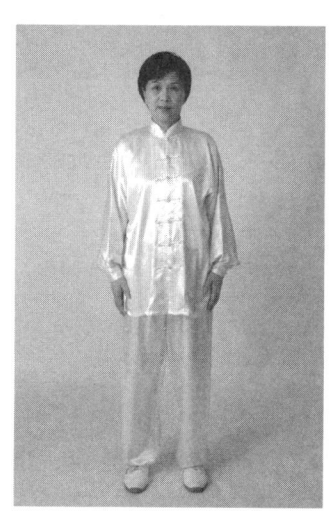

图 2-35

九、还原收势

动作说明：

当走转到起式点（正北）时，停住（右脚在前、左脚在后）。右脚外摆约90°，左脚向前上步，落于右脚左方，两脚平行（与肩同宽）正立；同时，两掌向胸前合抱并内旋向下轻按，随后两臂自然下垂，复归原式。（图2-35）

要点：

① 整个动作，自然，不要用力。

② 恢复起势的原势动作。

说明：

定式八掌是按每掌的单向走转描写（绘）的，即左转下塌掌、接右转托天掌；左揉球掌接右抱月掌；左托枪掌接右指天划地掌；左阴阳鱼掌接右推磨掌。此定式八掌左右连接，是连环八掌的基本连法。

定式八掌，也可以练成，左转下塌掌接做右转下塌掌；左托天掌接右托天掌，如此循环。每掌左右反复锻炼，不拘形式。每掌的转圈圈数不作硬性规定，根据学者条件而定。

另外，八卦掌的传承在最初都是师父口传心授，没有规范教材课本，又经历了160多年的传承，由于传承支派不同，定式八掌的名称叫法及练法和顺序上略有不同，但大同小异，出入不大。

1957 年摄于东城区小草厂胡同 7 号

言传身教

与君共研八卦掌葆我中华亿兆春

梁式老八掌

八卦掌老八掌,亦称八母掌和八大掌,是八卦掌的基本掌法,其内容为:单换掌、盖手掌(双换掌)、背身掌、劈手掌、顺势掌、顺步掌、下塌掌、平穿掌8个掌法。学练时,先选择一直径为2.5米的平整圆形场地(同定式八掌场地图2-25),初学者可以在地上画一个圆圈,运动时在圈线上转行和变式。

图像符号说明:

人物图像上所绘制的动作线路都是手、足立体的运动轨迹,此轨迹是表示下一动作的线路。脚步动作的先后次序,以标明的数字表示之,如图2-36所示。

人物立面图像,由于绘制时采用的视角关系和学者步子的大小不同,有可能会出现向位的偏移情况,以文字说明为主。

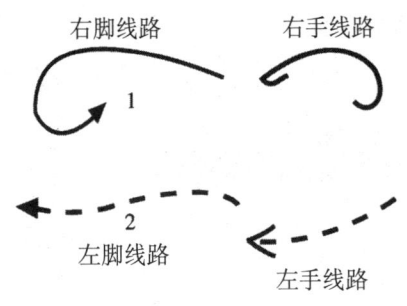

图 2-36

一、单换掌

动作说明:

预备势:立定站于圆圈之正北方圈线上,面向圆心(即向正南方),两脚平行,与肩同宽,两手自然下垂于身体两侧,头正项直(虚虚领起不可用力),尾闾中正,下颌微向后收,两肩放松(沉肩),口自然闭合,以鼻呼吸,舌舐上腭,两眼平视正南方;胸部不可挺起,要含胸拔背,平心静气,呼吸自然。(图2-37)

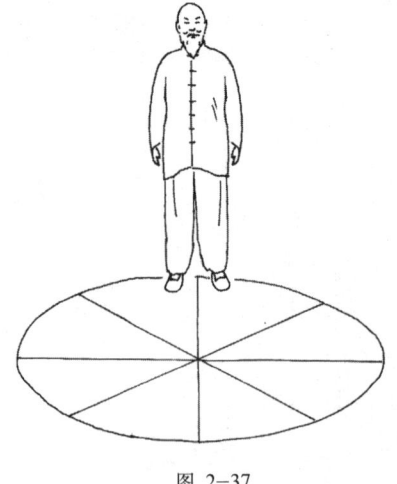

图 2-37

① 单换掌由左推磨掌式起，向左转行。（图 2–38）

② 左推磨式沿圈线先转到北面，左脚在前时停步，右脚沿圈线上一步，脚尖内扣成正八字步，两膝靠拢合住；同时，身体左转，左掌外旋，用大拇指一侧向左后方横挂，右掌亦微向外旋，使掌心向上，目视左掌。（图 2–39）

图 2–38

图 2–39

③ 接上动不停。左脚外摆转正，身体左转，右脚沿圈线向前上步；同时，右掌向前、向上从左肘下穿出，掌指侧向前方，大拇指微扣，虎口向上成侧立掌；左掌内旋，翻腕沿胸前下落于右肘下方成侧立掌。（图 2–40）

④ 向右转腰；同时，右掌向上、向右、微向下划弧落于右方（掌心对圆心，沉肩坠肘，塌腕，指尖与鼻同高）；左掌内旋置于右肘内侧（掌心斜对圆心），眼睛看右掌，成右推磨式。（图 2–41）

图 2–40

以上为左推磨掌转换成右推磨掌式（单换掌）的练法。八卦掌有左必有右，练了左式即练右式。为节约篇幅避免重复起见，所有动作说明均以介绍左转式变式演练，而右转式练法均省略。左式与右式动作相对称，只是方向相反，图示也相反，练习者可以自行演练，走转圈数不限，以后各式均同此。

图 2-41

要点：

① 整个动作都要协调，六合为一。

② 左掌横挂与右掌前穿及转身时，都要沉肩坠肘，臂要圆屈，不可伸直或太屈，虎口要圆。

③ 收臀提肛，拢膝屈腿，含胸拔背，气下沉于丹田，眼神随动作移动。

④ 摆扣步要分清，移步时脚掌不可在地上磨转。

附注：

单换掌的转行式，传统称之为推磨式，在八卦掌运动中占有特别重要的地位。初学者掌握好推磨式的练法是十分必要的，特做如下的说明：

推磨式（左式）说明

① 半面向右转（45°～60°），两脚开度约30°角，上身保持不变。

② 身体下沉，屈膝，两膝靠拢，重心置于右腿上，左腿跟着微微虚起；在下蹲的同时极力向右转腰，右掌外旋（掌心向上）上托（与下颌同高），同时左掌亦外旋（掌心向上）顺腰腹向右胁下插。眼睛看左方。

③ 上动不停。复向左转腰，同时，左掌（掌心向上）向上、向前、向右横出，右掌亦随腰式向左划；当两掌均对向圆圈的圆心时，两掌同时内旋，左掌塌腕，掌心旋对圆心（大拇指内扣，虎口要圆，掌心要空，余指要直），掌心向上，食、中二指高度与鼻齐；而右掌同时内旋，沉肩坠肘，塌腕，置于左肘内侧下端（掌心斜对圆心），两臂均撑圆。在左掌横出时，左脚同时向前沿圈线踏（蹚）出，两腿半屈蹲，重心微偏于右腿，身体高矮保持不变，极力向左拧腰，背要圆，左掌与右脚跟要上下相对照，眼睛

注视左掌中、食二指尖。这个姿势传统称之为中盘左推磨式。

在形象上要做到：鸡腿、龙身、猴相、熊膀、虎豹头。

二、盖手掌

动作说明：

① 盖手掌，又名双换掌，由单换掌左推磨式开始向左转行。（图2-42）

② 左推磨式沿圈线转到北面，左脚在前面时停步。右脚沿圈线向前上一步，右手和上身保持不变，重心移向右腿；左脚向右前方上踢（高度不过喉，脚面绷平）；同时，左掌向下、向左、向后、向上前抡一个圆圈，恰在左脚上踢时左掌扑向左脚面，并做出声响。（图2-43）

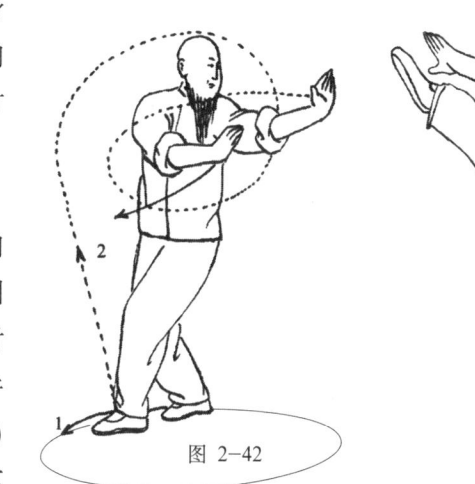

图 2-42　　　　图 2-43

③ 接上动不停。左脚回落于右脚后方，两脚成倒八字步；同时，左掌向下、向左、向上侧反撩，眼睛注视左前方，右掌亦与左掌同时展开，两手大指均向下。胸口、面部向圆心。（图2-44）

④ 接上动不停。右脚先内扣，左脚外摆，重心移向左腿，右脚向前上一步；同时，左掌微内旋，使掌心向下，继而向前、向右、向回扣捋，右掌由胸前边外旋边向前，从左前臂下穿出。（图2-45）

图 2-44

图 2-45

图 2-46

⑤ 接上动不停。右脚内扣（内转），身体左转，左脚外摆，右脚向前上步；同时，右掌外旋向上、向左划弧盖压，此时右掌心斜向下；左掌心向下，置于左腋侧，眼睛看右掌。（图2-46）

⑥ 接上动不停。左脚外摆沿圈线踏实，身体微左转；同时，左掌边外旋边向左前方上挑成侧立掌（指尖对左前方），右掌摆于右腰侧。(图2-47)

⑦ 接上动不停。右脚向前迈上一步；同时，左掌内旋翻腕，右掌从左肘下向前方穿出成侧立掌，掌指对前方，左掌下落，置于右肘下方成侧立掌。（图2-48）

图 2-47

图 2-48

⑧ 接上动不停。向右转腰，右掌随右转向上、向右微向下划弧落于右方（掌心对圆心），沉肩坠肘，塌腕，指尖与鼻同高，而左掌亦随转腰微向内旋，置于右肘，掌心斜对圆心，目视右掌。(图2-49)

以上动作为左式，如换右式则动作与左式动作相同对称，唯方向相反。

图 2-49

要点：

① 踢左脚时，力点在脚尖或脚面，腿微屈，脚尖高不过喉。

② 撩掌时，两臂左右伸展，臂要圆，不可伸直，撩手力点在掌小指侧外缘。

③ 整个动作要协调。

三、转身掌

动作说明：

① 转身掌也叫背身掌。由左推磨式开始向左转行。(图2-50)

② 左推磨式沿圈线转到北面，左脚在前时停步。上身向左拧腰姿势不变。右脚向前上一步，且极力外旋摆步成错综八字步；向右转身，右掌顺势插于左腋下（掌心向下），左掌向下、向前、向右划弧至右肘上方（掌心向下），眼随左手，两膝相拢，身微下蹲。(图2-51)

③ 接上动不停。左脚从右脚前方绕到右脚后方，极力内扣，身随步转360°；同时，两掌从胸前往上并向左右分开，各划圈后向下收至小腹前（两手各划一360°圆圈），使左右两掌的掌根相抵，掌心向前，大拇指向前

图 2-50

成双叉掌式。此时右掌外旋，脚尖沿圈线摆直；不停。右脚向前迈进一大步，左脚跟进；同时，两掌向前方撞出，高与腹齐，眼随手势，两腿屈，重心在左腿上，含胸，沉肩坠肘。（图2-52、图2-53）

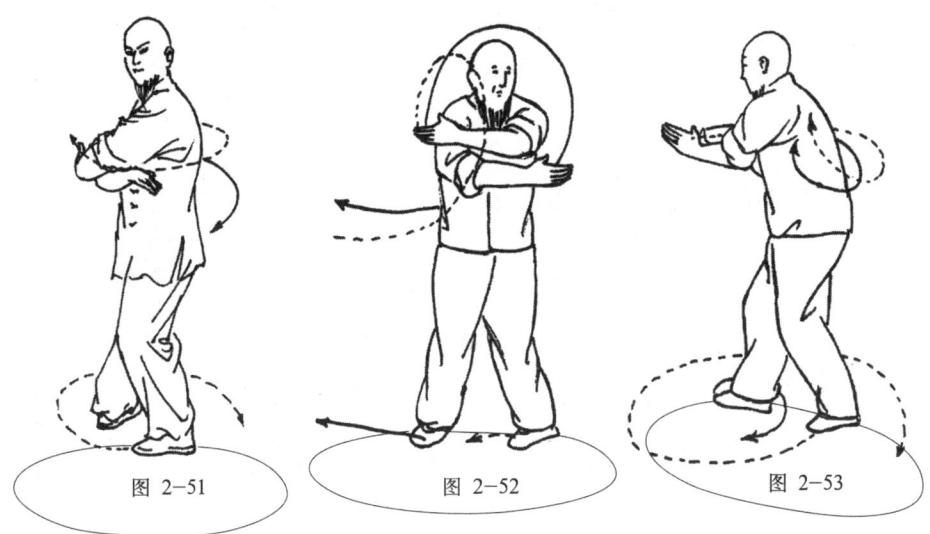

图 2-51 图 2-52 图 2-53

④ 接上动不停。左脚从右脚前绕向右脚后方，极力内扣，两脚成错综八字步；身体右转身270°（面向圆心），右脚外摆，两脚成倒八字步；同时，两掌向上捧托（置于下颌前方，成白猿托桃式），掌心向上，身体微下沉，眼睛注视双托掌。（图2-54）

⑤ 接上动不停。左脚从右脚前绕向右脚后方，极力扣步，两脚成错

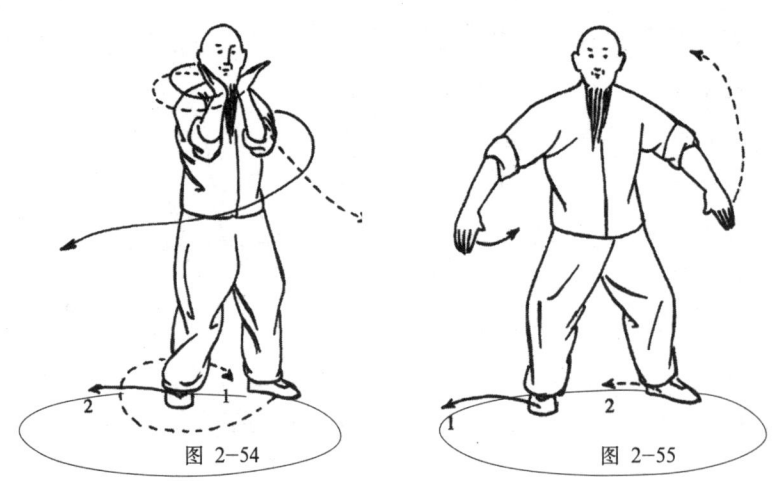

图 2-54 图 2-55

图 2-56

图 2-57

综八字步，向右转体 360°（面向圆心），继而右脚向右侧迈步成马步式；同时，两掌分别向左右按击，掌心斜向下。（图 2-55）

⑥ 接上动不停。右脚向右后方撤一步，左脚随右脚撤一步，脚尖点地成虚步，身体下蹲（面向圆心），重心在右腿；同时，右掌做刁拿向下收回至右腰侧，左掌边外旋边向前方划弧掩手至胸前，手心向上，左手与左脚上下相对照，眼睛注视左手。（图 2-56）

⑦ 接上动不停。左手继续内旋向下、向左胯侧划弧，掌心向下；同时，左脚向左后方撤一步，右脚亦随势向左脚前挪一步，脚尖点地成右前虚步，身体下蹲（面向圆心），重心在左腿；同时，左掌做刁拿向下收回至左腰侧，右掌边外旋边向前方划弧掩手至胸前，手心向上；右手与右脚上下相照，眼睛注视右手。（图 2-57）

⑧ 接上动不停。右手继续内旋向下、向右胯侧划弧，掌心向下；同时，右脚向右后方撤一步，左脚随即向右脚前挪一步，脚尖点地，身体下蹲（面向圆心），重心在右腿；同时，右掌做刁拿向下收回至右腰侧，左掌边外旋边向前方划弧掩手至胸前，手心向上。（图 2-58）

图 2-58

⑨ 接上动不停。左脚向左沿圈线迈进一步，右脚跟进，右掌不动，左掌边内旋边向下、向左前方反撩（力点在掌外缘），眼睛注视左手。（图2-59）

⑩ 接上动不停。右脚沿圈线向前迈上一步；同时，左掌先外旋再内旋翻腕，右掌从左肘前臂下向前方穿出成侧立掌，掌指对前方；左掌下落置于右肘下方成侧立掌。（图2-60）

⑪ 接上动不停。向右转腰，右掌随右转腰向上、向右再微向下划弧落于右方，掌心对圆心，沉肩坠肘，塌腕，指尖与鼻同高；左掌亦随转腰势微内旋，置于右肘内侧，掌心斜对圆心，眼睛随右掌成推磨式。（图2-61）

以上动作为左式，右式与左式动作相同，唯方向相反。

要点：

① 整个转身掌由转身双撞、转身双托、转身双按和左右掩手等动作组成。所有转身步法都要清楚而稳健。

② 双撞掌时须沉肩坠肘，两掌叉对，力点在掌心和掌根。撞掌、托掌、按掌、掩掌等动作，都须六合为一，协调一致。

③ 左右掩手是在胸前连续划三个圈，两手掩、截、刁、拿，要与手足及身形配合协调。

④ 动作要舒展大方。

图 2-59

图 2-60

图 2-61

四、劈手掌

动作说明:

① 劈手掌即风轮掌。由左推磨式向左转走。（图2-62）

图 2-62

② 左推磨掌式沿圈线走转到北面左脚在前时停步。上身向左拧腰姿势不变；右脚沿圈线向前上一步，脚尖内扣成正八字步；同时，左掌外旋使掌心向上，以大拇指一侧向左后方横挂，右掌亦微外旋使掌心向上，眼睛看左手。（图2-63）

③ 接上动不停。右脚不动，左脚外摆，身体向左转，右脚沿圈线向前上一步；同时，右掌向前、向上从左肘前臂下穿出，掌指向前方成侧立掌，左掌亦同时内旋翻腕向下，置于右肘下方成侧立掌。（图2-64）

图 2-63

④ 接上动，右脚内扣，左脚向后倒退一步，向左后转身180°；同时，左手随转身舒掌，由前向上、向左、向后劈击，掌成侧立掌，右手向下经右胯侧向前置于左胸前，眼睛看左掌。（图2-65）

图 2-64

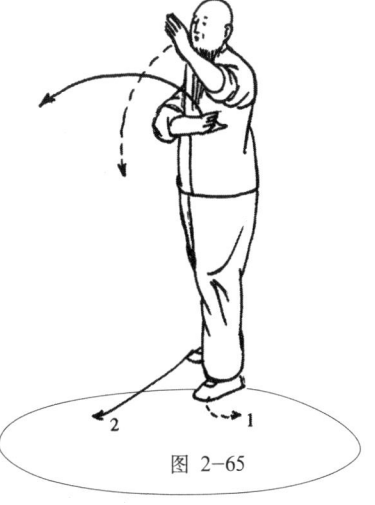

图 2-65

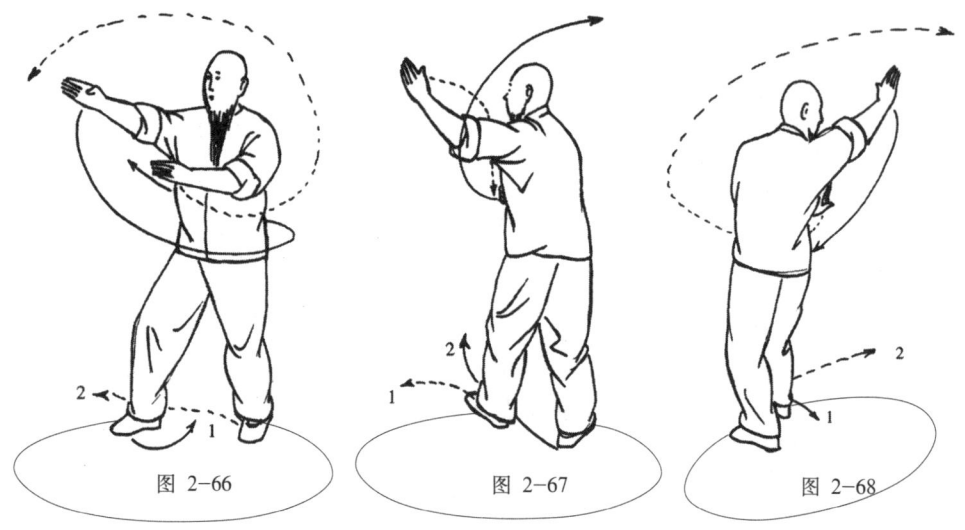

图 2-66　　　　　　　图 2-67　　　　　　　图 2-68

⑤ 接上动不停。左脚向前进小半步，脚尖外摆，右脚向前迈进一步；同时，左掌内旋翻腕，右掌向上从左肘前臂下向前穿出成侧立掌，掌指向前，左掌继续下落置于右肘下方，眼睛注视右掌。（图 2-66）

⑥ 接上动不停。右脚内扣、左脚向后倒退一步，身体左转180°；同时，左手随转身舒掌，由前向上、向左、向后劈击成侧立掌，右手自然下落，经右胯向前置于左胸前，眼睛看左掌。（图 2-67）

⑦ 接上动不停。左脚向前进小半步，脚尖外摆，右脚向前迈进一步；同时，左掌内旋翻腕，右掌向上从左肘前臂下向前穿出成侧立掌，掌指向前，左掌下落置于右肘下，眼睛注视右掌。（图 2-68）

⑧ 接上动不停。右脚内扣，左脚向后退一步，身体左转180°；同时，左手随转身舒掌，由前向上、向左、向右劈击成侧立掌，右掌自然下落，经右胯向前置于左胸前，眼睛看左掌。（图 2-69）

⑨ 接上动不停。左脚向前进小半步，脚尖外摆，右脚向前迈进一步；同时，左掌内旋翻腕，右掌向上从左肘前臂下向前穿出成侧立掌，掌指向前，左掌下落置于右肘下，眼睛注视右掌。（图 2-70）

⑩ 接上动不停。向右转腰，右掌随势向上、向右、微向下划弧落于右方，掌心对圆心，沉肩坠肘，塌腕，指尖高与鼻齐，左掌亦随转腰内旋置于右肘旁（掌心斜对圆心），目视右掌成右推磨式。（图 2-71）

以上动作为左式，右式动作与左式相同，唯方向相反。

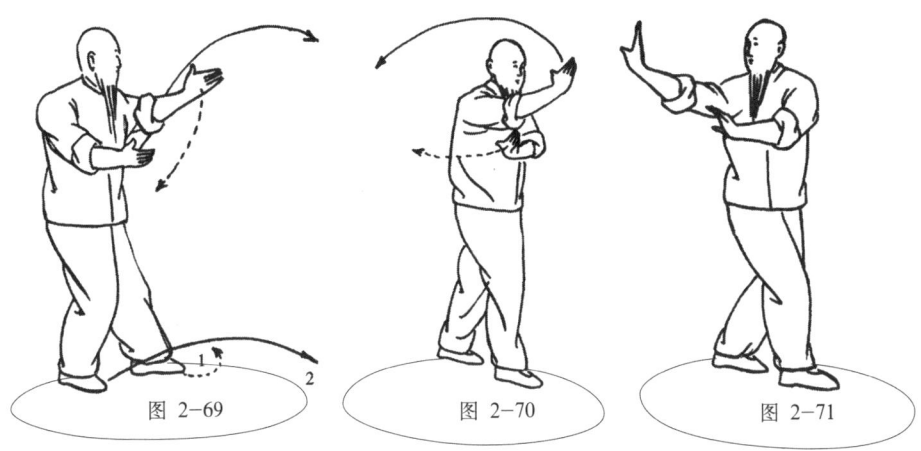

图 2-69 图 2-70 图 2-71

要求：

① 上步穿掌和退步转身劈掌，要手足齐到，动作协调，六合为一。

② 上步与退步均走圈内，不要出圈。

③ 劈掌时手臂要圆屈，不可伸直，要沉肩坠肘，力点在小指侧外缘，劈手与穿手高与鼻齐。

五、顺势掌

动作说明：

① 顺势掌由左推磨式向左转走。（图 2-72）

② 以左推磨式沿圈线走转到北面左脚在前时停步。上身向左拧腰姿势不变，右脚沿圈线向前上一步，脚尖内扣成正八字步；同时，左掌外旋使掌心向上，用大拇指一侧向左后方横挂，右掌亦外旋使掌心向上，眼睛看左手。（图 2-73）

图 2-72

③ 接上动不停。左脚外摆向前进小半步，右脚沿圈线向前上一大步，重心移于右腿，右腿屈膝，身体下沉，左脚悬于右脚内侧，成独立上穿掌（亦可练为右弓步式上穿掌）；同时，左掌内旋向下扣捋（掌心向下），右掌从左手下（外边）向上穿出（掌心向内，高过头顶），眼睛注视右掌。（图 2-74）

图 2—73

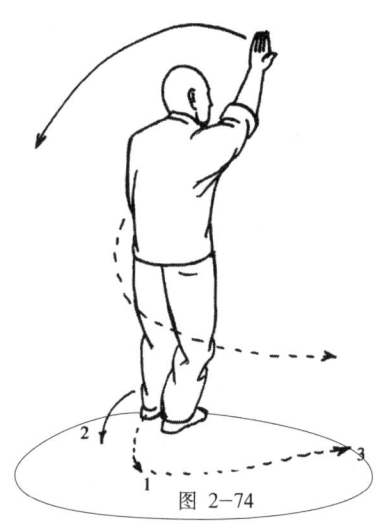

图 2—74

图 2—75

④ 接上动不停。左脚向后微移，脚掌着地，右脚内扣，左脚再向右后撤一大步，落于圈线上，向左后转身（面向圆心），身体下沉，重心在右脚成右仆步式。右掌不变，掌心向上，左掌向下顺左腿下插（左掌极力内旋使掌心向上），向左伸展。（图 2—75）

⑤ 重心逐渐移向左腿，身体直立成左弓步；同时，左手边外旋边向前翻掌，使掌心向上，右掌则随之内旋，使掌心反向上，两掌都平伸展开，眼睛注视左手。（图 2—76）

⑥ 接上动不停。重心移向右腿，身体右转成右弓步；同时，右掌外旋，左掌内旋使右掌掌心正向上，左掌掌心反向上，两臂平伸展开，眼睛注视右掌。（图 2—77）

⑦ 接上动不停。重心移向左腿身体左转成左弓步；同时，左掌外旋，右掌

图 2—76

图 2-77

图 2-78

内旋使左掌掌心正向上，右掌掌心反向上，两臂平伸展开，眼睛注视左掌。（图 2-78）

⑧ 接上动不停。左脚微外摆，右脚沿圈线向前迈进一步；同时，左掌内旋翻腕，右掌则向上从左肘前臂下向前穿出成侧立掌（掌指向前），左掌下落置于右肘下，眼睛注视右掌。（图 2-79）

⑨ 接上动不停。两脚不动，向右转腰，右掌随转腰向上、向右、微向下划弧落于右方（掌心对圆心），沉肩坠肘，塌腕，指尖与鼻同高，左掌亦随转腰微内旋置于右肘内侧（掌心斜向圆心），眼睛随右掌成右推磨式。（图 2-80）

以上为顺势掌的左式，右式动作与左式相同，唯方向相反。

要点：

① 整个动作，都要吸胯和收臀，重心左右移动时要配合协调。

② 两臂左旋右转伸展，要用腰腿劲，两臂微微伸直仍要保持沉肩坠肘。

图 2-79

图 2-80

六、顺步掌

动作说明：

① 顺步掌由左推磨式，向左转行。（图 2-81）

图 2-81

② 左推磨式沿圈线走转到北面左脚在前时停步。拧腰姿势不变，右脚沿圈线向前上一步，脚尖内扣成八字步，身体左转；左掌外旋使掌心向上，用大指一侧向左后方横挂；同时，右手亦外旋，使掌心向上，眼睛看左掌。（图 2-82）

③ 接上动不停。右脚不动，左脚外摆微进，身体向左转，右脚沿圈线上前一步；同时，右掌向前、向上从左前臂下穿出，掌指向前成侧立掌，左手亦同时内旋翻腕，置于右腕后（掌心贴近于右前臂）。（图 2-83）

图 2-82

④ 接上动不停。右脚先极力内扣，左脚向左后方撤一大步，落于圈线上，向右转身，两腿屈膝下蹲成低半马步；两手前后逆时针外转一小圈，做左刁拿，右压（截）肘的动作，两手握拳，眼睛注视两手。（图 2-84）

图 2-83

图 2-84

图 2-85

图 2-86

⑤ 接上动不停。向左转腰，两手抓起，重心移向左腿成左弓步。（图2-85）

⑥ 接上动不停。右脚向前上一步成鸡腿步，向左转腰；同时，两手由下向上提至小腹前，向左、向上、向右各画一圆圈弧形（手心向圆心）成右推磨式。（图2-86）

以上动作为左式，右式动作与左式相同，唯方向相反。

要点：

① 下捋的半马式要收臀。

② 转身下捋要随撤步转身动作，手、身、步法要合一方为有效。

七、下塌掌

动作说明：

① 由左推磨式向左转行。（图2-87）

图 2-87

② 左推磨式沿圈线走到北面左脚在前时停步。拧腰姿势不变，右脚沿圈线上一步，脚尖内扣成正八字步，向左旋腰面对圆心；两掌同时外旋使掌心均向上，右掌置于左肘下。（图2-88）

③ 接上动不停。向左转身，左脚外摆，右手不动，左掌在左脚极力外摆时，先外旋（掌心向上），继而向左腋下旋转（顺时针方向，掌心向上，大指向内）。（图2-89）

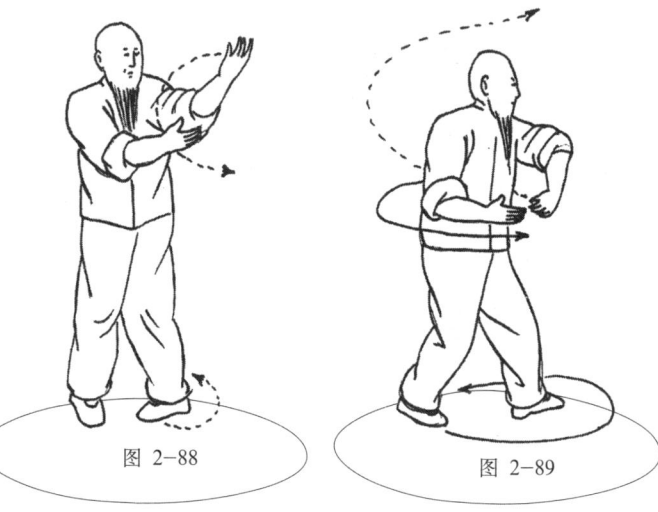

图 2-88　　　　　　图 2-89

④ 接上动不停。当左掌转插至左胯的左前方时，右脚向左脚的左侧绕上一步，脚尖极力内扣成倒错综八字步，随之向左转身；动作不停，左掌旋转向上反托（掌心仍朝上，大指向左）；同时，重心落于右腿，右掌（掌心向上），从左腋下穿出；向左转腰，左肘上抬绕过头顶，左掌（掌心朝上）向上、向后过头从左画圈，面向圆心。（图2-90）

⑤ 接上动不停。两掌各自向左右伸展平托，两掌心均向上；同时，左脚微外摆，身体下沉。（图2-91）

⑥ 接上动不停。向左转身，左脚外摆，同时，左掌向前、向后、向左腋下旋转（顺时针方向，掌心始终向上），右掌收于右腰侧；右脚向左

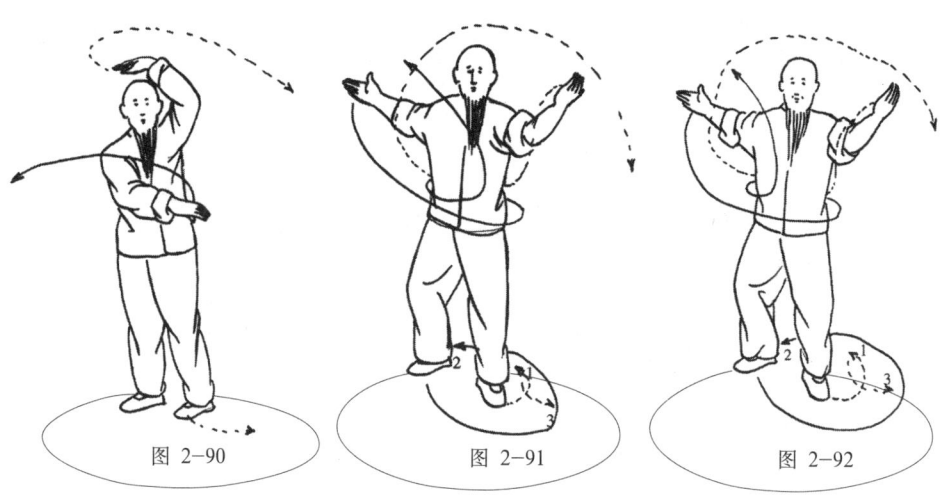

图 2-90　　　　　　图 2-91　　　　　　图 2-92

脚的左侧绕上一步，脚尖极力内扣成倒错综八字步，随之向左转腰（此时面向圈外，背向圆心）；动作不停。左掌继续旋转，向上反托（掌心朝上，大拇指向左）；同时，重心落于右腿，右掌仍掌心向上从左腋下穿出，向左转腰，左肘上抬绕过头顶，而左掌（掌心朝上）向上、向后过头部从右向左画圈，面向圆心，两掌各自向左右伸展平托（两掌心均向上）；同时，左脚微外摆，身体下沉。（图 2-92）

⑦ 将⑥重复做一次。（图 2-93）

⑧ 接上动不停。左脚微外摆，右脚沿圈线向前迈上一步；同时，左掌内旋翻腕，右掌从左前臂下向前方穿出成侧立掌，左掌下落置于右肘下方，眼睛看右掌。（图 2-94）

⑨ 接上动不停。向右转腰，右掌向上、向右、微向下划弧落于右方（掌心对圆心），沉肩坠肘，塌腕，指尖与鼻同高。左掌亦随转腰微内旋置于右肘内侧（掌心斜对圆心），眼睛随右掌成右推磨式。（图 2-95）

以上动作为左式，右式动作与左式相同，唯方向相反。

要点：

① 左掌旋转运动时，掌心始终向上，两臂左右伸展时，要圆屈不可伸直，保持沉肩坠肘。

② 右脚绕至左脚外侧时，要极力内扣，右脚绕弧约270°两膝相拢。

③ 连续三个旋转伸展平托动作，脚步都是沿着圈线转行，不可出界。

④ 运动时手脚与身形都要协调一致。

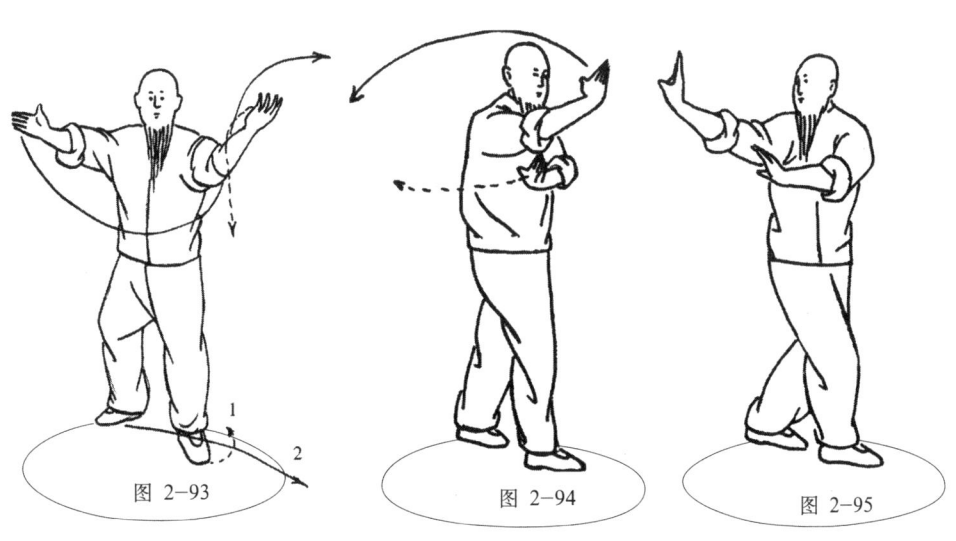

图 2-93　　　　　图 2-94　　　　　图 2-95

八、平穿掌

动作说明：

① 由左推磨式向左转行。（图 2—96）

② 左推磨式沿圈线走转到北面，左脚在前时停步。向左拧腰姿势不变，右脚沿圈线向前上一步，脚尖内扣成正八字步；左掌外旋（掌心向上）用大拇指一侧向左后方横挂，右掌微外旋，使掌心向上；眼看左手。（图 2—97）

图 2—96

③ 接上动不停。右脚不动，左脚外摆，身体向左转，右脚沿圈线向前直上一步；同时，右掌向前从左前臂下俯掌穿出，指掌向前，掌心向下，左掌亦同时内旋翻腕下落，置于右肘下方成侧俯掌；此为右穿掌式。（图 2—98）

④ 接上动不停。左脚微外摆，右脚沿圈线向前上一步扣脚；同时，左掌向前、向上从右前臂下俯掌穿出，掌指向前，掌心向下，右掌亦同时内旋翻腕下落，置于左肘下方成侧俯掌，此为左穿掌式。（图 2—99）

⑤ 接上动不停。左脚微外摆，右脚沿圈线向前直上一步；同时，右掌向前向上从左前臂下俯掌穿出，掌指向前，掌心向下，左掌亦同时内旋翻腕下落，置于右肘下方，成侧俯掌，此为右穿掌式。（图 2—100）

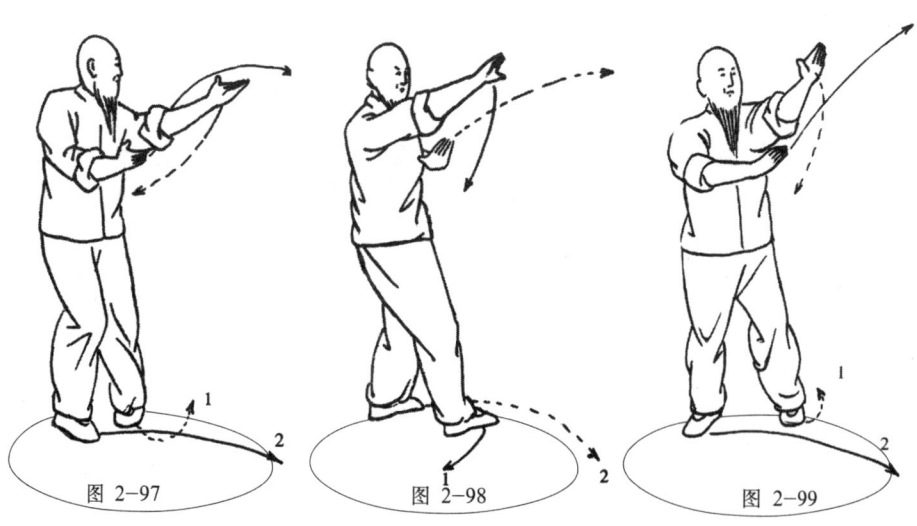

图 2—97　　　　图 2—98　　　　图 2—99

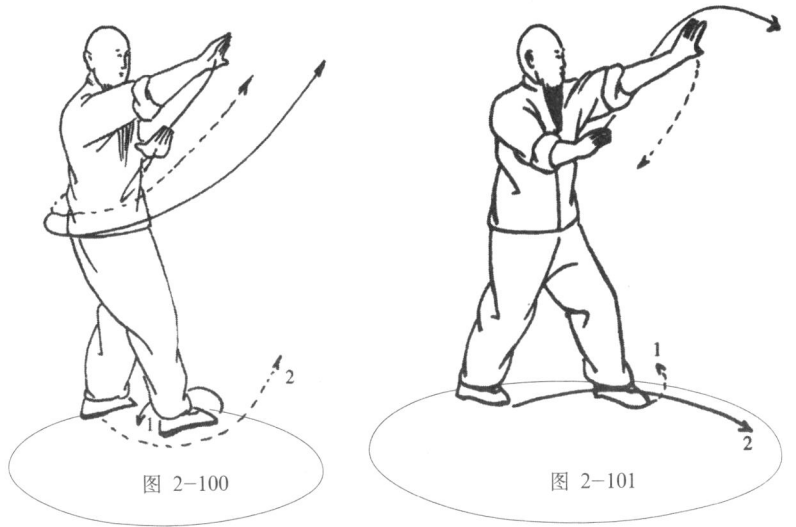

图 2-100　　　　　　　　　　图 2-101

⑥ 接上动不停。右脚内旋极力扣步，向左后转身，左脚随左后转身势沿圈线向右后方倒出一步；同时，右掌边内旋边收回至右肋部（掌心向下），左手向下、向左、向上反撩，力点在掌外缘小指一侧。（图 2-101）

⑦ 接上动不停。右脚向前迈上一步；同时，左掌先外旋 90°，然后内旋翻腕，右掌从左前臂下向前穿出成侧立掌，掌指向前方，左掌下落置于右肘下方，眼睛注视右掌。（图 2-102）

⑧ 接上动不停。向右转腰，右掌随势向上、向右、微向下。划弧落

图 2-102

图 2-103

于右方，掌心对圆心，沉肩、坠肘、塌腕；指尖与鼻同高，左掌亦随势微内旋置于右肘旁，掌心斜对圆心，眼随右掌成右推磨式。（图2-103）

以上动作为左式，右式动作与左式动作相同，唯方向相反。

要点：

① 连续三个（左、右、左）穿掌，都是沿圈线上进行的，但也可以练成向前直穿，熟练以后可不拘形式。

② 穿掌、撩掌等动作，手臂均不要伸得太直，要沉肩坠肘，穿掌时力点在指尖。

③ 整个动作，如上步、摆步和穿掌、撩掌等动作，都须协调，发力整齐。

九、收式

接右推磨式，走到原起式处，右脚在前时停住。右脚外摆，左脚向前一步，使两脚平行，面对场地中心；左手先上举，两手一齐向前下按，然后两臂自然垂立，复原收势。（图2-104、图2-105）

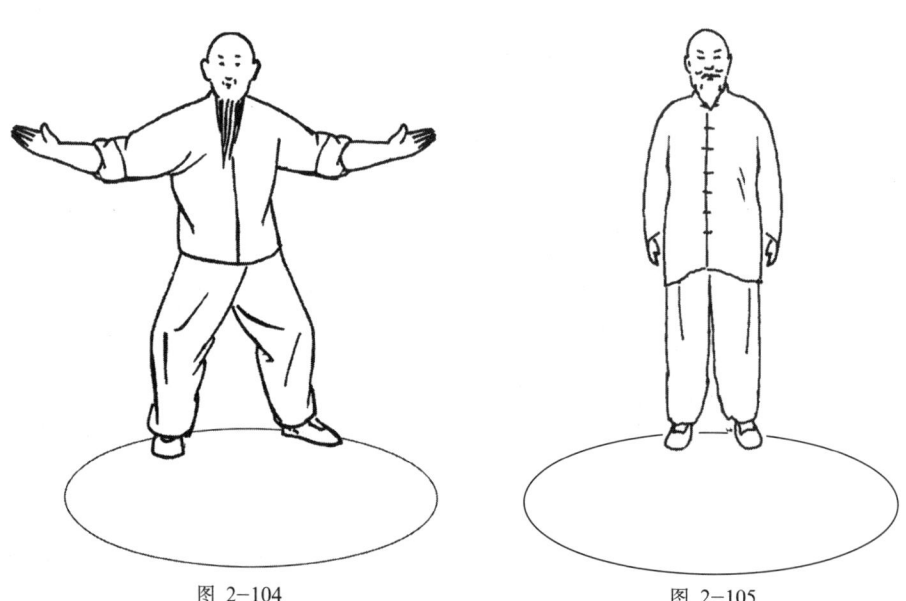

图 2-104　　　　　　　　　　　　图 2-105

1969 年摄于北京

八卦掌六十四式印谱

李子鸣先生主持策划、设计、制作的八卦掌六十四式印谱。

 进步挑掌

 狮子滚球

 缠手披撞

 卧虎跳涧

 肘下进捶

 翻背劈捶

 双鞭压肘

 进步截肘

青龙探爪

抹袖连捶

 云龙献爪

 拨云见日

 拍胸扑肘

 转身顶肘

贯耳穿捶

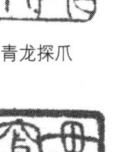 恶虎扒心

进步团撞

白猿献桃

 风轮翻肘

 仙人观棋

 金丝抹眉

 玉女穿梭

 退步牵羊

 霸王送客

 走马回头

二仙传道

 翻身劈捶

 野马闯槽

 大鹏展翅

 白袍铡草

 周仓扛刀

 刘全进瓜

 脱身化影

 捋手蹁踩

 进步撞捶

 迎面弹膝

 扫耳单捶

 进步撞捶

 天王托塔

 王母拐线

 千斤坠地

 日月并行

金蝉脱壳

 依山挤靠

 捋手撞膝

 懒龙卧枕

 扭手提撩

 进步塌掌

插花披肋

 单凤投巢

 挫腿外踩

 掩肘推山

 缠肘摆莲

 转身擂腰

 猿猴爬杆

 弯弓射虎

 四龙取水

 怀中抱月

 仙人簸米

 捋手戏珠

 张飞蹁马

 剐旋两门

 风轮翻掌

孤雁出群

八卦掌直趟六十四掌

　　八卦六十四掌，现今流传的有几种，内容有所不同。有的名称（运动单元）相同，练法（技法）不尽相同，形成了几个分支流派。它们的平面动态练法有的在一个圆形区域内做左旋右转对称锻炼，有的纵横交错转圆演练，有的是直趟来回演练，总之，它们的技法都是属于八卦掌系列。

　　本书陈述的"八卦掌六十四掌"，是董海川弟子八卦掌名家、大枪刘德宽先生所创。整套来回八个直趟，每趟八式（运动单元），合计六十四式。直趟八卦掌六十四掌技法丰富，朴实，精炼，实用，技击性强，现今少有流传。本篇介绍的是右式练法，左式练法和右式相同，唯方向相反。

直趟八卦掌六十四掌的拳谱内容

第一趟：进步挑掌，狮子滚球，缠手披撞，卧虎跳涧，
　　　　肘下进捶，翻臂劈捶，双鞭压肘，进步截肘。

第二趟：青龙探爪，抹袖连捶，云龙献爪，拨云见日，
　　　　拍胸扑肘，转身顶肘，贯耳穿捶，恶虎扒心。

第三趟：进步囷撞，白猿献桃，风轮翻肘，仙人观棋，
　　　　金丝抹眉，玉女穿梭，退步牵羊，霸王送客。

第四趟：走马回头，二仙传道，翻身劈捶，野马闯槽，
　　　　大鹏展翅，白袍铡草，周仓扛刀，刘全进瓜。

第五趟：脱身化影，捋手踹跺，进步撞捶，迎面弹膝，
　　　　扫耳单捶，进步撞捶，天王托塔，王母拐线。

第六趟：千斤坠地，日月并行，金蝉脱壳，依山挤靠，
　　　　捋手撞膝，懒龙卧枕，扭手提撩，进步塌掌。

第七趟：插花披肋，单凤投巢，挫腿外跺，掩肘推山，
　　　　缠肘摆莲，转身播腰，猿猴爬杆，弯弓射虎，

第八趟：四龙取水，怀中抱月，仙人簸米，捋手戏珠，
　　　　张飞蹁马，刷旋两门，风轮翻掌，孤雁出群。

第一趟（1至8式）

一、进步挑掌

动作说明：

预备势：正立于场地（场地：长 10 米，宽 2 米）的东端，面向西（左南右北），两脚平行，相距与肩同宽，自然站立，两手自然下垂，两眼平视，凝神，以鼻呼吸，中正安舒。（图 2-106）

图 2-106

① 老僧托钵式：老僧托钵式，是刚柔相济的阴阳手，是直趟八卦掌六十四掌的重要掌式，套路的起势，回身转势、收势，都以老僧托钵式过渡。而且老僧托钵式也是八卦掌对抗过招的递手式，其中可衍生出各种各样的技术动作来，是交手应招变化无形的出手式。接预备势。左脚不动，右脚向前踏出一步，左脚外摆 45°，身体下沉，两手前伸，做"老僧托钵"式。（图 2-107）

左式和右式的动作相同，唯方向相反。

图 2-107

② 进步挑掌式：左脚向前上一大步，右脚跟进成左中盘步；同时，左掌边外旋边从右肘下向上、向前穿挑，前臂直立，掌心向后，右掌自上抽回至胸前并内旋，用掌心向前推按，掌心向前，目视右掌。（图 2-108）

要点：

① 老僧托钵式：两臂圆屈，不可伸直。两掌前后相应，三尖（鼻尖、中指尖和右脚尖）相对。含胸拔背，不可挺胸，动作要自然，不可用拙力。

图 2-108

② 进步挑掌式：推右掌和上左脚要同时，手和足齐到，六合为一，动作整齐。发劲时收臀、含胸，左臂不可太屈，右臂不可伸直。

图 2-109

二、狮子滚球

动作说明：

接上式，右脚向前上一步，成右中盘步；同时，右掌边外旋边向前、向左、向上托引，左掌亦边内旋边向右翻掌，左掌心向下，右掌心向上，两手掌心相对，如抱一球，向前滚动，高不过头。身微向左转，两臂向前伸探，眼视右掌，此为狮子滚球式。（图 2-109）

要点：

① 两臂向前伸探，不可伸直。

② 两手抱球滚进，必须用身法，不可呆滞。

三、缠手掖撞

动作说明：

接上式，右脚上前上一步，左脚跟步，身体下沉；同时，用右手小指外缘在前方做逆时针缠勾一小圈（以腕为轴）并连续用右腕骨背向前撞击，左手附于右腕内侧，目视右勾手。（图 2-110）

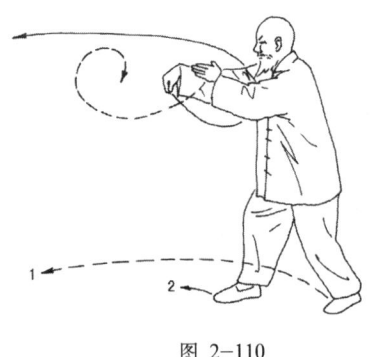

图 2-110

要点：

① 缠右手撞腕时，右臂不可伸直，手腕要灵活，劲势要顺。

② 进右脚和撞腕要协调。

四、卧虎跳涧

动作说明：

接上式。左脚向前跃上一大步，右脚随跟，做左中盘步；同时，右手向下、向后、向上。边握拳边向前撞击，拳与头同高，拳眼向下；左手亦同时配合右手向下、向前、向上、向下抹回停于腹前。目视前方，是为卧虎跳涧式。（图2—111）

图 2—111

要点：

① 左脚跃步要和右撞拳同时进行。

② 反拳撞击时，右肘不可抬高，左手抹搂。与右拳配合协调。

五、肘下进捶

动作说明：

接上式。两脚不动，左掌从右肘下外旋穿出（掌心向内），停于左额前；右拳外旋后（拳眼向上）从左肘下，向前打出（与腹部同高）；同时，左脚向前进一小步，右脚随跟，做左中盘步。（图2—112）

要点：

发右拳和上左脚要同时进行。

图 2—112

六、翻臂劈捶

动作说明：

接上式。左脚向前进一步、右脚随跟，步型不变，向左转腰，左肘不动，左拳下扣（拳心向下）；右拳从左肘下翻转，用拳背向前击出（拳背向下），与下颌同高，左拳附于右肘内侧。目视前方。（图2—113）

要点：

① 翻臂击拳时，要用腰腿劲。

② 右臂不可伸直。

七、双鞭压肘

动作说明：

接上式。右脚向后撤一步，重心右移，身体下沉，身体右转成弓箭步；同时，右拳变掌顺时针转圈刁拿，然后变拳外旋置于右肋前，左掌亦边外旋边向下、向左、

图 2-113

向上、向左划圆，用左前臂向下反压，左臂伸于左前方（左拳心向上），两手配合使用，做刁拿压肘技法，眼睛注视左拳。（图 2-114、图 2-114附图）

要点：

① 两手挽圈，刁拿和压肘要同时完成，配合协调。

② 压肘要和右弓步协调，要用劲整。

③ 左压肘时左臂不可伸直。

④ 弓步时，臀部要收，不能往前低头。

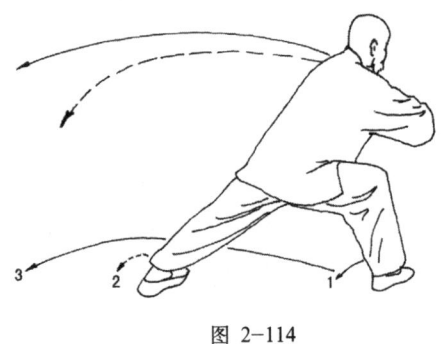

图 2-114

图 2-114 附图

八、进步截肘

动作说明：

① 接上式。右腿蹬劲立起，左手向上、向左、向下逆时针划圆刁拿

握拳并外旋收于右腰侧；同时，左脚外摆，向左转身，右脚向左脚前上一步，脚尖微扣；同时，右拳边外旋边向前用前臂立截（拳心向内，拳背向西）裹肘，两手配合此为右截肘式。（图2-115）

② 上式不停。两脚不动，重心前移成右弓箭步，向右转腰，右拳变掌向下搂，握住左拳，速用左肘向前、向下压截。（图2-116）

要点：

① 左刁拿和摆左脚要同时进行，上右脚和右截肘要同时进行。

② 右截左截肘，都要用腰腿劲，两手两肘都要配合协调。

③ 右截肘，右臂屈成90°角；左截肘的左臂屈成45°～60°角。

图 2-116

回身老僧托钵式

接上动不停。两脚不动，两手不变，向左后转身180°，重心移向左腿成左弓箭步；同时，右肘向后方摆击（图2-117）；动作不停，重心右移，左脚向后退一步；同时，两手前伸，做右老僧托钵式。（图2-118）

图 2-117

图 2-118

第二趟 （9至16式）

九、青龙探爪

动作说明：

接回身老僧托钵式（图2-119）；右脚外摆，左脚向前上一大步成左弓步；同时，右掌向下、向后摆，然后向前上方探盖，左掌向前探出；然后向下按于腹前，眼神注视左掌。（图2-120、图2-121）

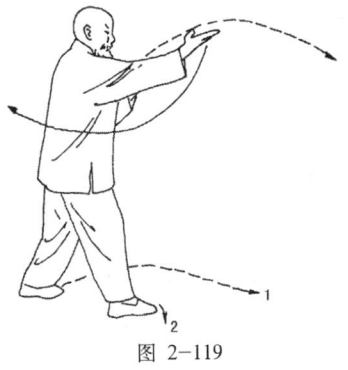

图 2-119

要点：

① 右掌前按和上左脚要同时进行，上下动作要协调。

② 左弓步势，要收臀，含胸拔背，上身微向前探。

图 2-120

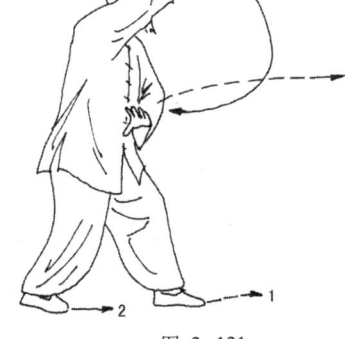

图 2-121

十、抹袖连捶

动作说明：

① 接上式。左脚向前上一步，右脚跟进；同时，右手向下、向前、向后回捋，置于右腰侧，左掌同时顺右前臂内侧向前抹削至前方，掌心向下，目视左掌。（图2-122）

② 接上动不停。左脚向前进一小步，右脚随着跟进，落于左脚内侧；

图 2-122　　　　　　　　　　图 2-123

同时，左掌下按，右掌向前直击，掌心向下，与腹部同高，目视右掌。（图2-123）

要点

① 抹袖动作和上左脚要同时进行，击右掌和进左脚要同时进行。

② 击右掌要收臀，含胸拔背，发劲要整，动作要合，整体要协调。

十一、云龙献爪

动作说明：

接上式。左掌向前、向右、向左平摩一个平圆至腹前，左脚向前进一步成中盘式；同时，右拳收回至腹前，然后向上、向前摆出，与头同高。目视前方。（图2-124）

要点

① 左掌划平圆时，左脚不动。进左脚和右摆掌要同时进行。

② 右探掌时右臂要微屈，不可伸直。

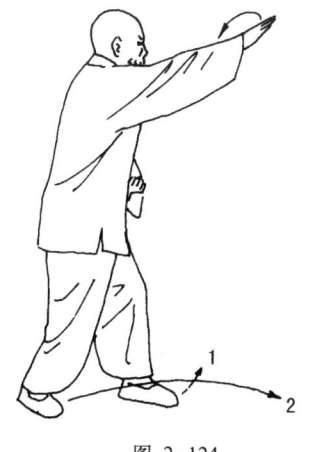

图 2-124

十二、拨云见日

动作说明：

接上式，左脚外摆，右脚向前上一步，右掌内旋翻掌，向下回搂至右腰侧，左脚再向前上一步，成中盘步式；同时，左掌边外旋边从右肘下向

前外旋翻掌拨出，掌心向上，目视左掌。（图2-125、图2-126）

要点：

① 上右脚和旋右掌要同时进行；上左脚和左拨掌要同时进行，而且动作要整齐。

② 左臂要圆屈，不可伸直，右臂不可太屈。

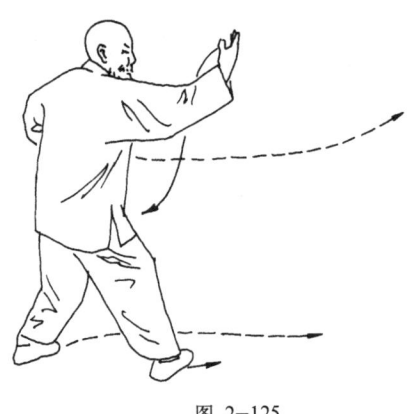

图 2-125

图 2-126

十三、拍胸扑肘

动作说明：

接上式。左脚外摆，右脚向前上一大步，向右转身180°，身体下沉成高马步。同时，右掌握拳，随上步用右肘向前水平横扫；左掌内旋向前拍击右前臂，做出响声，目视右肘前方。（图2-127）

要点：

① 落右脚和拍右肘要同时进行，拍肘时，右前臂和右拳不可靠于胸部，两臂要绷住劲。

② 马步要收臀，沉肩。

图 2-127

十四、转身顶肘

动作说明：

接上式。右脚外摆，左脚向右前上一大步，身体右转180°，身体下沉成左中盘步；同时，右掌扶左拳（拳心向下），用左肘向（正东方）前顶撞，高度不超过肋，目视左前方。（图2-128）

要点：

顶左肘要和落左脚同时进行，发劲时要沉肩，收臀，不可耸肩，挺胸。

图 2-128

十五、贯耳穿捶

动作说明：

接上式。左拳变俯掌向前、向上、向右、向后斜摩一圈置于左胸前；右掌变拳向下、向右、复向前、向上划弧横击（拳眼向下）；在左手搂回和右拳横击时左脚进前一步，右脚相随跟步成中盘步，眼神先注视左手再注视右拳。（图2-129）

图 2-129

要点：

① 左脚进步和右贯拳要同时进行。

② 右臂不可伸直，左臂不可太屈。

③ 击拳时，上体微向前探。

十六、恶虎扒心

动作说明：

接上式。左脚向前上一步，右脚随跟成中盘步；同时，左拳上举到右腕下，两拳变掌，分别向左、右横掰（掌心均向外，大指向下），两臂平伸向前方，眼睛注视前方，此为恶虎扒心式。(图2-130)

要点：

恶虎扒心时，两手横扒，力点在掌指，不可用拙力。两臂前伸要圆屈，不可伸直，两肘不可抬高。

图 2-130

回身老僧托钵式：

接"恶虎扒心"式。左脚外摆，右脚向前上一大步，身体左转180°成左弓箭步，同时，用右肘向前方顶击（图2-131），动作不停，重心右移，左脚向后退一步；同时，两手前伸成右老僧托钵式。（图2-132）

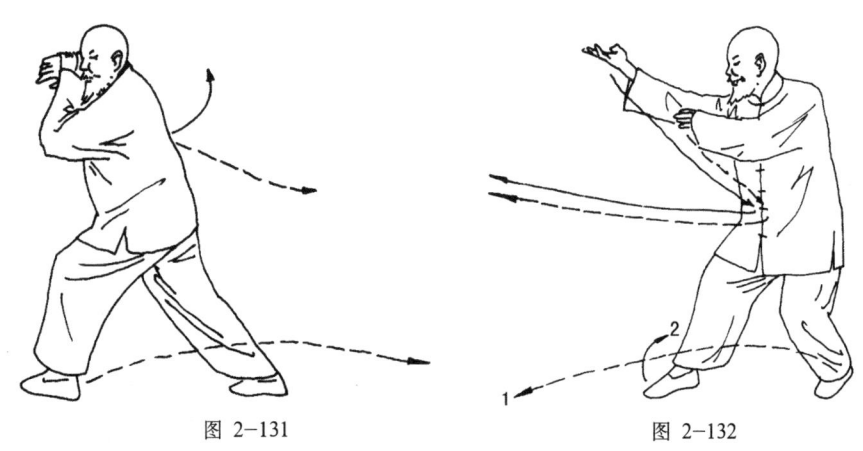

图 2-131 图 2-132

第三趟（17至24式）

十七、进步团撞

动作说明：

接上式。右脚外摆，左脚向前上一步，右脚相随跟步成中盘步；同时，右掌内旋和左掌同时将至小腹前，两掌相对；在上左脚的同时，两掌掌根相抵，掌指外张，一齐向前撞击，目视前方。
（图2-133）

　　要点：

　　① 撞掌力点在掌根和小指侧缘。

　　② 撞击和落左脚要同时进行。

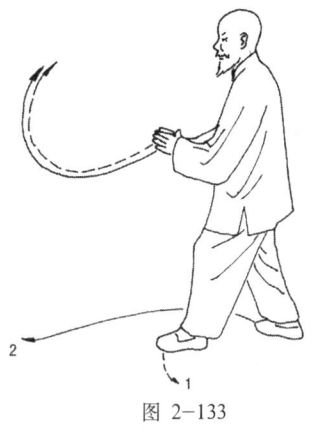

图 2-133

十八、白猿献桃

动作说明：

　　接上式。左脚外摆，右脚向前上一步，成中盘步；同时，两掌掌型不变向前、向上托出，掌心向上，掌根高不过颌，眼睛注视双托掌，此为白猿献桃式。（图2-134）

　　要点：

　　双托掌和上右脚要同时进行。

十九、风轮翻肘

动作说明：

　　接上式。右脚极力内扣，左脚从右脚后方倒退一步，身体左转成高马步；同时，两掌下落变拳，随左转身握拳，用两肘向后、向左、右两侧猛顶，两拳眼向上，两眼平视。（图2-135、图2-135附图）

图 2-134

　　要点：

　　① 左、右向后顶肘和左脚倒步要配合协调。

　　② 顶肘时，两肋微空，不要夹紧。

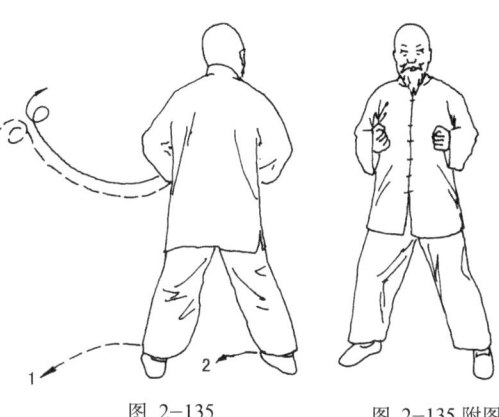

图 2-135　　　　　图 2-135 附图

二十、仙人观棋

动作说明：

接上式。左脚向左前方进一步，右脚跟随移步，身体右转90°成左中盘步；同时，两拳变掌向前、向上伸托，掌心向上，然后两掌同时外旋，使掌心向外，大指向下，向左右两边掰开（掌指相距15～20厘米），两臂前伸，高不过下颌，目视前方。（图2-136）

要点：

两掌平掰和上左脚要同时进行，两臂不可伸直。

图 2-136

二十一、金丝抹眉

动作说明：

接上式。左脚向前进一步，右脚跟步成左中盘步；同时，右掌向左、向后回搂停于胸前，左掌向前平抹揉动后停于前方，掌心向前，大指向下，与眼同高，目视左手。（图2-137）

要点：

① 左抹、右搂和上步要同时进行，劲势要协调。

② 左臂不可伸直，右臂不可太屈。

图 2-137

二十二、玉女穿梭

动作说明：

① 接上式。右脚向右后微撤，左脚也跟着微撤，脚尖点地成左虚步。同时，右手顺势向右划弧（掌心向下）停于右前上方；高与头平；左掌亦

同时外旋向右划弧(掌心向上)至左前上方,与鼻同高,目视左手。(图2-138)

② 接上动不停。左脚向左前方跨上一步,重心向左移,右脚向左脚后倒插一步;同时,左掌内旋向右前方反拨(大指向下,掌心向西),停于右前上方,高过头顶;右掌则顺势从左腋下向前推按(掌心向西,大拇指向南),目视右前方。(图2-139)

要点:

① 整个动作,包括撤步、上步、倒步和两手动作都要协调,劲势要自然。

② 两臂均圆屈,不可伸直。

③ 收臀,含胸拔背。

图 2-138

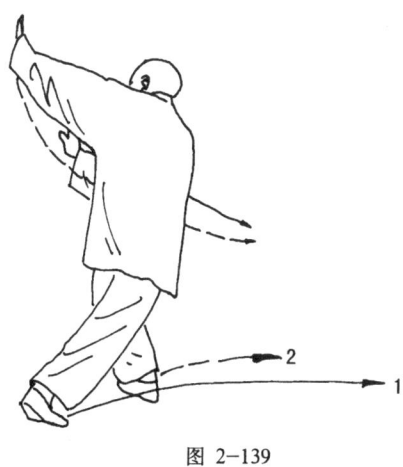

图 2-139

二十三、退步牵羊

动作说明:

接上式。右脚向右前方上一大步,左脚随着撤至右脚左前方(西),身体左转90°,成左虚步;同时,两掌收回,两掌相叠(右掌在左掌上,两掌掌心均向上)停于腹部前方,目视前方。(图2-140)

图 2-140

要点：

① 两手收回要和收左脚同时进行。

② 两臂圆屈，不可伸直。

二十四、霸王送客

动作说明：

接上式。微停顿，然后左脚向前上一步，右脚随跟步成中盘步；同时，两掌分开平捧（小指侧外缘相接）向前、向上送出，掌心均向上，目视两掌。（图2-141）

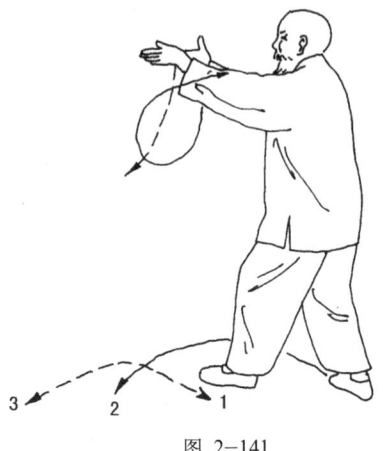

图 2-141

要点：

① 手到、脚到、劲势合一。

② 两臂前送不可伸直。

回身老僧托钵式：

接上式。左脚外摆，右脚向前上一步，身体左转180°，成右中盘步；同时，右掌向下经腹前向上、向前伸出，左掌随转身微下按成右老僧托钵式。（图2-142）

图 2-142

第四趟 （25至32式）

二十五、走马回头

动作说明：

① 接右老僧托钵式，左脚向后撤一步，右脚随势撤至左脚右前方，身体左转90°成右虚步；同时，左手向左方捋带，右手则顺势向上、向左、向下劈砸。（图2-143、图2-143附图）

② 接上动不停，右脚向右前方上一步，左脚微跟成右中盘步；同时，右手向前捋，停于右腰侧，左手做叉指（食指中指做叉、其余手指屈勾，掌心向下）向前、向上戳击，目视前方。（图2-144）

要点：

① 撤步、捋带、劈砸和右前捋、左戳指要配合协调，劲势自然，不可用拙力。

② 整个动作都要收臀、含胸。

③ 戳指时左臂不可伸直。

图 2-143　　　　图 2-143 附图　　　　图 2-144

二十六、二仙传道

动作说明：

接上式。右脚外摆，左脚向前上一大步，身体右转90°，身体下沉成马步；同时，两手边握边向下、向后、复向前画圈，两拳相对而击（两拳相距30～40厘米，掌心向下），高不过腰，两臂箍圆，目平视前方。（图2-145）

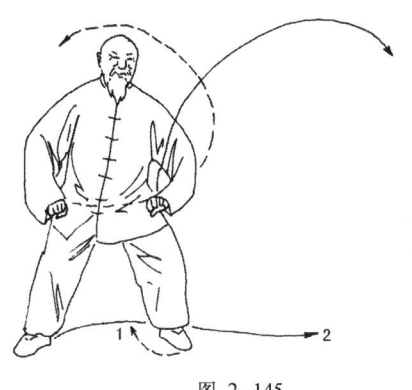

图 2-145

要点：

① 两拳相对称，两臂箍圆不可伸直。

② 收臀，含胸。

二十七、翻身劈捶

动作说明：

接上式。左脚极力内扣，右脚从左脚后向左后方倒上一大步，身体右转180°，脚步站稳后身体下沉成马步；同时，两拳内旋合靠于小腹处，随转身势，向上交叉划弧，动作不停，用拳轮向左、右劈砸，拳眼向上。（图2-146）

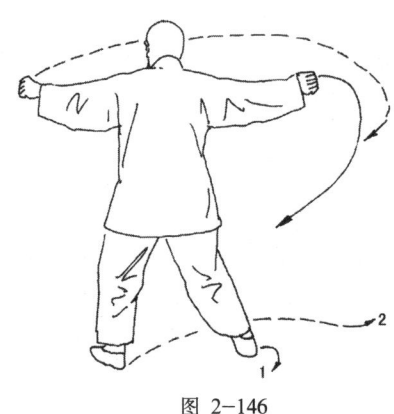

图 2-146

要点：

① 换步转身要自然、平稳。

② 翻身劈捶要拳步协调。

③ 劈拳的两臂不可伸直。

二十八、野马闯槽

动作说明：

接上式。右脚外摆，身体右转90°，左脚向前上一大步成左弓箭步；同时，左拳变掌，随右转身势向前、向右划平弧置于右肩侧，立掌，右掌变勾手从前向右、向后、向下划弧至背后（掌勾向上）；在上左脚的同时，以右肩撞击前方，目视右前方。（图2-147）

图 2-147

要点：

右肩前撞，要在左脚落地重心前移成左弓箭步时进行，并配合上步转身的腰腿劲，肩步合一。

二十九、大鹏展翅

动作说明：

接上式。左脚外摆，右脚向前上一步成右中盘步；同时，左掌向前推出，掌心向前，立掌；右掌则向前、向上、再向右、向后划弧后摆，掌心向后，两掌前后展开，目视左前方。（图 2-148）

图 2-148

要点：

① 两掌前后展开要和上右脚同时进行。

② 两臂不要伸直。

③ 向右拧腰要收臀，不可挺胸。

三十、白袍铡草

动作说明：

接上式。右脚内扣，左脚向后撤一小步，身体左转成左弓箭步；同时，右手抓拳随转身向后、向下捋带（拳心向上），右掌随转身用小指侧缘向前、向下砍截置右胯前方，目视右掌。（图 2-149）

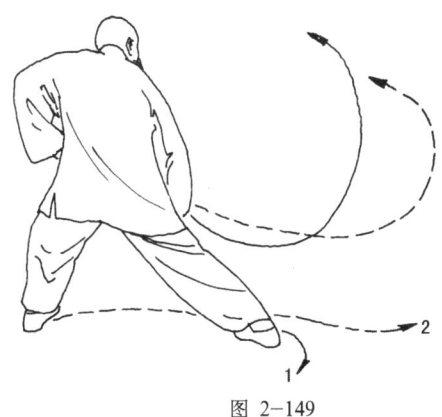

图 2-149

要点：

① 右砍掌要用转身的腰腿劲。

② 左捋、右砍时，左臂不可太屈，右臂不可伸直，身体微前俯。

三十一、周仓扛刀

动作说明：

接上式。身体右转，右脚外摆，左脚向前上一步成左中盘步；同时，右掌向前、向上反撩再向后握拳停于头部右上方，左手握拳用左前臂向前、向上兜挑，左拳置于左肩上方，如此两臂上举，如扛刀状，目视前方。（图2-150）

要点：

① 两手握拳上举与上左脚要同时进行。

② 右掌反撩力点在小指侧外缘；左肘上挑力点在肘尖，挑肘要脆。

图 2-150

三十二、刘全进瓜

动作说明：

接上式。左脚向前进一步，右脚随跟；同时，左拳变掌向前、向回搂按，停于右肘下，右拳则向右、向下、向前、向上顶钻（拳心向内，力点在拳面），与头顶同高，目光随左手后至右拳。（图2-151）

要点：

① 上左脚要和钻右拳同时进行。

② 钻拳时要含胸拔背，收臀，右臂屈的角度为90°～120°，不可伸直，亦不可太屈。

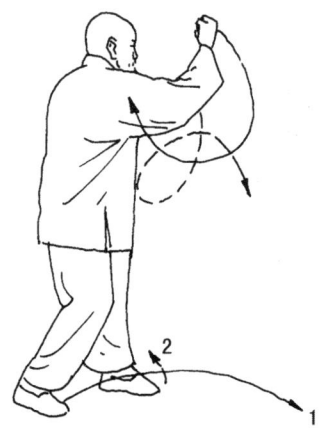

图 2-151

回身老僧托钵式：

接上式。左脚外摆，右脚向前上一步，身体左转180°，成右中盘步；同时，右拳向下，经腹前向上、向前变掌伸出，掌心向上，左掌随转身划弧下按成右老僧托钵式。（图2-152）

图 2-152

第五趟 （33至40式）

三十三、脱身化影

动作说明：

接右老僧托钵式。右脚极力内扣，左脚外摆，向左后转身180°，身体下沉成左弓箭步；同时，左掌向下、向左前、微向上反撩，右掌则向左、向下、向右后反撩。（图2-153）

接上动不停。左脚外摆，右脚向左脚前扣上一步，向左转身180°，左脚跟进，脚尖点地于右脚前成左虚步，屈膝，身体下沉；同时，右掌从左肘下向上穿出于右上方，左掌则内旋下插于右胯侧（掌心向外），目视左前方。（图2-154）

要点：

① 转身，穿掌，步法都要配合协调。

② 过渡动作和上穿式的两臂都要圆屈，含胸，拔背，收臀。

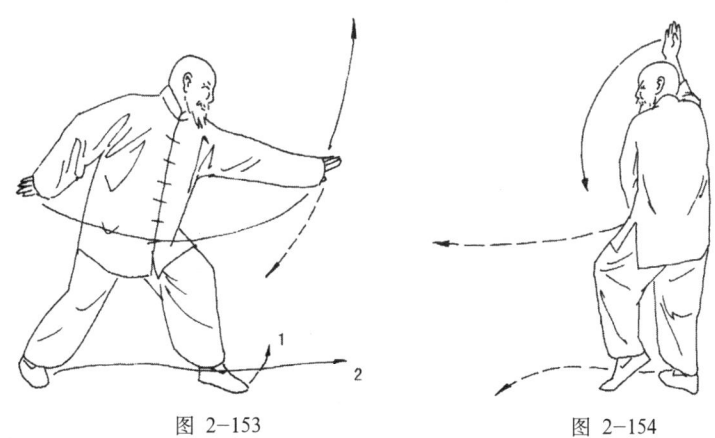

图2-153　　　　　　　　图2-154

三十四、捋手踹踩

动作说明：

① 接上式。左脚向前踏进一步；同时，左手向前微上挑，右掌向前、向下划弧下按至右腰侧，目视左手。（图2-155）

② 接上动不停。重心移向左脚，右脚提起向前踹击、脚高与右膝平；同时，右手握拳，经胸向前钻出，拳心向上，高度不过喉；左掌则向右、

向内捋回，握拳置于右肘下方，目视前方。（图 2-156）

要点：

① 右脚踩击时，重心要略偏向前方，不可后仰。要含胸、收臀。

② 整个动作，劲势要顺遂，一气呵成。

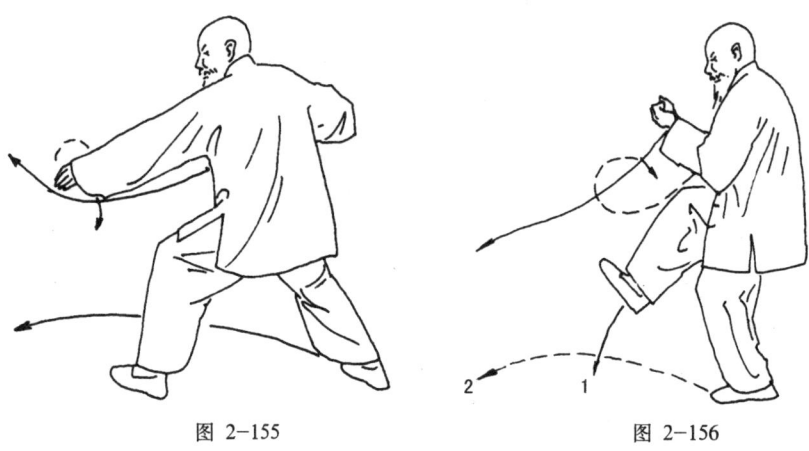

图 2-155　　　　　　　　　图 2-156

三十五、进步撞捶

动作说明：

接上式，右脚前踩落地，脚尖外摆，左脚向前上一步成左中盘步；同时，左手掌向前、向右、向后平捋，在左脚上前时，右拳内旋从左掌上向前、向下撞击，目视前方。（图 2-157）

要点：

① 右拳撞击时，重心略向前倾，收臀、不可挺胸。

图 2-157

三十六、迎面弹膝

动作说明：

接上式。两脚不动，两拳变掌上举至头部两边，重心微向后，目视前方。（图 2-158）

接上动不停。左脚向前进一小步，右脚提起向前弹踢（力点在脚尖，与膝同高）；同时，左掌向下、向右回捋，右掌变拳，从左掌上钻出，左

掌指附于右肘上，目视前方。（图2-159）

要点

手、脚动作要协调，自然，收臀。

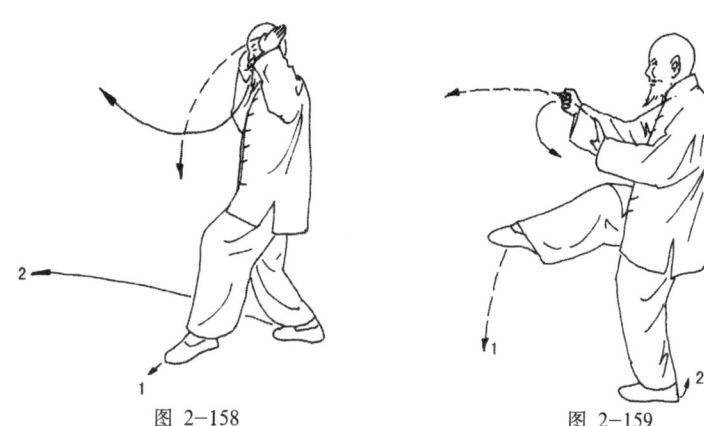

图 2-158   图 2-159

三十七、扫耳单捶

动作说明

接上式。右脚向前下落，脚尖外摆，重心前移，左脚向上进一大步，右脚随跟；同时，右拳变掌向前、向左回捋，左掌从右前臂上向前抹；在上左脚的同时，左掌向后、向下搂至腹前；右掌变拳向下、向右后、向上、向前划弧反拳横击，目视前方。（图2-160、图2-161）

要点：

整个动作要配合协调，手臂都不可伸直僵硬，不可用拙力，要含胸，收臀。

图 2-160

图 2-161

三十八、进步撞捶

动作说明：

接上式。左脚前进一步，右脚相随跟进，身体下沉；同时，右拳变掌下搂，左手握拳从右肘下向前、向上边外旋边翻崩向前冲击（拳心向上，力点在拳背或前臂桡骨侧），与鼻同高，目视前方。(图2-162)

要点：

① 左反背冲拳要和上左脚同时进行，手脚劲整、含胸、收臀。

图 2-162

三十九、天王托塔

动作说明：

接上式。右脚向前上一大步，左脚相随跟进成右中盘步；同时，左手内旋翻掌（扣腕），右掌向前、向上推托（立掌、掌心向前），与头顶同高，左掌附于右前臂上方，目视前方。（图2-163）

要点：

① 右掌前托，力点在掌根，含有推、托、搌、送的技法。

② 托掌的右臂不可伸直，要圆屈。

③ 托掌时，身体上部微向前倾，收臀，后腿蹬劲。

图 2-163

四十、王母拐线

动作说明：

接上式。右脚极力内扣，左脚外摆90°，身体左转180°成左弓步；同时，左手握住右腕向下，用右肘向右、向上、向左后拐压，上身向前伸探，目视前方。（图2-164）

要点

① 左转身，右拐肘要用腰腿劲。

② 拐肘含有扫、压、缠、顶等肘的技法。

③ 发肘时要挺腰，蹬右腿。收臀、含胸。

图 2-164

回身老僧托钵式：

接上式。重心移于右腿，左脚向后撤一步成右中盘步；同时，左手松开右腕，右拳变掌向下、向内经腹胸再向前仰掌伸出，左掌则随势置于右肘内侧成右老僧托钵式。（图 2-165）

图 2-165

第六趟 （41至48式）

四十一、千斤坠地

动作说明：

接右老僧托钵式。右脚向后撤一步，左脚随退，脚尖点于右脚左前方，身体下蹲成左虚步式；同时，两掌内旋向下、向后牵拽（右手握拳，停于左掌心内，拳心、掌心均向上），目视前方。（图 2-166）

要点：

① 撤步和拽手要同时进行。

② 身体下蹲，臀部要收，不可翘，要沉肩含胸。

图 2-166

四十二、日月并行

动作说明：

接上式。右腿蹬劲、左脚向前微进，身形略起成左中盘步；不停，左脚前进一步，右脚随跟；同时，两手变掌，掌根相抵，掌指张开，右掌在上，左掌在下；两掌同时向前推撞，目视前方。（图2-167、图2-168）

要点

① 两掌向前推撞，要用腰腿劲，不可用拙力。

② 含胸拔背、收臀。

图 2-167

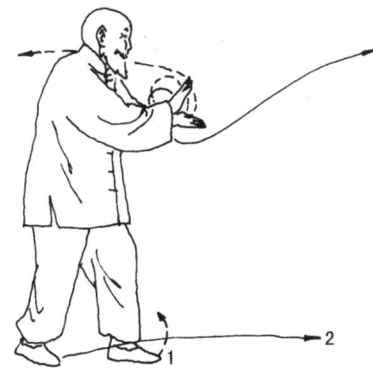

图 2-168

四十三、金蝉脱壳

动作说明：

接上式。左脚外摆，右脚向前上一步；在左脚外摆时，两掌掌根相抵，以腕为轴，左掌内旋，右掌外旋(各转180°，左掌翻在右掌上，左掌心向下，右掌心向上），在上右脚的同时，右仰掌向前伸出，左掌亦同时向左后方伸出，两掌前后平衡相张（掌心均向上），与肩同高。目视前方。（图2-169）

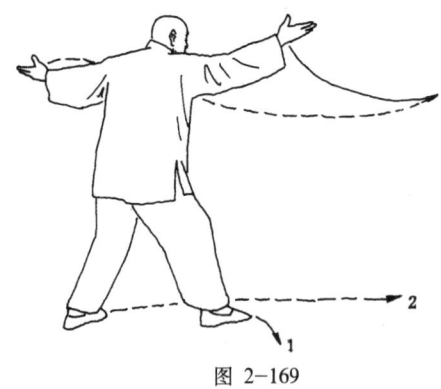

图 2-169

要点：

① 两臂伸张要圆屈，不可伸直。

② 两掌前后伸张，有托、戳和平挂等的作用。

③ 收臀，不可挺胸。

四十四、依山挤靠

动作说明：

接上式。右脚外摆，左脚向前上一步；同时，左掌边向下、向前、微向上边变拳，从右肘下用前臂向前挤靠（拳心向内）；右掌则附于左前臂内侧助力向前挤靠，目视前方。（图2-170）

要点：

挤靠要用腰腿劲，收臀、含胸拔背。

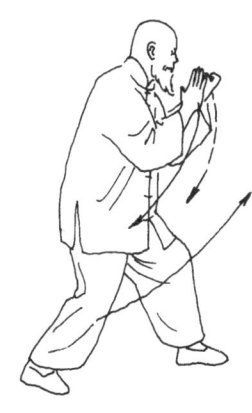

图 2-170

四十五、捋手膝撞

动作说明：

接上式。两手向前抓拳，向回急捋（右拳心向下，左拳心向上）至右胯侧；同时，重心前移，用右膝向前顶撞，目视前方。（图2-171）

要点：

① 捋手要和撞右膝同时进行，动作合一。

② 收臀、含胸。

图 2-171

四十六、懒龙卧枕

动作说明：

接上式。右脚向前落下进一步，左脚相随跟进；同时，两拳同时向前旋钻，左拳置于右肘内侧，右前臂前倾，向前挤靠，耳朵微靠近右前臂，此为懒龙卧枕式。（图2-172）

要点：

① 钻拳前挤时，上体微向前倾，上下相合，脚手同时进行。

② 含胸、拔背、收臀。

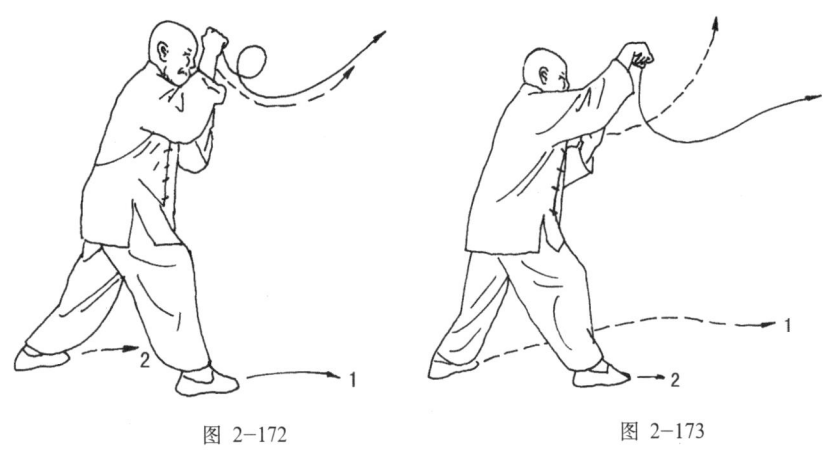

图 2-172   图 2-173

四十七、扭手提撩

动作说明：

接上式。右脚前进一步，左脚随跟；同时，两拳变掌，左掌附于右肘内侧，右掌以腕为轴，掌指逆时针挽一小圈成勾手并用右腕向前提撩、顶、挑，高不过头；目视前方。（图 2-173）

要点：

① 右手提撩要和上右脚同步进行。

② 撩手时右臂不可伸直。

③ 含胸，收臀。

四十八、进步塌掌

动作说明：

接上式。右脚向前上一步并向外摆；同时，左掌从右肘下向前、向上穿出，置于左前上方；右勾手变掌向前、向下塌按，高与肩平，目视右掌。（图 2-174）

图 2-174

要点：

① 摆右脚和穿左掌同时进行，上左脚和右塌掌同时进行，上下配合协调。

② 含胸收臀。

③ 两臂要圆屈，不可伸直。

回身老僧托钵式：

接上式。左脚外摆，右脚向前上一步，身体左转180°成右中盘步；同时，右掌向下，经腹前向上、向前伸出，掌心向上，左掌随转身划弧下按成右老僧托钵式。（图2-175）

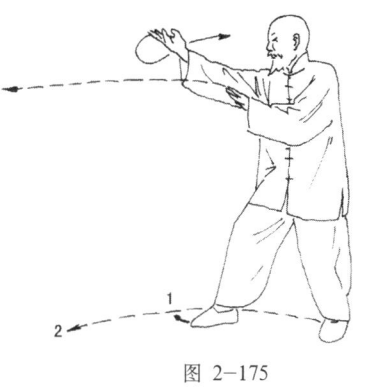

图 2-175

第七趟 （49至56式）

四十九、插花掖肋

动作说明：

接老僧托钵式。右脚外摆，左脚向前上一步；同时，右手内旋握拳向右上回拉（拳眼向下）至头部右侧，右手同时握拳向前平击（拳眼向上），与腋同高。目视左拳。（图2-176）

要点：

① 出左拳和上左脚要同时进行。两拳前后有相争之劲。

② 含胸，收臀。左臂不可伸直，右臂不可太直。

图 2-176

五十、单凤投巢

动作说明：

接上式。左脚前进一步，右脚随跟；同时，左拳变掌回搂至胸前，右

拳从左手上向前反拳（拳眼向下）向前、向上冲击，目视前方。（图2-177）

要点：

① 插花腋肋和单凤投巢两动是连续使用的技法，一中一上要配合协调。

② 发右拳要沉肩，右臂不可伸直。

③ 上体微向前探，收臀。

五十一、挫腿外跺

图2-177

动作说明：

接上式。重心前移，左手上前和右手同时往回捯；同时，右脚提起用内缘向前挫蹴（脚尖外摆）成左独立右挫脚；动作不停。右脚尖内转，用脚外缘向前跺踹，目视右脚前方。（图2-178、图2-179）

要点

① 本动作的挫脚和跺脚是连环腿法，一气呵成，不要停顿。

② 蹴、跺脚，高不过膝。不可挺胸和后仰。

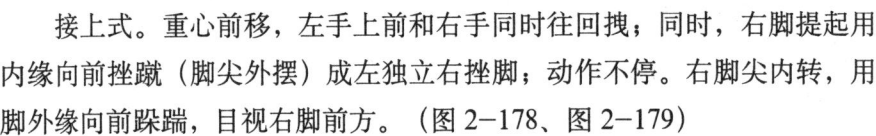

图2-178

图2-179

五十二、掩肘推山

动作说明：

接上式，右脚收回落地并轻度震脚；震脚时，左脚提起，落向前方，虚置地面成左虚步；同时，双掌自腹前分别向左、右上方，再向下、向前、向上各划一圆，两掌上提相合拢（掌心向内，掌外缘相接），两前臂亦内合；两掌立即内旋翻掌（掌心向外大指向下），向前推出（掌指相对，大指均向下）；同时，左脚前进一步，右脚随跟。目视前方。（图 2—180、图 2—181）

要点：

① 两横掌推出时，两臂撑圆，不可伸直，肘不可抬高，要沉肩。

② 推掌要和上步同时进行，动作一致。

③ 含胸、拔背，收臀。

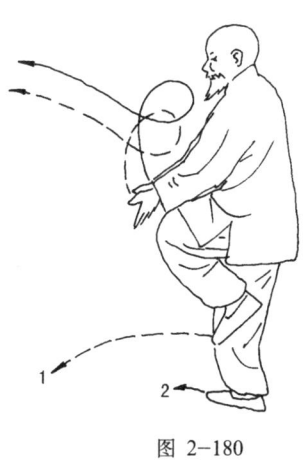

图 2—180　　　　　　　　　　　　　　图 2—181

五十三、缠肘摆莲

动作说明：

接上式。两掌自然放松，在前方同时向下、向左、向上、再向右，顺时针方向缠绕一圈，到右前方；同时，右脚提起向左、向上、向右摆动（与耳同高），两手拍击脚面发出声响。目视摆脚。（图 2—182）

要点：

① 两手拍击脚面，响声要脆，配合要协调。

② 摆脚时，手、腰、腿均要放松。

③ 独立的左腿要微屈，不可蹬直，独立要稳。

④ 收臀。

图 2-182

五十四、转身擂腰

动作说明：

接上式。右脚顺势下落，向前微进，脚尖外摆，左脚倒退一步，身体右转，身体下沉成右中盘步；同时，两手随转身向下、复向上、向前，右手握拳用拳背微向下擂击，左手掌则附于右肘内侧成侧立掌，目视右拳。(图2-183)

图 2-183

五十五、猿猴爬杆

动作说明：

接上式。右脚外摆，左脚向前一步，身体下沉成左中盘步；同时，右拳变虚掌向下、向前、向上往回搬拿；左掌则向前、向上转一小立圆，横掌下按，两手下按、上搬，目视前方。(图2-184)

要点：

① 两手左按右搬要有剪切劲，要手脚齐到。

② 含胸，拔背，收臀。

图 2-184

五十六、弯弓射虎

动作说明：

接上式。左脚向前上一步，右脚也跟进一步，步型不变；同时，右掌内旋向右上方翻掌，左掌向前推出，目视左掌。（图 2-185）

要点：

① 上左脚和推左掌要同时进行。

② 两臂均圆张，不可伸直。

③ 含胸，收臀。

回身老僧托钵式：

接上式。左脚外摆，右脚向前上一步，身体左转180°成右中盘步；同时，右掌向下经腹前向上、向前伸出，掌心向上，左掌随转身划弧下按成右老僧托钵式。（图 2-186）

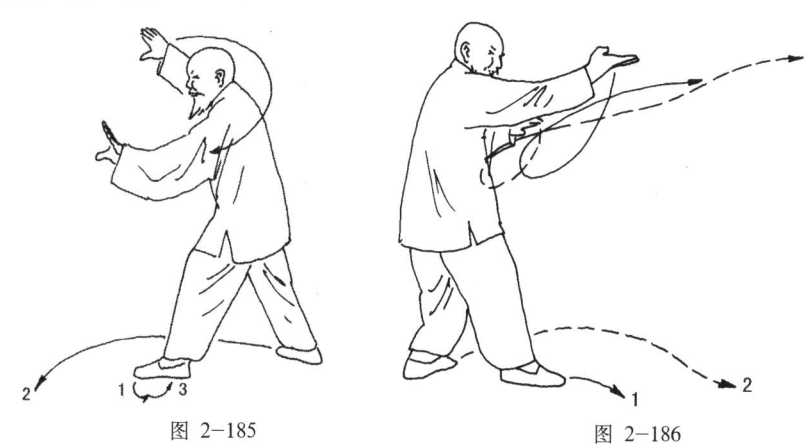

图 2-185　　　　　　　　　　图 2-186

第八趟 （57至64式）

五十七、四龙取水

动作说明：

接右老僧托钵式。右脚前进一小步，脚尖外摆，左脚向前上一步成左中盘步；同时，右掌内旋和左掌同时下按收至腹前；在左脚向前上步时，两掌同时俯掌（掌心向下）向前、向上送出，左掌与鼻同高，右掌在左肘内侧。目视左掌前方。

接上式不停。右脚向前进一小步，脚尖外摆，右脚向前上一步成右中盘步；同时，两掌向下抹回至腹前；在右脚向前上步时，两掌复同时俯掌（掌心向下）向前、向上送出，右掌与鼻同高，左掌在右肘内侧，目视右掌前方。（图 2-187、图 2-188）

要点：

① 手、脚动作要一致，配合协调。

② 前伸的手臂，不可伸直。

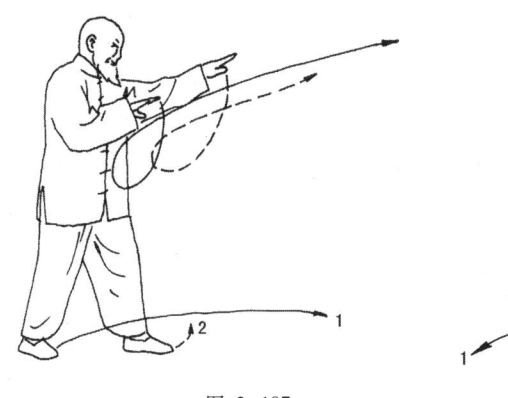

图 2-187

图 2-188

五十八、怀中抱月

动作说明：

接上式。右脚向后退一大步，左脚随右脚退半步成左虚步；同时，两掌外旋抓拳，拽至小腹前。目视前方。

（图 2-189）

要点：

① 退步和拽拳要同时进行。

② 含胸、拔背、收臀。

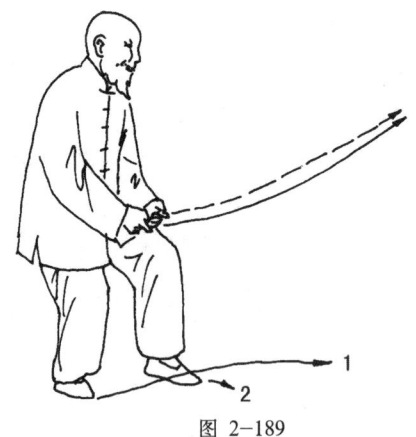

图 2-189

五十九、仙人簸米

动作说明：

接上式。左步前进一小步，脚尖外摆，右脚向前跟进一步；同时，两手变掌，掌心向上，小指侧缘相接向前、向上擢出，掌心均向上，目视两掌。（图2—190）

要点：

① 上右脚和擢掌动作要同时进行。

② 两臂不可伸直，收臀。

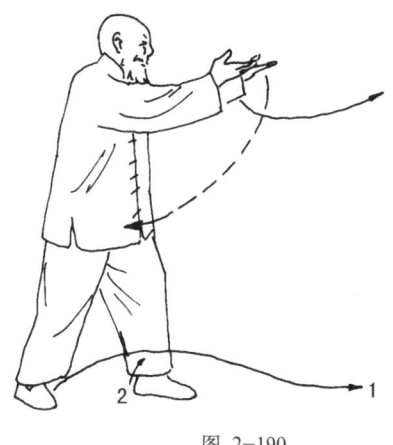

图 2—190

六十、捋手戏珠

动作说明：

接上式，右脚向前上一步，脚尖外摆，左脚向前大上一步，脚尖外摆，右脚跟拔起成丁字步；同时，左掌前伸，右拳向下、向后摆动；左手向前、向上、向后捋一小圈成缠拿动作收于右腋前；右拳随势变叉掌（食、中二指左叉形，余指屈勾）内旋向前探戳（掌背向下），目视前方。（图2—191、图2—192）

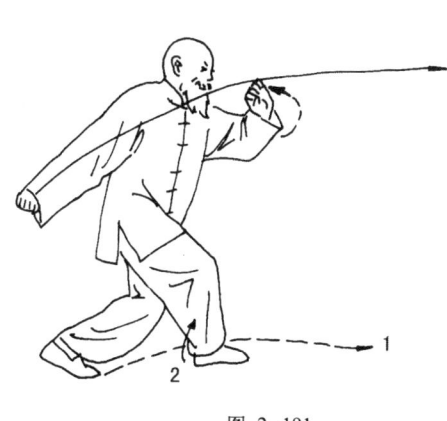

图 2—191

图 2—192

要点：

① 连续上步，要和缠手戳指相协调，劲势自然，不可用拙力。

② 戳指的右臂不可伸直，亦不可弯曲抬得太高。

③ 上体微向前探，收臀。

六十一、张飞蹁马

动作说明：

接上式。左手不变，右手抓拳捋回至胸前(右拳拳心向上，左拳拳心向下)；同时，右脚提起，从右向上、向左蹁摆，目视前方。（图2-193）

要点：

① 摆脚要和捋手协调。

② 蹁摆脚，高不过腰，不可用拙力。

③ 独立腿微屈、要稳，含胸，收臀。

图 2-193

六十二、刷旋两门

动作说明：

接上式。右掌向左、向后从头顶前上方，向右绕到胸前；左掌亦向外、向左、向后绕至胸前。两前臂交叉，右上左下（掌心均向上）；右脚向左前方落下，脚尖着地，成高虚步；同时，两掌内旋，分别向前、向后蹁砍（掌心均向下），两臂平举，左右对称，目视右前方。（图2-194）

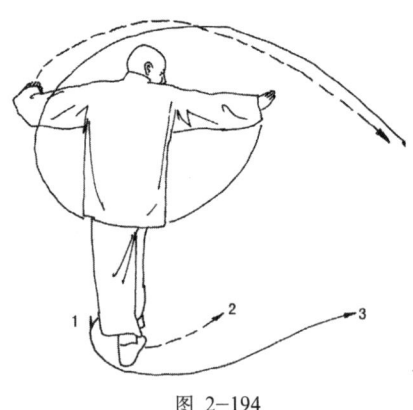

要点：

① 两手挽圈要同时进行，左右蹁砍也要同时进行，动作要自然。

② 两臂前后伸张，不可伸直，要圆屈。

图 2-194

③ 两肩要下沉，收臀。

六十三、风轮翻掌

动作说明：

接上式，右脚极力内扣，左脚向
右后退一步，右脚左前方上一大步，
左脚随跟，身体左转270°成右中盘
步；同时，两掌随转身向右前方抡劈，
左掌向上、向前、向下抡180°，右
掌随转身向下、向左、向上、再向前
抡360°，落于腹前，目视前方。（图
2-195）

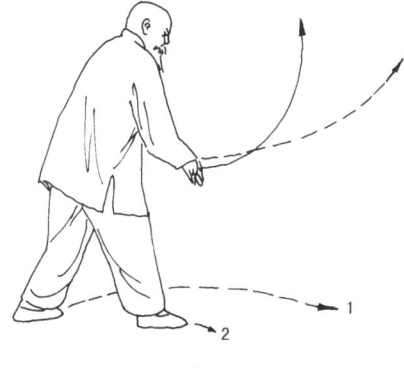

要点：

① 两臂抡劈要放松自然，和左转
身要配合协调。

② 两掌劈下时，上体微向前倾。含胸拔背，收臀。

图 2-195

六十四、孤雁出群

动作说明：

接上式。右脚微进并外摆，左脚向前上
一步；同时，右掌内旋上提（掌心向东）置于
右额前上方；左掌向前、向上推撮，掌心向东，
与鼻同高，目视左掌。（图2-196）

要点：

① 提右掌、推左掌和上左脚要同时而协
调。

② 两臂伸展要圆屈，不可伸直。

③ 含胸拔背，收臀。

图 2-196

回身老僧托钵式

接上式。左脚外摆，右脚向前上一步，身体左转180°成右中盘步；同时，右掌向下经腹前向上、向前伸出，掌心向上，左掌随转身划弧下按成右老僧托钵式。（图2-197）

六十五、收式

动作说明：

接上式。两掌同时向下、向左右分开复向上、向前经胸前下按至腹前；同时，右脚收回成平行步式，目视前方。（图2-198）

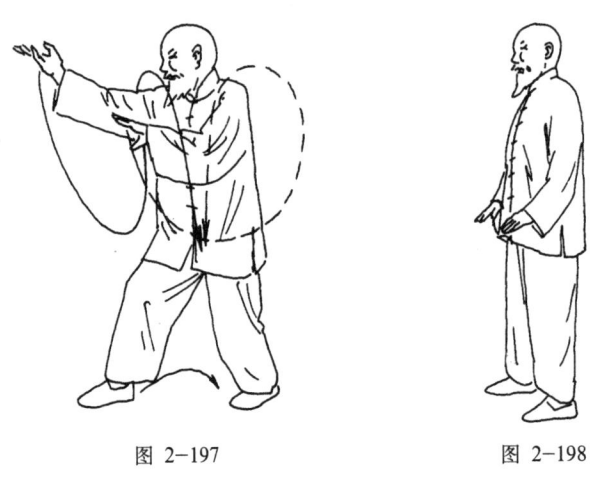

图 2-197   图 2-198

注：六十四式动作人物形象借李子鸣先生原形。

拍摄电视剧《第十一块金牌》时留影

八卦转枪八式

"大枪为百兵之王，花枪为百兵之贼。"其要在凶狠奇巧，长短随用，八卦枪法有此技法的特点，同时也有自己的特点。掌握其技能方能得枪法之妙。

八卦转枪，又称转枪八式，即八卦枪，是八卦掌门的长器械之一，在民间极少流传，比较珍贵，也比较难练，有其独特的体、技、用的特点。八卦转枪和早先流传于山东的"八卦奇门枪"，二枪均取名八卦，然而技法却有所不同，各具特色，有异曲同工之妙。

八卦转枪的特点：在圆（直径5～6米）形区域内，绕圈转走运枪，在动中求变化、沾身穿换、闪转纵横，枪随身走，步随枪换，枪不离身。通串自由，吞吐进退，活泼灵捷，矫若游龙。枪体长短任人所需，一般为八尺，长的可达一丈零八寸。

八卦枪的基本功是八卦掌，体具四形（鸡腿、龙身、猴象、鹰势），步作蹚泥。枪走乾、坎、艮、震、巽、离、坤、兑八门，法有截、进、群、拦、提、钻、拿、直八法，和崩、劈、磕、扎、缠、粘、掉、滑8个字诀，内中更有多端的变化，无穷的运用。

八卦枪的重点在于：技法要精，运枪要准，步法要活，封守要紧，三尖要照，六合要整，以及长短通串、吞吐转环，刚柔虚实，奇巧凶狠等等。其他尚有许多要点，需要在实践中体会和充实。

八卦枪有单头枪和双头枪（双头蛇）之分，二者练法不同，各有特色，唯八卦掌风格相类同。

八卦转枪八式枪谱：燕子抄水、翻身跺捋、飞天燕子、苍龙摆尾、拨草寻蛇、脱身化影、玉女穿梭、指南金针八枪。

歌曰：燕子抄水提贯枪，翻身跺捋推山枪，
　　　飞天燕子穿云枪，苍龙摆尾转环枪，
　　　拨草寻蛇剪股枪，脱身换影转身枪，
　　　玉女穿梭回马枪，指南金针探川枪。

运动场地，符号图列和说明

运动场地：

取直径 5 ~ 6 米的平整场地，另外内画直径 3 ~ 4 米的内圆，通过圆心作东、西、南、北轴线（四正）和四个角线（四隅），即：乾、坎、艮、震、巽、离、坤、兑八方定位。（图 2-199）

符号图例：

"◑" 表示人位，白半圆为前、黑半圆为后。实线表示枪尖运动轨迹。虚线表示枪柄运动轨迹（特殊情况表示）。

实线半边箭头表示右脚动态线，数字表示步序。

虚线半边箭头表示左脚动态线，数字表示步虚。（图 2-200）

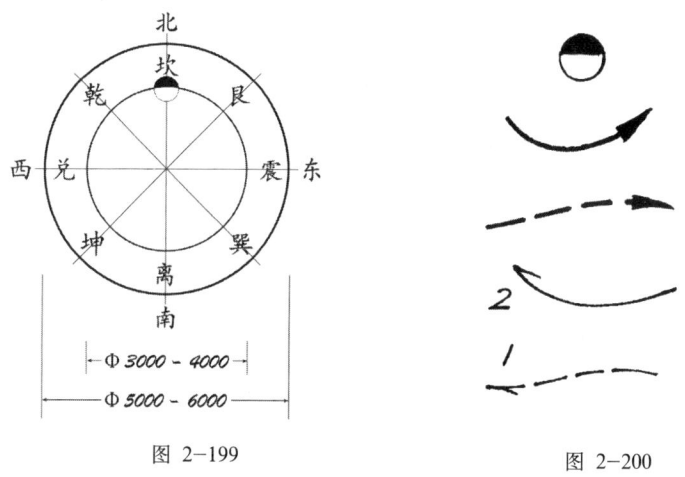

图 2-199

图 2-200

运动编写说明

八卦转枪八式，分乾、坎、艮、震、巽、离、坤、兑八门，每门一式，每式做左、右对称的锻炼，即每式都先左转锻炼，再右转锻炼。亦可以按顺序交错锻炼，即第一式左转式，第二式右转式，第三式左转式，第四式右转式。总之，熟练后则不拘先后次序，任意走转锻炼均可。为节约篇幅，每式都只按左转式描写，其余对称动作从略。每式的联结，均由乌龙倒取水式（提枪式），从右转式换到左转式。

注：本篇动作人物形象借李子鸣先生原形。

第一式 燕子抄水

动作说明:

1. 预备势:练者右手持枪,正立于内圆(直径3至4米)北端的圈线上,面对圆心,右手正握枪(虎口向上),立枪于右脚右方,立身中正,沉肩坠肘,尾闾中正,两脚平行并步自然站立,眼睛平视,凝神,准备起势(图2-201)。

2. 起势:右手握枪上提,左手接枪,右手掉握于后把端,左手滑到右手前;枪尖向上、向前、向下缓缓点放于圆区的南北轴线上,目视枪头。

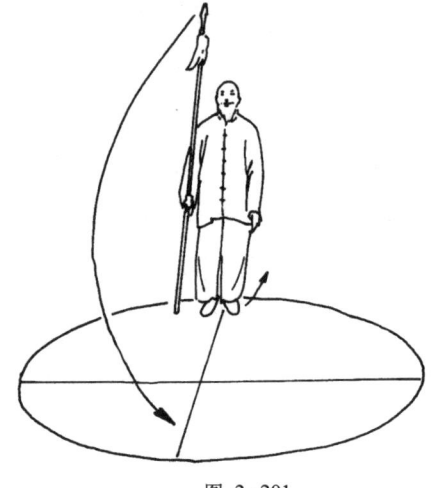

图 2-201

左脚向后退一步,右脚微收,脚尖点地成右虚步;同时,左手变掌,向下、向左、向后、向上划弧,翻上于左前上方,亮掌(虎口圆撑、掌心向上);右手握枪后把端,伸于腹部前方,枪尖划地,随退步势微拖回,目视枪头(图2-202)。

右脚向后退一步,右把前滑向右、向上、向后抽拉;同时,左手滑把至

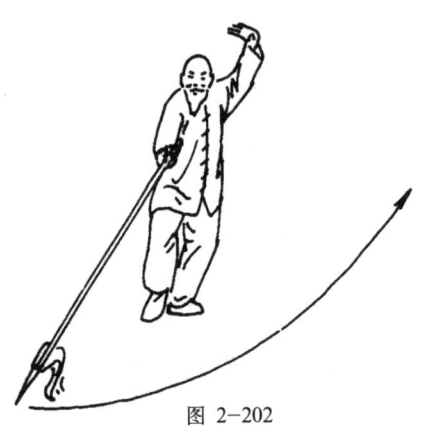

图 2-202

枪头缨部,使枪尖则从前向上、向左、向下划一半月形弧成"拦"枪法,枪尖到位后,令枪杆横斜于胸前。

以上动作不停。左手顺势向上,向右提至下颌前(虎口向下,大拇指、食指扣枪杆,余指松开附杆),右手滑把伸举于头顶上方(虎口向下,大拇指、食指扣枪杆,余指伸并附杆),左臂屈、右臂伸;同时,左脚向右挪移,点于右脚前方的圈线上,身体下沉成左高虚步,身体右转90°,再向左拧身转腰,面向场地中心,此时枪尖向下,后把向上,垂直倒枪擎于右前方,此为左"乌龙倒取水式"。(图2-203、图2-204)

乌龙倒取水式,在八卦转枪中是重要的枪法之一。它有几种变式,转

枪的起势、收势和走转变式均由此过渡，是八卦转枪的基本功法，可以单操，可以在直趟和转走中左、右调换和穿插操练。

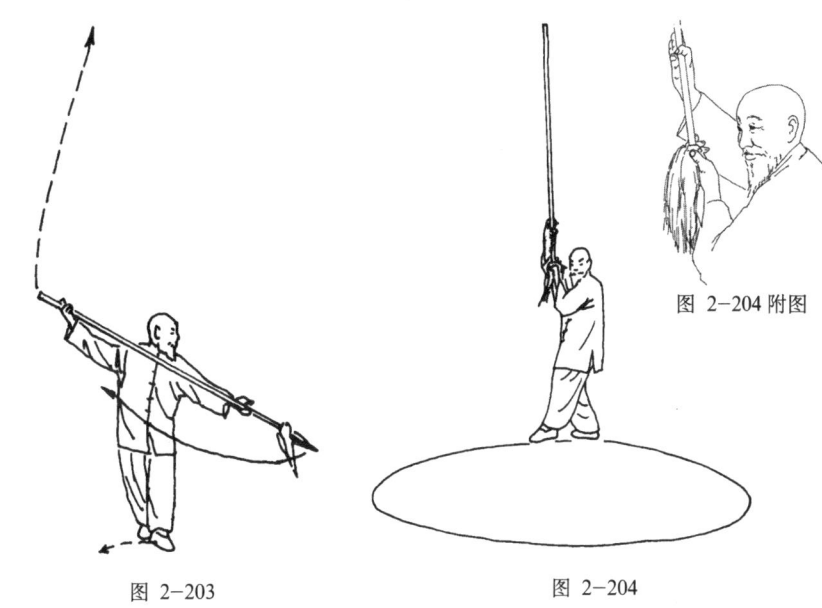

图 2-203

图 2-204

图 2-204 附图

3. 接上动。走到正北方（走转变式为右转圈式），右脚在前时，停住（图 2-205）。右脚向前扣上一步，向左后转身，左脚向左上一步，重心前移成左弓箭步；同时，枪头从左肋下向左、向下随转身穿钻而出。（图 2-206）

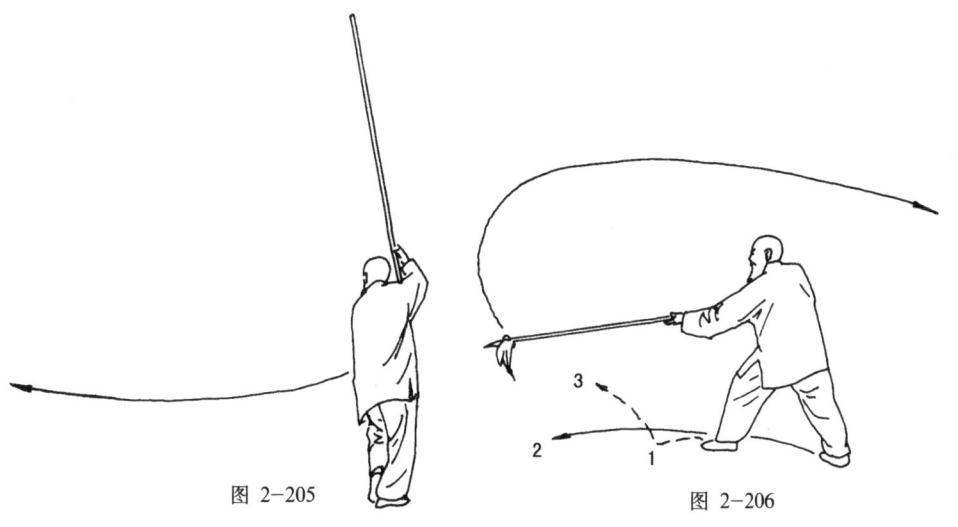

图 2-205

图 2-206

4. 接上动。左脚向前进一小步，右脚向左脚前上一大步，身体左转180°，重心移向右腿，左腿迅速屈膝提起（脚面绷紧）成右独立步；同时，两手执枪，枪尖随进身向前、向上划弧；左手放开变掌置于右腋下（大指斜向下，掌心向后），右手单执枪，随转身用枪尖探身向后（东）平空直刺，目视枪尖。（图2-207）

5. 接上动。左脚向前下落，脚尖外摆，右脚向前上一步，身体左转；同时，枪头下落，左手握把，枪尖向左方下刺；动作不停，枪头向前、向上，再向右、向下磕击，目视枪头。（图2-208）

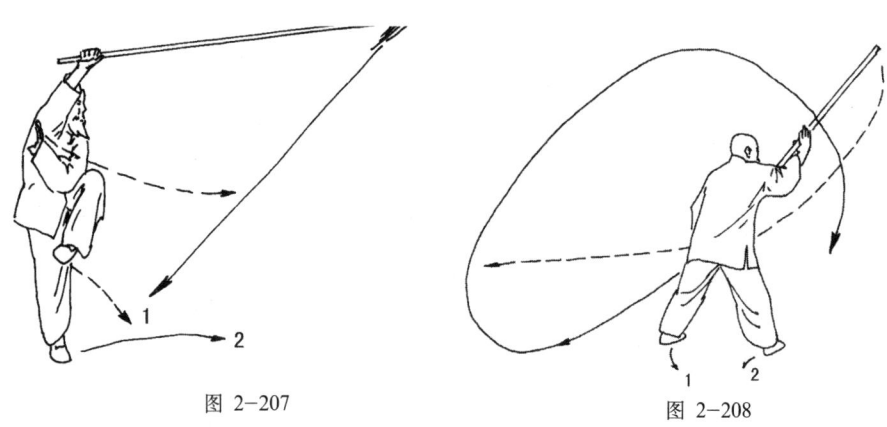

图 2-207   图 2-208

6. 接上动不停。左脚向左后横挪，右脚随跟，身体左转；同时，左手握枪中部，用把后端向左后方直捣；同时，重心左移成左弓箭步；动作不停，右手握枪头缨端上提至下颌前，左手滑把伸举于头顶上方，枪杆垂直倒立；同时，右脚向左脚前上步成右高虚步；向左转身、再向右转腰，面向场地圆心成右乌龙倒取水式。（图2-209、图2-210）

以上动作连续不断，组成燕子抄水式。

要点：

① 枪把要活，但不可松脱无力。

② 乌龙倒取水式的左肩要沉，左臂要屈，右臂不可伸直。定势后面向场地中心。拧腰、含胸拔背、收臀（以后这个式子的要点均相同）。

③ 整个动作要灵活自然，动作协调，劲势通顺，一气完成，不要停顿。

图 2-209

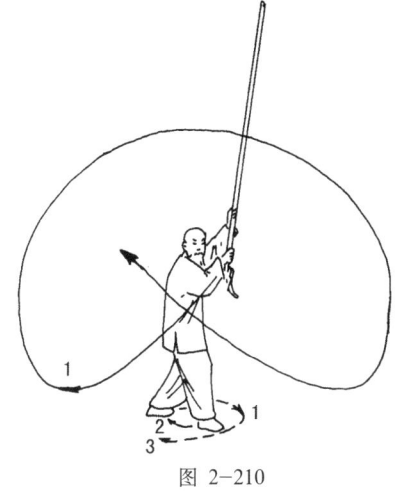

图 2-210

第二式 翻身跥捋

动作说明:

1. 接上式。向右沿圈线蹚
泥步走转（称青龙转身式），走
转圈数不限。

转身换第二式，由右转乌
龙倒取水式换成左转乌龙倒取
水式：右脚在前时停住，左脚向
前上一步，脚尖内扣，身体右转
180°，左脚随转身向前上一步，
脚尖点地成左高虚步；同时，枪
头向右下钻出，继而两手换把（左
手前把，右手后把）再向上、向

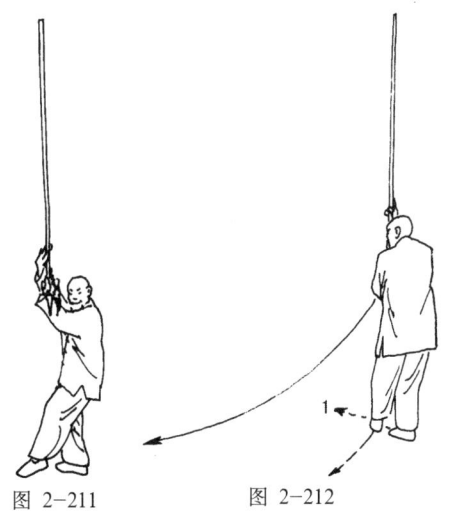

图 2-211   图 2-212

左、向下划一圆弧到左侧下方；左手滑至枪头缨部，随势上提至下颌前，
右手滑把伸举于头顶上方，枪杆垂直倒立，眼随枪头成左转乌龙倒取水式。
（图 2-211）

2. 当上式转走到东北方而左脚在前时，停住（图 2-212）。右脚向前
扣上一步，身体右后转，左脚向左后方上一步；同时，枪头从左肋下向左、
向下随转身穿钻刺出（左手前把，右手后把）；在枪钻刺时，重心前移至

左腿成左弓箭步，目视枪头。（图
2-213）。

3. 接上式。右脚向前进一步，
左脚从右脚后向前倒插一步，身
体下蹲成丁字形蹲步；在上步前，
两手持枪上举过头，在头顶上方
滑杆掉把令枪头向左、向后、向

图 2-213

右在头顶上划一水平半圆弧；动作不停，随上右脚、插左脚下蹲势，两手
持枪用枪头（前梢）向下、向前横跺和横推。目视枪前梢。（图 2-214、
图 2-215）。

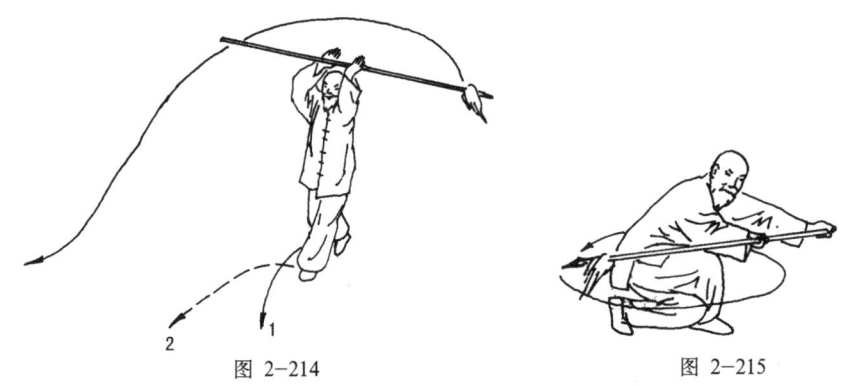

图 2-214   图 2-215

4. 身体逐渐起立，扣右脚、摆左脚，身体左转身360°成右虚步；同时，
枪随转360°，左把右抽，右手前握，枪杆斜于胸前，目视前方。（图 2-216）

5. 接上动不停。两脚先不动，枪头从下向上、向右、向下划一大半圈，
两手滑杆换把（令右手握枪把，左手握后把）持枪下磕，至枪杆横呈于小
腹前时，左脚向前扣一步，右脚上于左脚前方成右高虚步；同时，右手滑
握枪头缨部，将枪上提至下颌前，左手滑把伸举于头顶上方，枪杆垂直倒立；
眼随枪头成右转乌龙倒取水式。（图 2-217）

以上连续动作组成翻身跺捋式。

要点：
① 发枪、握把要牢，换把、掉把要活。
② 转身换步，丁字形蹲步的步子要灵、要轻、要稳。
③ 整组动作手、眼、身、法、步都要气势贯通而协调。

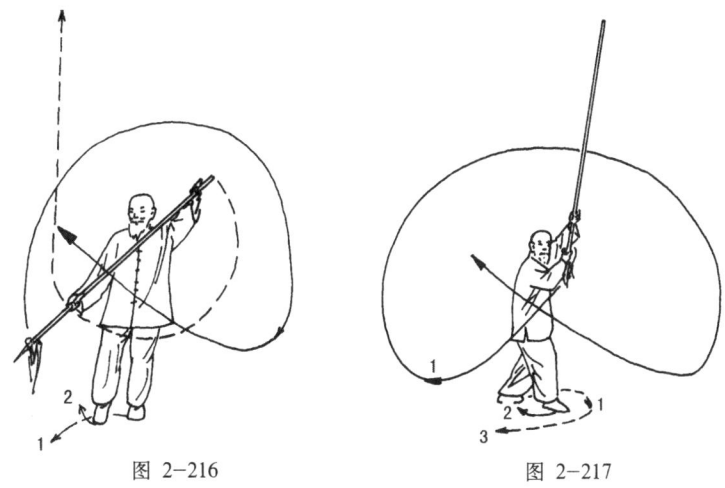

图 2-216   图 2-217

第三式 燕子飞天

动作说明：

1. 接上式。向右走转，圈数任意。由右转乌龙取水式变换为左转乌龙取水式。

当沿圈线转走到左脚在前时，停住，准备变式。（图 2-218）

2. 右脚向前扣上一步，身体左转，左脚向左后方正上一步；同时，枪头从左肋下向左、向下随转身穿钻刺出（左手前把，右手后把）；不停，两脚先不动，枪头从下向上、向右、向下划一大半圆，两手滑杆换把（令右手握枪中杆，左手握后把），捋枪下磕至枪杆横于小腹前；左脚外摆微进，右脚向左脚前方上步成高虚步；同时，右手滑至枪头缨部，握枪上提至下颌前，左手滑把伸举于头顶上方，枪杆垂直倒立成右乌龙倒取水式。（图 2-219）

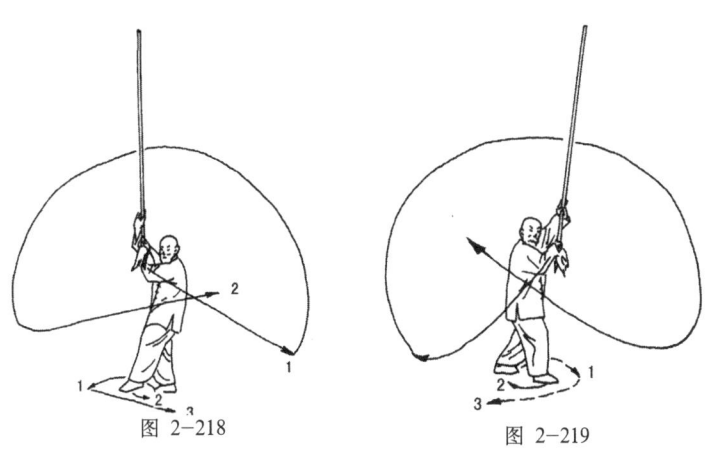

图 2-218   图 2-219

3. 接上动不停。向右走转到右脚在前时，停住，准备换式；左脚向前扣上一步，身体右转，右脚向右后方上一步；同时，枪头从右肋下向右、向下、随转身穿钻刺出（右手前把、左手后把）；不停，两脚先不动，枪头从下向上、向右、向下划一大半圈，两手滑杆换把（令左手握枪中杆、右手握后把），将枪下磕，至枪杆横于小腹前；右脚外摆微进，左脚上于右脚前方成左高虚步；同时，左手滑至枪头缨部，将枪杆上提至下颌前，右手滑把伸举于头顶上方，枪杆垂直倒立，成左乌龙倒取水式。（图2-220）

4. 接上动。沿圈线向左转走，圈数不限，走至左脚在前时，进行换式；右脚向前扣上一步，身体左转，左脚向左后方进一步；同时，枪头从左肋下向左、向下、随转身穿钻而出（左手前把、右手后把）；不停，两脚先不动，枪头从下向上、向左、向下划一大半圆，两手滑杆换把（令右手握枪中杆，左手握后把），将枪下磕，至枪杆横于小腹前；左脚外摆微进，右脚上于左脚前方成右高虚步；同时，右手滑至枪头缨部，将枪上提至下颌前，左手滑把伸举于头顶上方，枪杆垂直倒立成左乌龙倒取水式；向左转腰，目视场地中心。（图2-221、图2-222）。

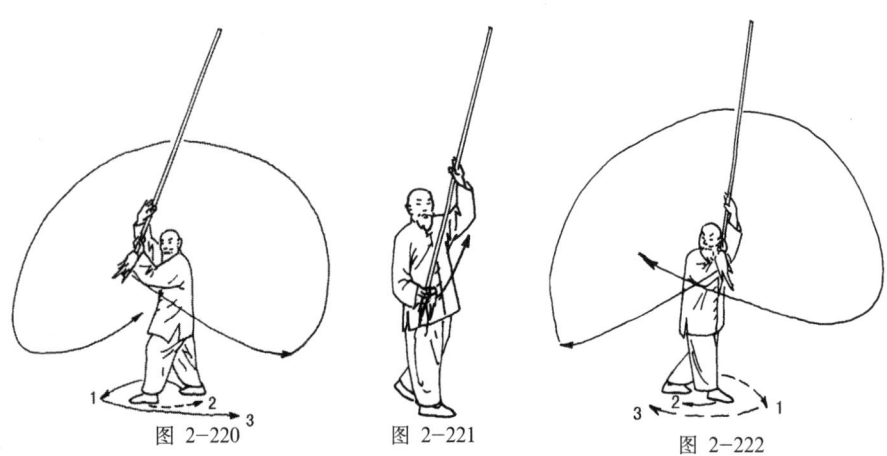

图 2-220   图 2-221   图 2-222

要点：

① 发枪、滑把、换把、掉把等枪把要活，不可放松。

② 整个燕子飞天式，运动时要连续自然，左、右换式要一气完成，不要停顿。动作要协调。

附注：

燕子飞天式在圆圈内走转运动，路线可以沿圈线走转，也可以在圆形区域内按"∞"形太极阴阳鱼图线的平面走转运动。唯需手、眼、身、法、步相协调，劲势通贯为要。

第四式　苍龙摆尾

动作说明：

1. 接上式。向右走转，圈数任意。由右转乌龙倒取水式，变换为左转乌龙倒取水式。

当沿圈线转走到北方且左脚在前时，停住，准备变式。（图2-223）

2. 接上动不停。右脚向前扣上一步，身体左转，左脚向左后方上一步成弓步；同时，枪头从左腋下随转身向左下穿钻刺出（左手握前把，右手握后把），目视枪头。（图2-224、图2-225）。

3. 接上动不停。左脚向左微进，脚尖外摆，两手持枪绕圆，右脚向左脚左前方绕上一步；同时，两手换把（令左手后把、右手前把），枪头随上右脚，向左前下方（东北）斜劈。目视枪头。（图2-226）

4. 接上动不停。右脚往左脚左方跨上一步，脚尖外摆，重心右移，左脚跟拔起成"丁"字形拗步；同时，枪头向上、向左后微向下拦截（枪尖离地20厘米），目视枪头。（图2-227）

图 2-223　　　　图 2-224

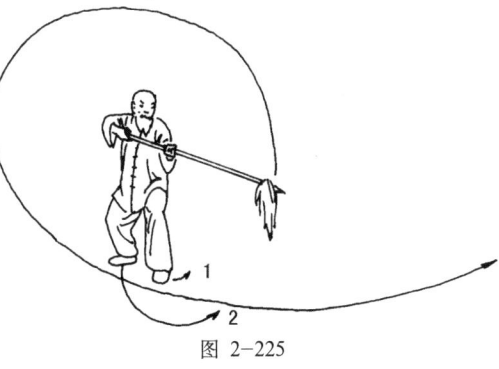

图 2-225

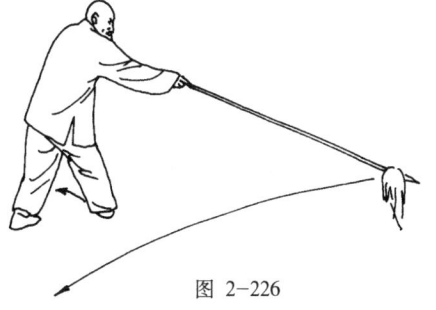

图 2-226

图 2-227   图 2-228

5. 接上动不停。右脚极力内扣，左脚外摆，身体左转 270°，右脚向左前方上一大步成右弓箭步；双手持枪随左转身水平转 360° 群拦一圈，在上右脚时，顺势向前截扎。目视枪尖。（图 2-228）

6. 接上动不停。重心后移，右脚横缩至左脚前，前脚掌（趾）着地，向左转身成右高虚步；同时，左把左抽，右把滑前，枪头向右横栏（摆）（图 2-4-229）；不停，右手滑握枪头缨部，将枪上提至下颌前，左手滑把伸举于头顶上方，枪杆垂直倒立，复向右转腰，面向场地中心成右乌龙倒取水式。（图 2-230）

要点：

① 整个苍龙摆尾式必须劲势自然，枪把灵活，动作协调。

② 持枪回环、群拦、圈枪，必须轻灵稳健。

③ 含胸、收臀。

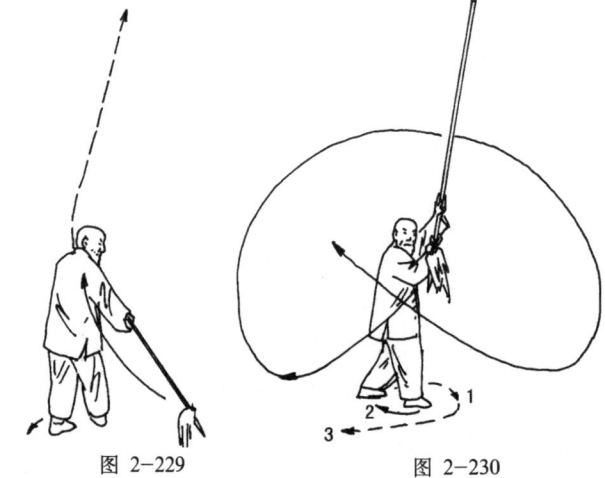

图 2-229   图 2-230

第五式 拨草寻蛇

动作说明：

1. 接上式。向右走转，圈数任意。由右转乌龙倒取水式，变换为左转乌龙倒取水式。

当沿圈线转走到北方且左脚在前时，停住，准备变第五式。（图2-231）

2. 右脚向前扣上一步，身体左转，左脚向左方上一步；同时，枪头从左肋下向左、向下随转身穿钻刺出（右手后把，左手前把）；在钻枪时，重心前移成左弓箭步；左脚微进，右脚向前上一步，身体左转；在上右脚前，两手挽枪划圆，使枪头在头顶上方向左、向后、再向右划一圆弧；此时，枪尖随上右脚向右、向前下方滑把钻刺，目视枪尖。（图2-232～图2-234）

3. 接上动不停。枪尖在前下方向右横拨，再连续向左横拨；在向右横拨时，右脚向后退一步；同时，两手掉换把（左手前把，右手后把），枪头向右横拨（拦），左脚向后退一步，两手掉换把（右手前阳把，左手后阴把），目视枪尖。（图2-235、图2-236）

图 2-231

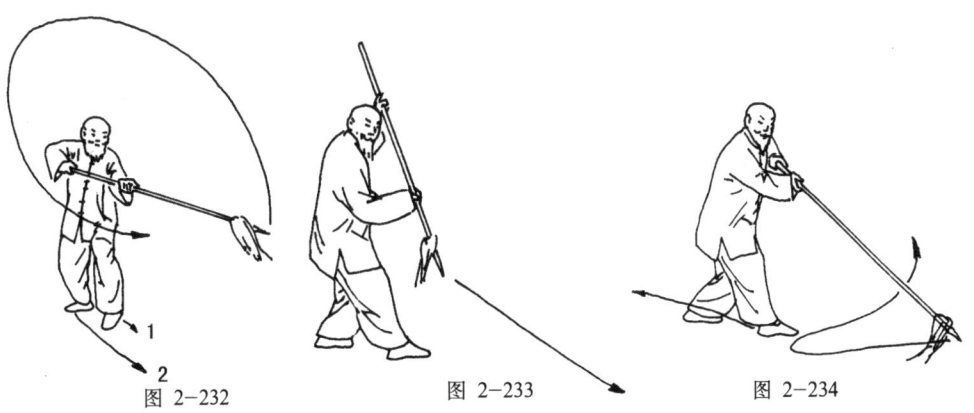

图 2-232 　　　　　　图 2-233 　　　　　　图 2-234

4. 接上动不停。左脚向前盖上一步、脚尖外摆，右脚跟拔起，身体下沉成"丁"字形拗步；同时，枪头在前方逆时针划一立圆成左拿枪式并连续向下、向前探身前扎。（图2-237）

5. 接上动不停。立起，右脚踏实，左脚极力内扣，身体右转360°，右脚外摆，左脚向左上一步，右脚再向前方圈线挪上一步，前脚掌着地，成右高虚步；同时，两手持枪，枪头随转身从下向右、向上划弧，继向后

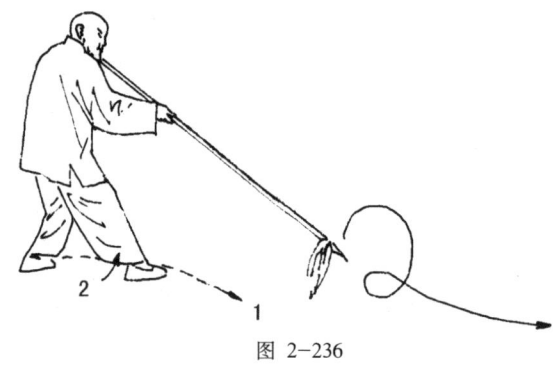

图 2-235

图 2-236

转身，枪头随转身在头顶上方再向右、向下两手掉把划一大圈；不停，枪头从左下向上、向右、向下两手掉把（做右手前把，左手后把），捋手下磕，不停，此时上左脚、挪右脚成右高虚步；右手滑把握枪头缨部，随势上

图 2-237

提至下颌前，左手滑把伸举于头顶上方，使枪垂直倒立成右乌龙倒取水式。向右转腰，目视圆心。（图 2-238、图 2-239）

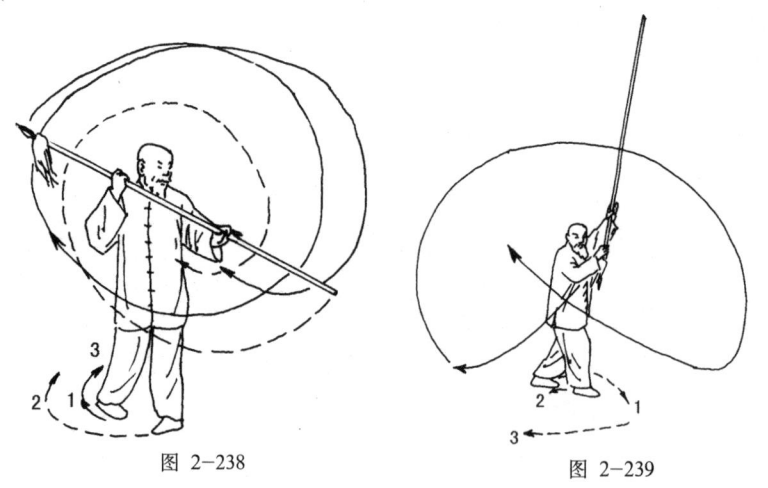

图 2-238

图 2-239

要点：

① 左、右横拨枪要连续使用，来回不要停顿。左、右拨枪换把要用

身法和腰腿劲；要使步、身、枪配合协调。

② 乌龙倒取水的枪头、运动轨迹共计转环两圈，运动时不要停顿，一气呵成。

附注：

本篇介绍的横平拨枪法是退步连续掉换枪把的练法。亦可练为不掉换枪把，始终是左后把、右前把，随连续退步势做左、右来回摆动的横拨枪法。

图 2-240

第六式 脱身换影

动作说明：

1. 接上式。向右走转，圈数任意。由右乌龙倒取水式，变换为左转乌龙倒取水式。

当沿圈线转走到北方且左脚在前时，停住，准备变第六式。（图 2-240）

2. 右脚向前扣上一步，向左后转身，左脚向左后方上一步；同时，枪头从左肋下向左、向下随转身穿钻刺出（左手前把，右手后把）；在钻枪时，重心前移成左弓箭步。（图 2-241）

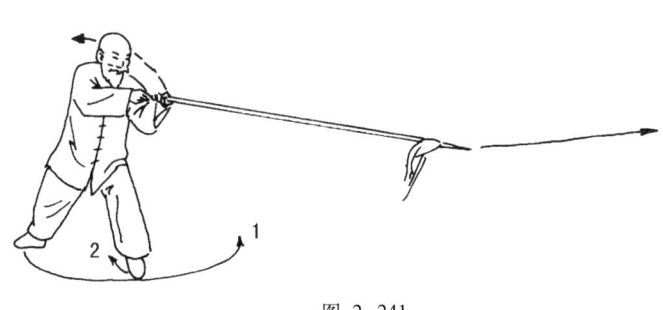

图 2-241

3. 左脚微进，右脚向左脚的左方绕上一大步，脚尖内扣，左脚跟拔起成正"丁"字形步；同时，右手单握枪伸臂向前直（平）刺，左手变掌向左伸展（掌心向外，余指斜向上），目视枪尖。（图 2-242）

4. 接上动。左脚极力外摆，重心移向左腿，右脚向左脚左前方扣上一大步，合计转身360°；同时，右手单握枪，伸于前方；而右臂微抬，左

转矮身从右臂下钻过（枪的方向基本不变），目视枪头（图2-243）；重心右移，左脚向右脚前挪移身体右转左高虚步；同时，

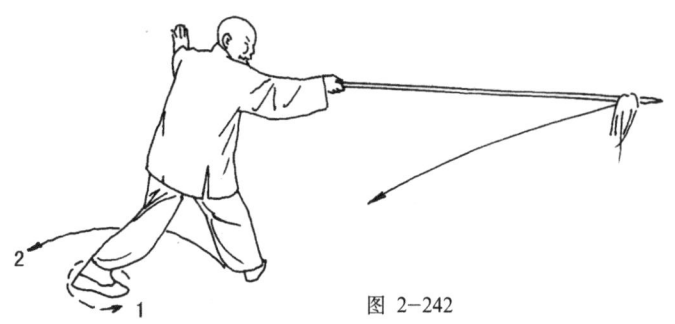

图 2-242

左手接枪，右后把上提，枪尖斜向下。（图2-244）

5. 接上动。左脚向左前方进一步，右脚向前方上一步成右弓箭步式；在上步前，两手挽枪，使枪头从下向左、向上（头顶上方换把，右前把、

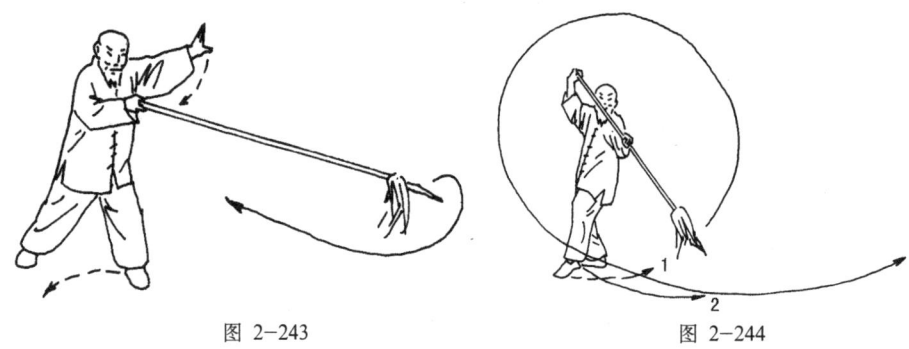

图 2-243 　　　　　　　　　　　　　图 2-244

左后把）、再向右随上步劲向前、向下斜截（或扎），目视枪头。（图2-245）

6. 接上动。重心后移，右脚回撤至右脚前的圈线上成右虚步；同时，右把滑至枪头缨部，随势上提至下颌前，左手滑伸举于头顶上方，使枪杆垂直倒立，目光随枪头移动；向右转腰，面对场地中心成右乌龙倒取水式。（图2-246）

要点

① 右臂举枪、转身360°和从右臂下钻过，要用腰腿劲，走转步法要轻灵、稳健、自然。枪法、身法、步法要合一（协调一致）。

② 右手持枪伸臂钻刺时，臂不可伸直。

③ 收臀。

图 2-245

图 2-246

第七式　玉女穿梭

动作说明:

1. 接上式、向右走转，圈数任意。由右转乌龙倒取水式变换为左转乌龙倒取水式。

当沿圈线转走到北方且左脚在前时，停住，准备变第七式。（图 2-247）

2. 右脚向前扣上一步，向左后转身，左脚向左方上一步；同时，枪头从左肋下向左、向下随转身穿钻刺出（右手后把、左手前把）；在钻枪时，重心前移成左弓箭步。（图 2-248）

图 2-247

图 2-248

图 2-249

图 2-250   图 2-251

3. 左脚微进，脚尖外摆，右脚向前上一步，身体左转；同时，左手滑把前握，右手滑把用枪柄向前横扫（亦用后把向上、向前、向下盖压）成中盘步；目光先随枪尖移动，扫把时再注视枪后把。（图 2-249）

4. 接上动。左脚向左前上一步，右脚向左前跨上一步；同时，两手举枪，使枪头在头顶上方绕圈换把（左手握后把，右手滑至中把）从左向后、向右随上步向前、向下斜劈，目视枪头。（图 2-250）

5. 接上式。左脚向右脚右前方绕上一步，右脚随跟成左弓箭步；同时，两手滑把，用后把随上步向前横扫，高与腰齐，目视后把。（图 2-251）

6. 接上动。两脚位置不变，身体左转180°；同时，两手向后滑把，用枪头向上、向前、向下劈击，目视枪头。（图 2-252）

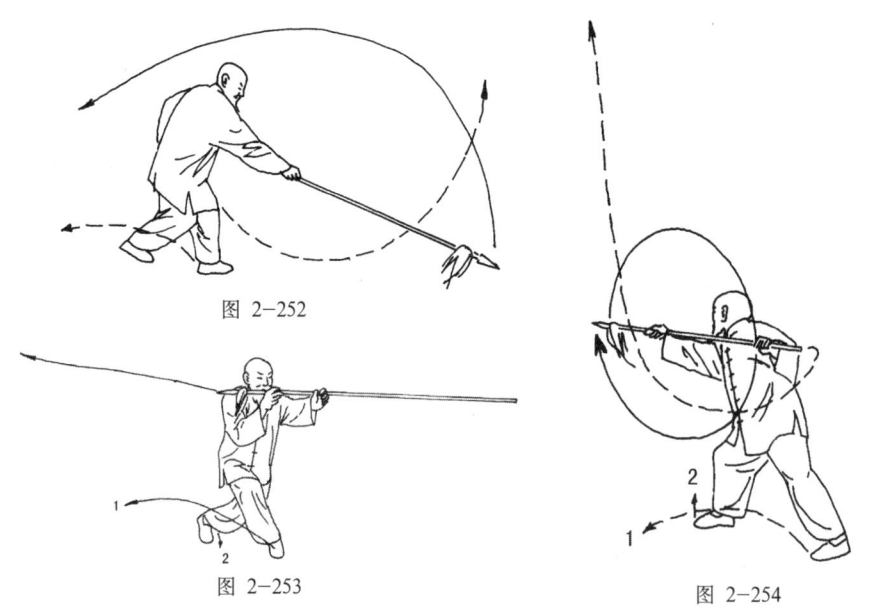

图 2-252

图 2-253   图 2-254

7. 重心后移至右腿，左脚向后退一步，身体右转成丁字形拗步；同时，两手滑把，用左手后把向下、向前、向上崩挑，右手握枪缨部屈臂抽回至右肩前，枪杆呈水平，与肩同高。目视后把端。（图2-253）

8. 接上动。重心后移，右脚向后撤一大步，向右后转身160°成右弓箭步；同时，两手持枪随转身向后方平刺，右臂伸，左臂屈，目视枪尖。（图2-254）

图 2-255

9. 接上动。左脚向圈线上一步，脚尖内扣，向右转身180°，右脚挪于左脚前方的圈线上，前脚掌着地成右高虚步；同时，右手后把向前、向上挑，枪头则顺势向上、向右、向下划弧至右下方；在右脚移动时，右手握枪头缨部上提至下颌前，左手滑把伸举于头顶上方，使枪垂直立成右乌龙倒取水式，向右转腰，目视中心。（图2-255）

要点

① 整个动作要连续、自然，劲势顺遂，要枪法、身法、步法、协调一致。

② 在运枪中，枪把要活，伸臂不可太直，不可僵硬和用拙力。

③ 收臀。

第八式　指南金针

动作说明：

1. 接上式。向右走转，圈数任意。由右转乌龙倒取水式变换为左转乌龙倒取水式。

当沿圈线转走到北方且左脚在前时，停住，准备变第八式。（图2-256）

2. 右脚向前扣上一步，向左后转身，左脚向左上一步成中盘式；同时，枪头从左肋下向左、向下随转身穿钻刺出（右手后把，

图 2-256

155

左手前把）。目随枪尖移动（图2-257）。

接上式不停，横枪上抬，左脚微进，右脚向前上一大步，向左转身成右弓箭步；同时，两手挽枪缠圆，使枪头在头顶上向左、向后、再向右划一圆弧；此时，枪头随势向右、向前做滑把横截，目视枪头。（图2-258、图2-259）

图 2-257

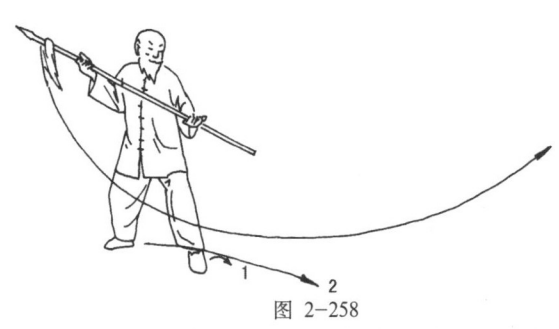

图 2-258

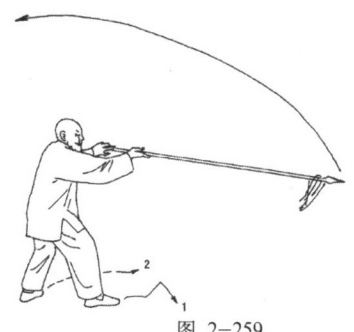

图 2-259

3. 接上动不停。右脚向前跳进一步，左脚提起成右独立步，迅即向左方下落，脚尖外摆，右脚跟拔起成"丁"字形拗步；同时，两手握枪上提，随跳步左手放把、右手执枪后把，舞枪；使枪头向左、向后、向右、向前在头顶上方划一圆；动作不停，当枪头在前方时，右手回抽，左手接枪前把，使枪尖向右、向下刺，同时，右手滑把用后把向前盖压。动作不停，右脚向前上一大步成右弓箭步；同时，用枪后端向前顶戳。目光先随枪头动作移动，后视枪后把端。（图2-260～图2-263）

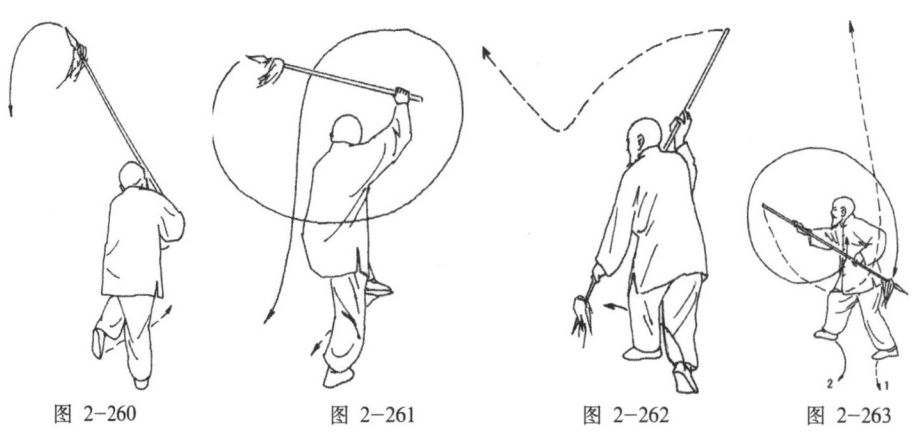

图 2-260   图 2-261   图 2-262   图 2-263

4. 接上动。左脚向左进一步，右脚向左脚前圈线上一步，向左转身成右高虚步；在左脚进步前时，枪向左串，用枪头向上、向右、向下划大半圆下磕，两手倒把（右手前把，左手后把）；右手滑把握枪头缨部，随势上提至下颌部，左手滑把伸举于头顶上方，使枪垂直倒立成右乌龙倒取水式；向右转腰，目视场地中心。（图2-264、图2-265）

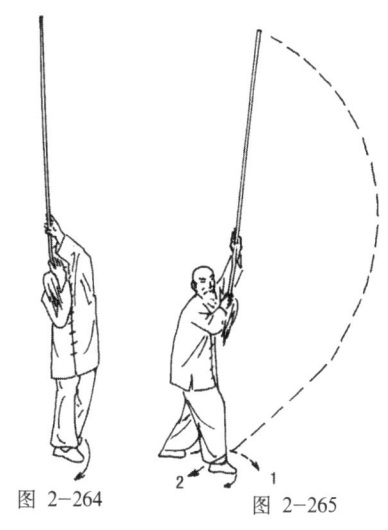

图 2-264   图 2-265

5. **收势**

接上动。乌龙倒取水式，向右转走，圈数任意；掉把换式，左、右演练，均可。如要收式，则走转到北方，右脚在前时，右脚微外摆，左脚跟上一步，与右脚并立；同时，左手松把，右手单握枪，令枪后把从上向前、向下、向右立于右脚外侧；同时，右把下滑至中杆，左掌亦同时下按，掌心向下，与右手位置相对，还原收势，与起势预备势相同。（图2-266）

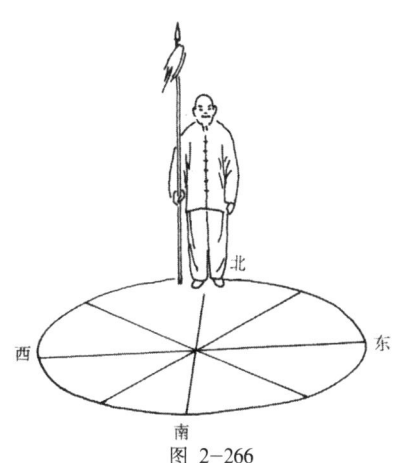

图 2-266

要点：

① 整个运动的劲势要顺，换把要灵活自然。跳步挽圈的动作要用腰腿劲，手、枪、步要配合协调。

② 在运枪发劲时不可用拙力。

③ 收臀。

④ 收势要求动作自然、协调，缓慢稳健。收势位置仍在起势位置。

此照原刊登于《中华武术》1987 年 4 月封面

八卦子午阴阳鸡爪锐

八卦子午阴阳鸡爪锐是八卦掌门短小双械成对的奇形兵器，如图2-267所示。

子午阴阳鸡爪锐的械长64厘米，前端为梭形尖刺，后端为鸡头形锐冠和喙钩；锐身剑形，外侧有刃，锐前部为格形护手握柄，侧面为翘形外刃，柄前为格挡，挡端对边外有三个鸡爪形钩，全体钢制。柄孔可系绸彩。子午阴阳鸡爪锐的各部名称，如图2-268，把握方法如图2-269所示。

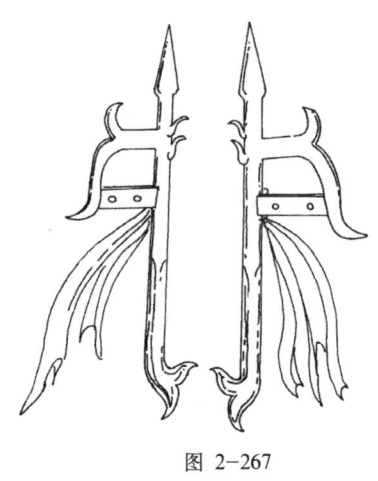

图 2-267

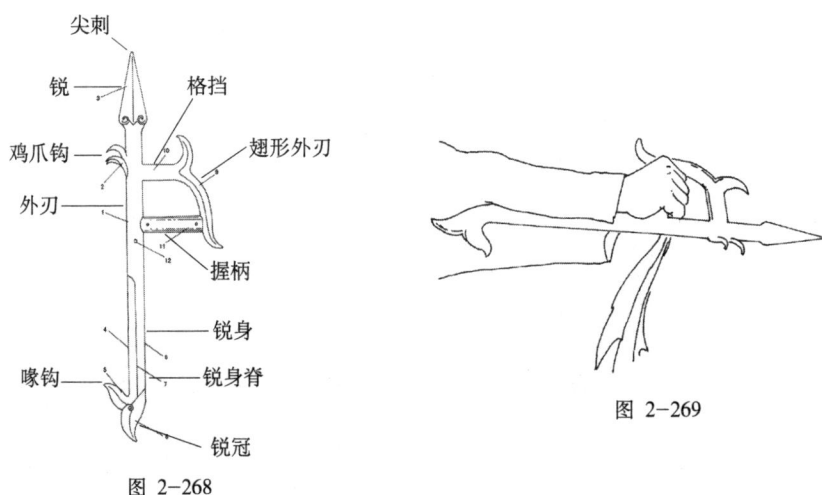

图 2-268

图 2-269

这种多尖多刃，多功能的小巧器械，难练难用；必须具有一定的八卦掌功力，有灵捷身形、身法，且轻功较佳者，方能得心应手，运用自如，不致被锐械本身创伤肢体。

相传八卦子午阴阳鸡爪锐是董海川祖师最喜爱的兵器，奇形怪巧，轻便多能,运如流星袭月,彩凤御风,势若电光流火,惊蛇翩蝶。鸡爪锐的演练,也是在一圆形区域内走转运动,求变化、求生动灵活的。它的技法应有尽有,如:封、闭、锁、拿、勾、爬(páo)、捋、带、穿、刺、云、截、劈、挑、盖、扎、剪、切、撩、剁、撕、叉、掉、拦、提、抄、摆、拉、捣、划、托、扫三十二字诀。子午阴阳鸡爪锐的练法,有单练(双锐)和对练(对抗其他兵器),运动特点,十分独特。

子午阴阳鸡爪锐传统套路歌诀（练法口诀）

出步架肘走三环, 扣步外截往上穿。
扭步翻身朝下盖, 翻身倒步是还原。
回身刺膝穿向下, 刺项锁喉左右拦。
进步扎心紧跟连, 退步速发捋当先。
左右劈山似风捲, 盖带连用肘下拳。
转身忙动磨盘肘, 下走盘龙首尾连。
翻身切记忙压肘, 削耳快把刀上肩。
顶肘转身即刺肋, 再打盖顶是托天。
箭步追风似闪电, 退步展翅马加鞭。
行似白鹤云中现, 走如燕子柳林穿。
刀剑封避随势使, 枪棒一拿疾带还。
强敌进取须用力, 无故莫使可避难。

运动场地

选直径 4 米的平整场地,另画内圆,直径 3 米,通过圆心做东、西、南、北轴线(四正)和四个角线(四隅),即乾、坎、艮、震、巽、离、坤、兑八方定位,如图 2-270 所示。

符号图例

⬤ 表示人位,白半为前、黑半为后。
实线表右锐剑刺的运动轨迹。
虚线表左锐剑刺的运动轨迹。

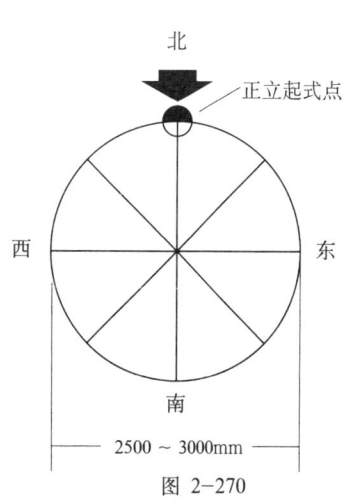

图 2-270

实线半边箭头表右脚动态线路，数字表示先后步序。

虚线半边箭头表左脚动态线路，数字表示先后步序。

编写说明

八卦子午阴阳鸡爪锐传统套路所介绍的是单向练法，亦可左右对称锻炼。起势位置不定，圈数自选，甚为自由。

本篇所介绍的为高架子练法，练者可以根据自身条件，架子可以放低，这样则功力要求较深。

一、出步架肘走三环　扣步外截往上穿

动作说明：

1. 预备势。练者两手持锐，正立于内圆北端的圈线上，面对圆心，两锐剑刺下垂。立身中正，沉肩，尾闾中正，两脚平行站立，自然，眼平视，凝神，准备起势。（图2-271）

2. 起势。左脚向后退一步，右脚微撤，脚尖点地成右虚步；同时，两手持锐向前从下向左、向上复向中划弧摆动，向左转身，目视左锐。（图2-272）

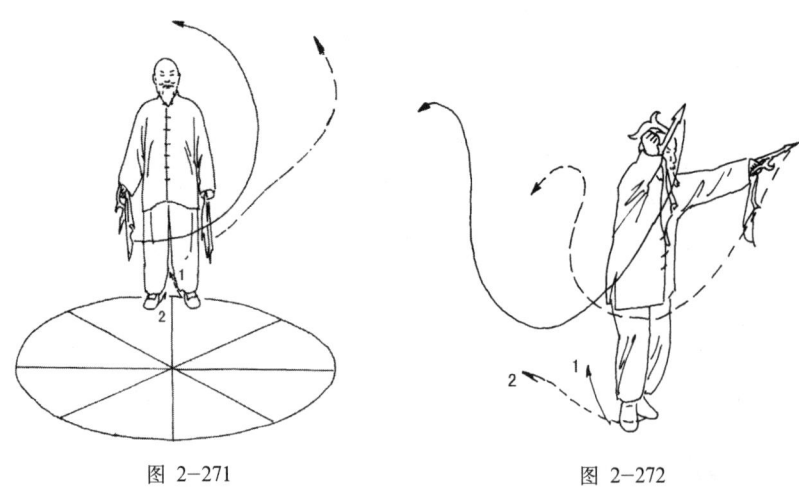

图2-271　　　　　　　　　　图2-272

3. 接上动不停。右脚向右方横挪一步，左脚右移至右脚前的线圈上，前脚掌着地，向右转身左虚步式；同时，两锐随移步向下、向右复向上划弧，右锐在右后方翻向上，伸举于右额前上方（握把、拳心斜向上），左锐从右翻向上至右腋前，向左转腰，左锐则平着向前、向圆心横扎（握把、拳心向下），两锐右上左平展开，目视左锐，面向场地中心，为锦鸡撒膀式。（图2-273）

4. 接上动。左锦鸡撒膀式，向左转走，圈数任意不限。当沿圈线转走到西北方且左脚在前时，停住，准备变式如图2-273所示。

5. 接上动。右脚向上扣上一步，向左后转身，左脚向左后摆上一步，右脚再向左上一步，向左转身360°成高右弓箭步；同时，两锐随转身向下、向左复向上、再向左上方用鸡爪勾带至右上方，目光随右锐移动。（图2-274、图2-275）

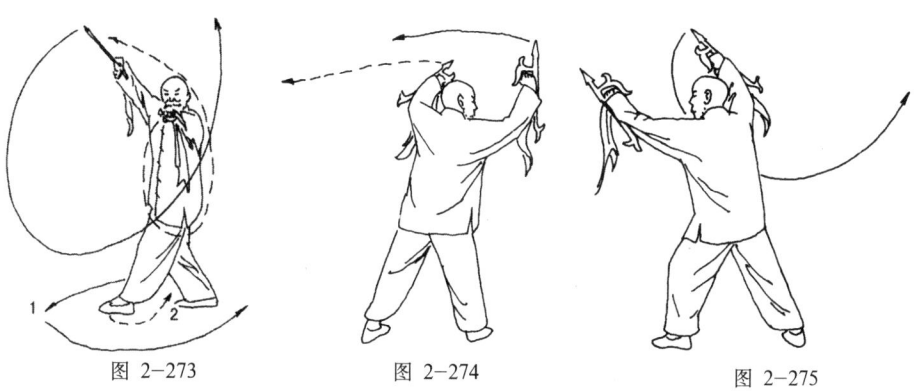

图 2-273 图 2-274 图 2-275

6. 接上动不停。两脚不动，左锐前伸，右锐向下、向右、向上反撩至右方，两锐左右展开。（图2-276）

7. 接上动不停。左脚向右后方退一大步，右脚内转，向左转身160°；同时，两锐随转身用爪向左后勾带，两锐左右伸展、目视右锐。（图2-277）

8. 接上动不停。左脚向左横移一小步，脚尖外摆，右脚顺势移于左脚前的圈线上，向左转身成右虚步；同时，左锐从左向上划弧翻至左前上方，右锐亦同时向下、向左翻至与肩同高，复向前、向圆心平移，向右转腰，面部和锐都向圆心成右转锦鸡撒膀式。（图2-278）

要点：

① 两锐动作和身法、步法要劲势连续自然，技法清楚，配合协调。发劲和动作要合一。

② 持锐的手臂均不可伸直，亦不可太屈。收臀。

③ 两锐运动时，先求缓慢准确，后求熟练加快，不要随意舞动，以免创伤肢体。

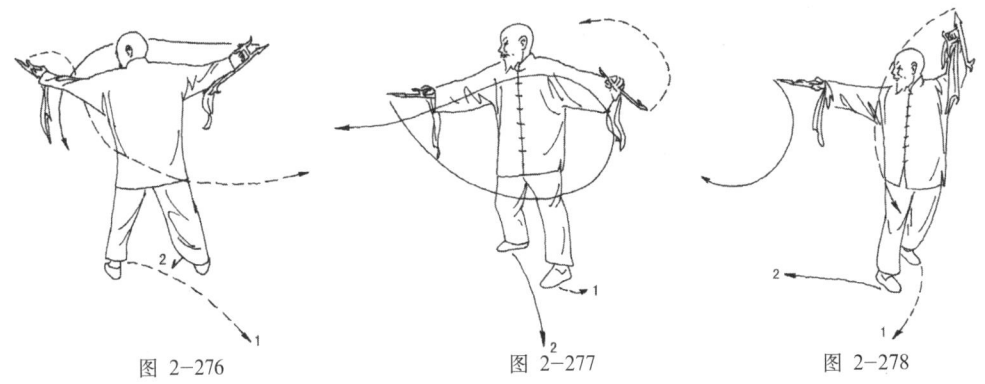

图 2-276　　　　　　图 2-277　　　　　　图 2-278

二、扭步翻身朝下盖　翻身倒步是还原

动作说明：

1. 接右转锦鸡撒膀式，向右转走，圈数任意不限。当沿圈线转走到东北方向且右脚在前时，停住，准备变式。左脚向前扣上一步，左脚向右前方上一大步，向右转身约90°成右弓箭步；同时，右锐向上、向左、向前挽一圈向前平扎，左锐从上向下划弧至左胯外侧，身体微向前探，目视右锐剑刺。（图2-279）

图 2-279

2. 接上动不停。右脚外摆，左脚向前跨上一步，向右转身成左弓箭步；同时，右锐内旋拉回至右胯侧；左锐从下翻上向上、向前、向下盖压，目视左锐。（图2-280）

3. 接上动不停。左脚外摆，右脚向前上一大步，向左转身180°成右弓箭步；同时，左锐向下、向后爬回至左后方，右锐则从下向右、向上、向前斜截，身体向前探，目视右锐。（图2-281）

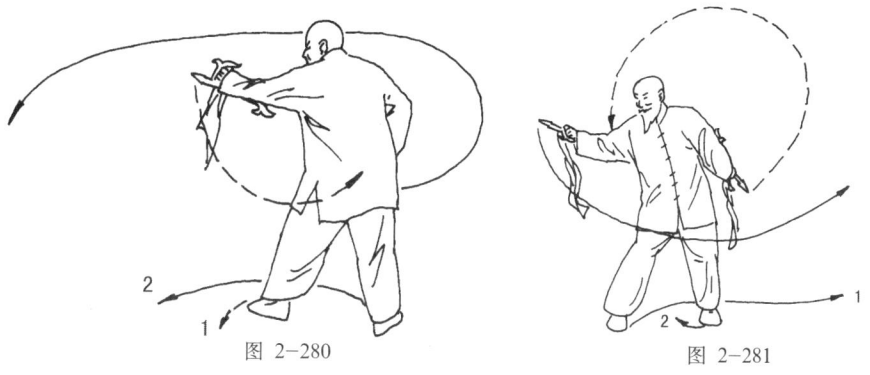

图 2-280　　　　　　　　　　　　图 2-281

4. 接上动不停。右脚后退一大步，左脚转正；同时，右锐向下随退步向右后勾带，左锐从后下方翻上向前划弧向下斜劈（图 2-282）；左脚向左后退一大步，右脚内扣，向左转身约 120°成左弓箭步；同时，左锐向下随转身向左方勾带，右锐在原处随动。（图 2-283）

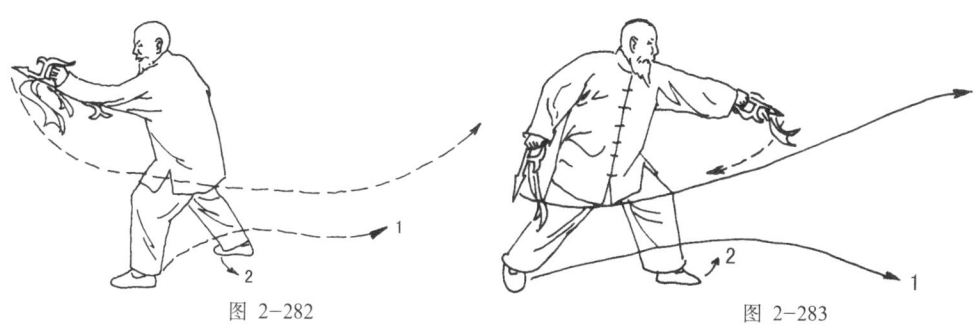

图 2-282　　　　　　　　　　　　图 2-283

5. 接上动不停。右脚向前上一大步，左脚随跟，向左转身成右弓箭步；同时，左锐向左、向后带，右锐以剑刺随上步向前平刺，目视右锐剑刺。（图 2-284）

6. 接上动不停。左脚向前圈线上跨上一步，右脚随势上于左脚前的圈线上成右虚步，向右转腰，面向圆心；同时，左锐从下向左、向上划弧上举于左前上方，右锐随势向右前方平扎。目视右锐剑刺，向右转腰，面、剑刺均向场地圆心，是为右锦鸡撒膀式。（图 2-285）

要点：

① 整个动作要协调。上步、转身、退步、都要轻巧自如，发劲时锐法、身法、步法要合一。

② 运锐时两臂均要圆屈，不可伸直。

③ 此动作连续不断、大开大合，不可散漫无神。

图 2-284　　　　　　　　　　　　　图 2-285

三、回身刺膝往下穿 刺项锁喉左右拦

动作说明：

1. 接上式。右转锦鸡撒膀式，向右转走，圈数任意不限。当沿圈线转走到东北方且右脚在前时，停住，准备变式。

2. 接上动。左脚沿圈线向前扣上一步，右脚往右后撤上一大步，向右转身成左弓箭步；同时，左锐从左上向下、向前阴把（握把拳心向下）穿刺，右锐向右下捋带，目视左锐。（图2-286）

图 2-286

3. 接上动不停。右脚向前上一大步成右弓箭步；同时，左锐回拉至左腰侧，右锐向前直刺；两脚不动，右锐回拉至右腰侧，左锐向前直刺，如此连续右、左两刺，目视前刺。（图2-287、图2-288）

4. 接上动不停。右脚前进一步，左脚随跟，步型不变（右弓箭步式）。在进步前，左锐微向下，而在进步时，两手同时向前抖腕，两把上翻，使两锐喙钩从下向前、向上调出，两锐脊在胸前平搭交叉成"十"字形（左锐在上、右锐在下，两锐阴把，握把拳心向下）；不停，随右脚进势，两

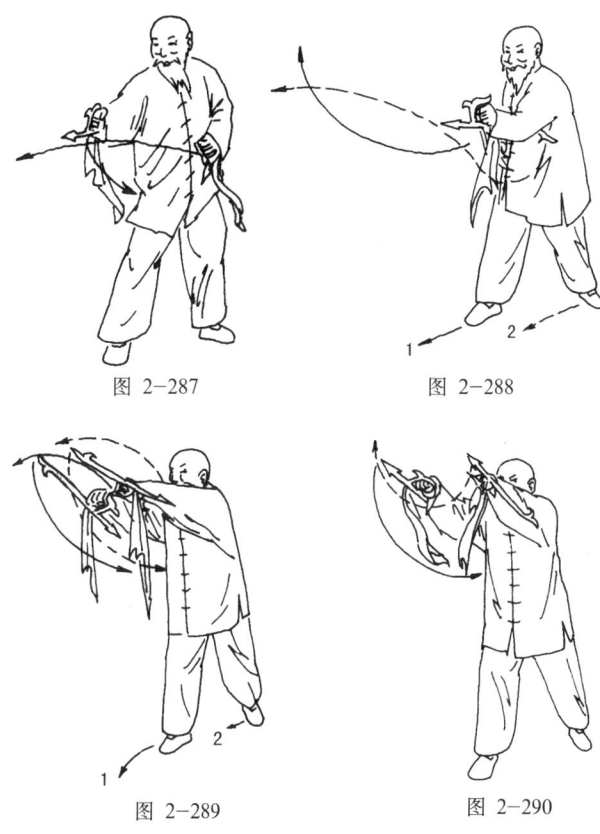

喙钩相对向前分向左右剪切（两冠钩平行前伸，与喉同高），此为双锐锁喉法。两臂前伸，目视锐冠。（图2-289）

5. 接上动不停。两手微下沉抖腕，锐冠转回肘部，剑刺转向前，右脚前进，左脚跟进，步型不变，两锐剑刺随进步平行向前直刺（两锐阴把，与鼻同高），目视双刺。（图2-290）

6. 接上动不停。两脚原地不动，右锐划弧往右下撕拉至右胯前，左锐外旋，翻腕成阴把向上拦托（锐刃斜向上），目视左锐；右脚向后退一步成左弓箭步；同时，右锐外旋向上、向前、向左拦托，左锐内旋向下、向左撕拉至左后方，目光跟随两锐移动。（图2-291、图2-292）

图 2-287　　　　图 2-288

图 2-289　　　　图 2-290

图 2-291

图 2-292

7. 接上动不停。左脚向左横移一步，脚尖外摆，右脚再向前上一步，脚尖内扣成中盘步，向左转身270°；同时，右锐向右、向下、向前、向上用鸡爪、锐刃划一大立圆至右前上方，左锐随转身在左下方用剑刺划一平圆，目光随右锐移动。（图2-293～图2-295）

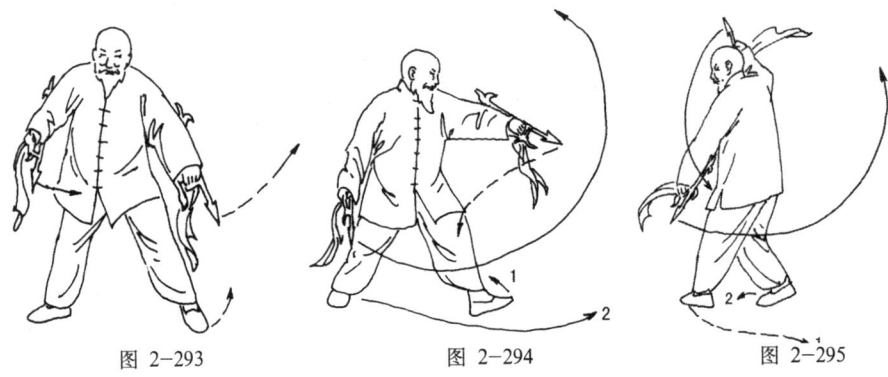

图 2-293   图 2-294   图 2-295

8. 接上动不停。左脚向后退一步，右脚上于左脚前的圈线上成右虚步；向左转身约120°，再向场地圆心转腰，面对圆心；同时，左锐向左后、向上划弧停于左前上方，右锐亦随转身向左、向上到左肩前，转向圆心方向平扎（阴把与肩同高），向右转腰，目视右锐剑刺。（图2-296、图2-297）

要点：

① 两锐连环右刺、左刺要连续，要用腰腿劲。两臂不可伸直。

② 锁喉锐法，转把、掉头，要灵活自然，用腰腿发劲、抖腕；劲势要顺不可僵硬。

③ 右锐划立圆、左锐划平圆，都是随转身劲势、要圆滑，不可停顿断劲。两臂圆屈，不可伸直。

④ 整个动作步法要轻，身法要灵，发劲要整。收臀。

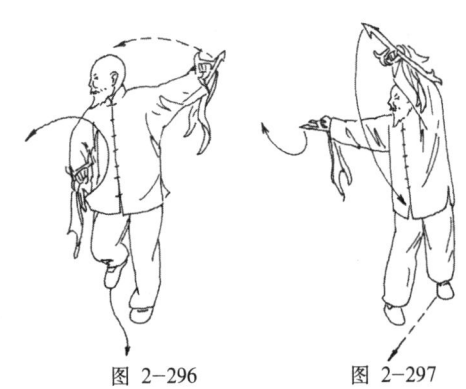

图 2-296   图 2-297

四、进步扎心紧跟连 退步速发挷当先

动作说明：

1. 接上式。右转锦鸡撒膀式，向右转走，圈数任意不限。当沿圈线转走到东南方且右脚在前时，停住，准备变式。

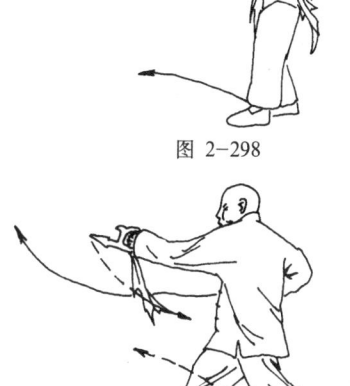

图 2-298

2. 接上动不停。左脚向前上一步（微扣），向右转身约90°面向圆心；同时，左锐从左上向下划弧拉回至左腰侧（鸡爪向下），右锐则外旋向圆心平扎（与心同高）、目视右锐剑刺。（图2-298）

3. 接上动不停。右脚向前快上一大步；同时，右锐爬回至右腰侧，左锐向前直刺，目视左锐。（图2-299）

图 2-299

4. 接上动不停。右脚踏实，左膝提起（脚尖微勾）成右独立步；同时，左锐爬回至左肋侧，右锐向前直刺（与喉同高），目视右锐。（图2-300）

5. 接上动不停。左脚向后退落成右弓箭步；同时，右锐回爬至右肋侧，左锐随退步向前直刺（与胸同高），目视左锐剑刺。（图2-301）

6. 接上动不停。右脚向后退一步，左脚随跟成右中盘步，向右转身180°；同时，两锐同时（左锐微外旋、右锐微内旋）随转身向下、向右挷带，左锐内旋成阴把至左前上方，右锐外旋成阳把平胸刺出，目视右锐。（图2-302）

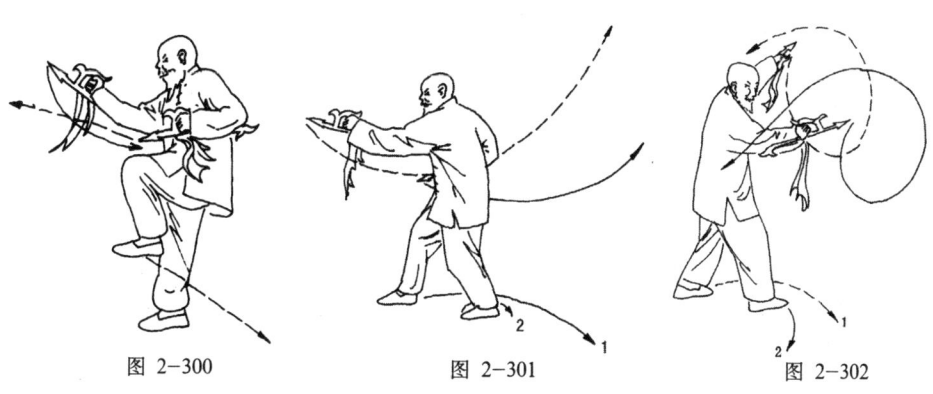

图 2-300　　　　　　图 2-301　　　　　　图 2-302

7. 左脚向圈线扣上一步，右脚上于左脚前的圈线上，向右转身成右虚步；同时，左锐向下、向左、向上划弧至左前上方，右锐亦向下、向左、向上至胸前时，向右（场地圆心）转腰横扎，目视右锐剑刺成锦鸡撒膀式。(图2-303)

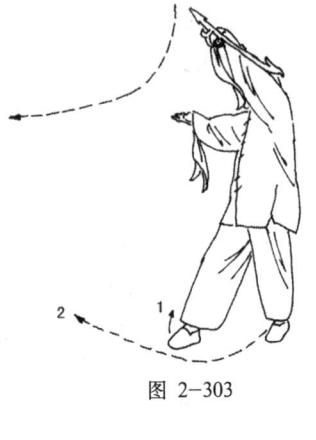

图 2-303

要点

① 刺心、刺喉的动作是在行进中进行的、动作要连环、协调，劲力整齐。直刺力点在剑刺、爬回力点在鸡爪。

② 右转身两锐捋带，主导力量要向下。

③ 独立直刺动作停顿要稳，左、右、上、下发劲平衡。

④ 收臀。

五、左右劈山似风卷　盖带再用肘下拳

动作说明：

1. 接上式。右转锦鸡撒膀式，向右转走，圈数任意不限。当沿圈线转走到东南方且右脚在前时，停住，准备变式。

2. 接上动。右脚外摆，左脚向右前方绕上一步成左弓箭步式；同时，右锐内旋向右后回带，左锐外旋从上向下、向前微向上横截（与肩同高），目视左锐。（图2-304）

图 2-304

3. 接上动不停。左脚外摆，右脚向左脚左前方上一步，向左转身约180°，身体下沉成马步；同时，左锐内旋翻向下、向右勾带，右锐从右后翻上再向前划弧向下盖扎，目视右锐。（图2-305）

4. 接上动不停。右脚向左后方退一步，左脚随跟，向右后转（翻）身，左脚向前上步，右脚再向前上一步成右弓箭步；同时，两臂

图 2-305

伸展，随翻身右锐向上、向后、向下抡劈，左锐翻上抡圆向前、向下抡劈；动作不停，右锐从右下方外旋用鸡爪刃侧向右向前斜截，目光随锐移动。（图2-306、图2-307）

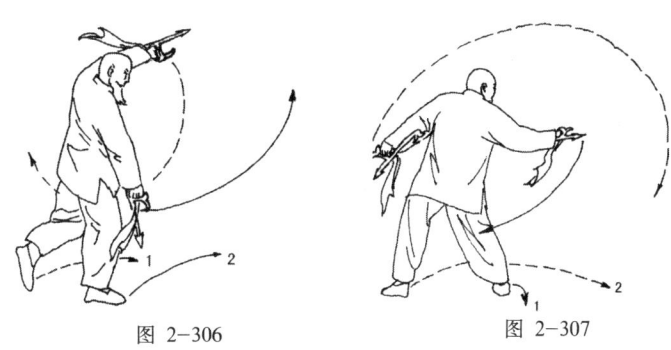

图 2-306　　　　　　　　　图 2-307

5. 接上动不停。右脚外摆，右脚向右前上一步，身下沉成偏马步；同时，右锐内旋拉回，左锐从后翻上再向上、向下盖扎，目视左锐。（图2-308）

6. 左脚前进一小步，右脚上于左脚前的圈线上，向右转身成右高虚步；同时，左锐从下向后、向上划弧至左前上方，在左锐上划的同时，向左转腰，右锐随势从下向左、向上划弧至与左肩相平时，变阴把并以锐剑刺向右方平扎，向右转腰，面和剑刺均向场地中心。目视右剑刺，此为右锦鸡撒膀式。（图2-309）

图 2-308　　　　　　　图 2-309

要点：

① 翻身抡劈和进步抡劈是转环大身法的连环动作，不可停顿和断劲力。

② 盖扎、抡劈和斜截时，手、眼、身、法、步都要配合协调而自然。

③ 整个动作的手臂都要圆屈、不可伸直。收臀。

六、转身忙动磨盘肘 下走盘龙首尾连

动作说明：

1. 接上式。右转锦鸡撒膀式，向右转走，圈数随意不限。当沿圈线转走到东面且右脚在前时，停住，准备变式。

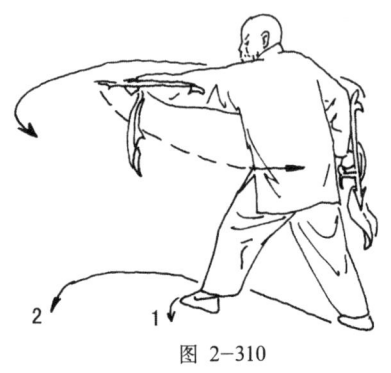

图 2-310

2. 接上动。右脚外摆，左脚向右前方绕上一步，向右转身约 120° 成左弓箭步；同时，右锐内旋向下拉回至右胯前，左锐向下、向左、向前划弧斜截（与肩同高），目视左锐剑刺。（图 2-310）

3. 接上动。左脚外摆，右脚向左脚前上一大步，向左转身约 160° 成马步；同时，左锐阴把用鸡爪剑刺向左、向后、微向下划弧平带至左方（与肋同高）；右锐随上步转身用锐刃、喙钩贴前臂向前（西）水平平扫（与肩同高），目视右喙钩。（图 2-311）

4. 接上式。左脚向右脚右方（西）撤一步，向左后转（翻）身 180° 成左弓箭步；同时，左锐锐背贴靠左前臂，随转身用锐冠后捣，左臂向左摆直，用锐刃横斩，右锐随着移动，目视左锐。（图 2-312）

5. 接上动不停。右脚向左脚前扣上一步，左脚向左后滑退一步，向左后转身 270°；同时，左锐阴把，锐背贴靠左前臂，用鸡爪和剑刺随转身伸臂向后水平带划一圈；右锐阴把，锐背贴于右前臂，用刃和喙钩随转身向前水平勾、扫划一圈，目视右肘锐。（图 2-313）

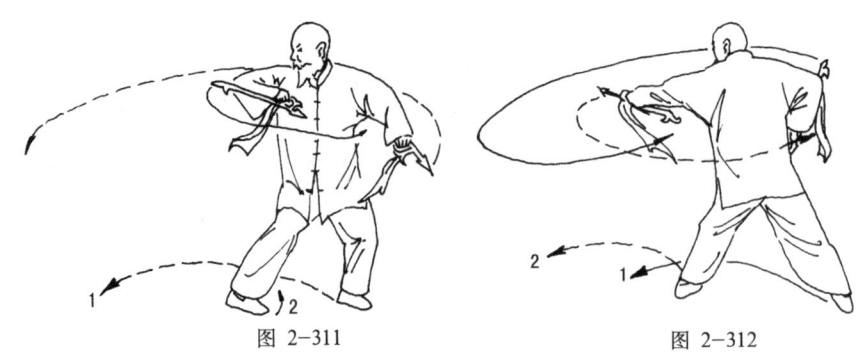

图 2-311   图 2-312

6. 接上式。左脚向右前方绕上一步,右脚随跟,向右后转身180°,成马步;同时,右锐用鸡爪、剑刺阴把向右后水平带划180°。左锐用锐刃、喙钩阴把向左前水平勾、扫划180°。目视左锐。(图2-314)

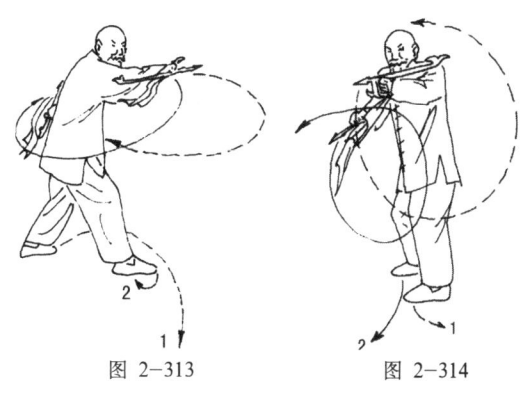

图 2-313 图 2-314

7. 接上式不停。左脚外摆,右脚向左前方圈线上上一步,向左转身成高虚步;同时,左锐随势向下、向左、向上划弧至左前上方,右锐亦向下、向左、向上划弧至与肩平时,向圆心横扎,向右转腰,目视剑刺,面部和锐刺都向场地中心,此为右锦鸡撒膀式。(图2-315)

要点:

① 前、后、左、右转身的水平带划和勾、扫称为盘龙磨盘肘锐法,练时必须连环,劲势要自然,身、步、锐要配合协调。发劲动作要齐整。

② 盘肘勾、扫肘时,锐背要紧贴前臂,不可松离。

③ 伸臂水平带、划、横扫,手臂不可伸直,以防震伤。

图 2-315

七、 翻身切记忙压肘 削耳快把刀上肩

动作说明:

1. 接上式。右转锦鸡撒膀向右转走,圈数任意不限,当沿圈线转走到东面且右脚在前时,停住,准备变式。

2. 接上式。右脚外摆,左脚向右前方绕上一步,向右转身约120°,身体下沉成弓箭步;同时,右锐内旋向下拉回至右腰前;左锐则向下、向左、向前划弧斜截(与肩同高),目视左锐剑刺。(图2-316)

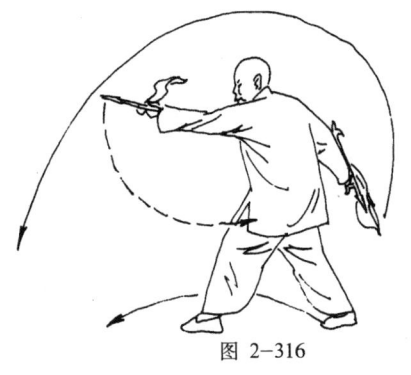

图 2-316   图 2-317

3. 右脚向前上一大步，左脚随跟，向左转身约 120°成马步；同时，左锐内旋向下、向左捋带至左胯前方，右锐从后下翻向上、向前、向下插压，目视右锐。（图 2-317）

4. 接上动不停。左脚向左后方撤退一步，脚尖外摆，向左后翻（转）身 180°，右脚再向前上一大步，向左转身 180°，身体下沉成马步；同时，两臂伸展，两手握锐随翻转向西抡圆做勾、掛、撩、划、劈、插、扎、压的动作；而在抡圆成马步时，右锐贴臂做勾、爬、扎、压的动作。目视右锐。（图 2-318、图 2-319）

图 2-318   图 2-319

5. 接上动不停。右脚向左后倒退一步，左脚随跟，向左翻（转）身 180°；右脚外摆，左脚向右方上一大步，向右转身 180°，身体下沉成马步；同时，两臂伸展，两手握锐，随翻转向东抡圆做勾、掛、撩、划、劈、插、扎、压的动作，目视左锐。（图 2-320、图 2-321）

6. 接上动不停。左脚外摆，右脚向左前上一步，脚尖微扣，向左转身

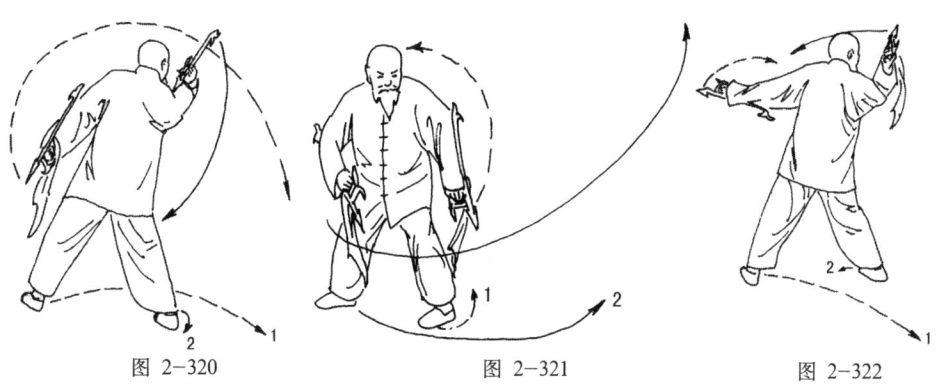

图 2-320　　　　　　　图 2-321　　　　　　　图 2-322

180°成马步；同时，右锐背贴紧前臂随上步用喙钩向前、向上屈臂倒勾上挑；左锐则向上、向左摆开至左前方，目视右锐喙钩。（图 2-322）

7. 接上动不停。右脚微扣，左脚向右后方退一步，向左转身成右弓箭步，左脚外摆，右脚向前上于左脚前的圈线上，向左转身，身体下沉成高虚步；同时，左锐向下、向左、向后翻向上并划弧停于左前上方；右锐随转身向下、向左、向上移至左肩前，再转向场地中心平扎，目视右锐，向右转腰（面部、剑刺、均向圆心），此为右锦鸡撒膀式。（图 2-323、图 2-324）

图 2-323

要点：

① 左翻转抡锐和右翻转抡锐，要劲势顺遂，抡转要圆，技法要明，配合要协调。

② 前抡锐和后抡锐要注意锐的背贴住前臂，不可以松偏，以免创伤肢体。

③ 左、右、前、后抡锐的技法较多，含有勾、咆、掛、撩、划、劈、插、带、扎、压等的使用。发劲均用腰腿劲。

④ 在运动中的手臂要圆屈，不可伸直。

图 2-324

八、顶肘转身即刺肋 再打盖顶是托天

动作说明：

1. 接上式。右转锦鸡撒膀向右转走，圈数任意不限。当沿圈线转走到东面且右脚在前时，停住，准备变式。

2. 接上动。右脚外摆，左脚向前绕上一步，向右转身约120°，身体下沉成左弓箭步；同时，右锐向下拉回至右胯前，左锐外旋成阳把，向下、向右划弧再内旋成阴把向前直扎（与肩同高），目视左锐剑刺。（图2-325）

3. 接上动。右脚向前上一大步，左脚随跟，向左转身约180°，身体下沉成马步；同时，左锐向下、向左移至左胯前，右锐紧贴右前臂随上步屈肘向前横平勾扫，到右前方时，右脚向西微进，左脚随跟，肘锐不变，用锐冠向前顶捣（与腋同高），目视右锐冠。（图2-326）

4. 接上动不停。两脚不动，向右转腰约90°；同时，右锐向右、向下回捋至右胯前，左锐则外旋向前、向上斜截，身体微前探成右弓箭步，目视左锐。（图2-327）

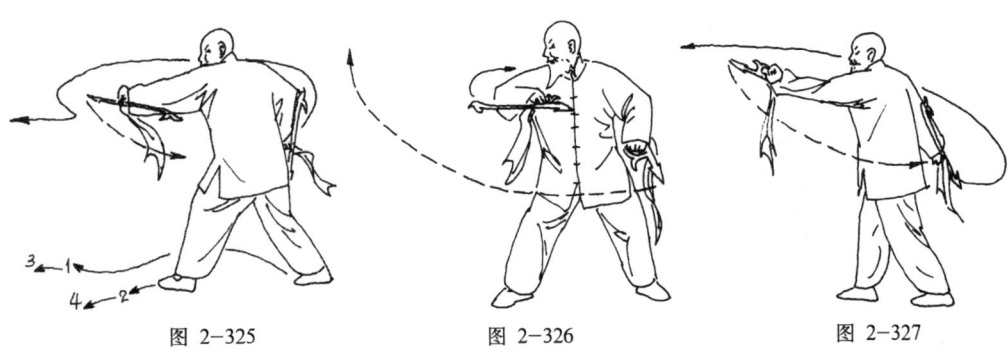

图 2-325　　　　　　图 2-326　　　　　　图 2-327

5. 接上动不停。两脚不动，再向左转腰约90°成右弓箭步；同时，左锐内旋向左、向下回捋至左胯前，右锐则外旋向前、向上斜截，身体微前探成右弓箭步，目视右锐。（图2-328）

6. 接上动不停。左脚外摆，右脚向左前方上一大步，向右转身约120°成右弓箭步；同时，左锐随转身向左拉至左胯前，右锐则从上向前、向下盖劈，目视右锐。（图2-329）

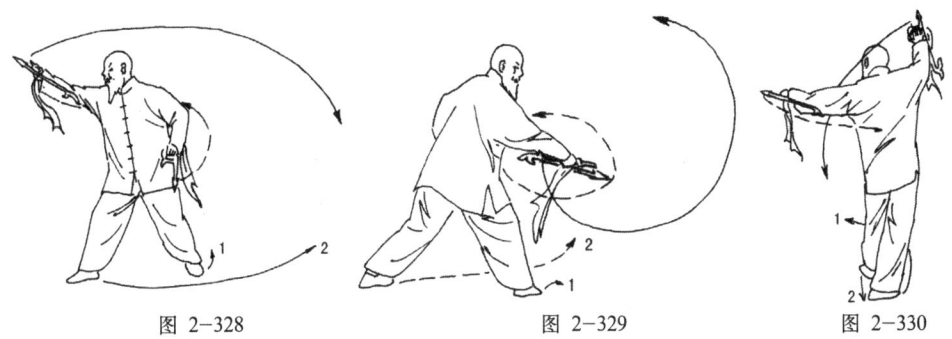

图 2-328　　　　　图 2-329　　　　　图 2-330

7. 右脚向右微进，脚尖外摆，左脚上于右脚前的圈线上，向右转身成左高虚步；同时，右锐向下、向右、向上划弧至右前上方，左锐则向下、向右、向上至左肩前，内旋成阴把并向圆心划扎，目视左锐剑刺，此为左锦鸡撒膀式。（图 2-330）

要点：

① 屈肘横扫和顶肘捣冠，锐背要贴紧，不可松散偏脱；发劲运锐和步法、身法合一。

② 横扫、左右斜截、运锐要用腰腿劲。

③ 伸臂运锐手臂不可伸直，转换要轻灵。收臀。

九、进步追风似闪电 退步展翅马加鞭

动作说明：

1. 接上式。左转锦鸡撒膀式，向左转走，圈数随意不限。当沿圈线转走到东北角且左脚在前时，停住，准备变式。

2. 接上式。右脚向圈线上扣上一步，左脚向左后开半步，向左转身180°成左弓箭步；同时，左锐（阴把）向左、向前平扎，右锐随转身向下、向右后勾挂至右后侧，目视左锐剑刺。（图 2-331）

图 2-331

3. 接上动。左脚向前进一步，右脚也向前上一步，借动势右脚向前迅速跳上一步，在右脚跳上的同时，左脚提起成右独立左提膝步；同时，左锐拉回至左腰侧，右锐

用剑刺随前冲向前直刺（与胸同高），目视右锐。（图2-332）

4. 接上动不停。左脚向后下落，身体下蹲成低丁字形拗步（右前脚外摆横置，左后脚脚趾蹬地，脚后跟拔起，两腿撑劲，重心偏后腿，亦称龙形步）；同时，左锐阳把向前平刺，右锐向右、向后平摆至右后方（阴把）平削，目视左锐。（图2-333）

5. 接上动不停。起身，右脚内扣，向左转腰约120°；同时，右锐外旋随转腰向右、向前、微向上、向左拦截，左锐向右、向后划弧捋带至左后方，两锐右前左后伸展（前左锐阳把、后右锐阴把）；不停，向右转腰，右脚向右后方退一步成左弓箭步；同时，右锐内旋随转身向右、向后捋带至右后方（阴把锐），左锐则外旋立把向前直刺，目视左锐。（图2-334）

图2-332　　　　　图2-333　　　　　图2-334

6. 接上动不停。左脚向左（东）横移，右脚上于左脚前的圈线上，向左转身成右高虚步；同时，左锐向下、向左、向上划弧至左前上方，右锐从下向左、向上至左肩前再向场地中心平扎，复向右转身，使锐和面部均面向圆心成右锦鸡撒膀式。（图2-335、图2-336）

要点：

① 纵跳、前刺要配合协调，劲势齐整。独立要稳，不可摇晃。

② 低"丁"字形拗步要稳，腰微挺，收臀。左锐前刺和右锐后摆，两锐展开，手臂不可伸直。

③ 左带，右截，右带和左刺，要用腰腿劲，动作要顺遂而自然，不要用拙力。

图 2-335　　　　　　　　图 2-336

十、 行似白鹤云中现 走如燕子柳林穿

动作说明：

1. 接右转锦鸡撒膀式，向右转走，圈数随意不限。当沿圈线转走到北面且右脚在前时，停住，准备变式。

2. 接上动。右脚外摆，左脚向前绕上一步，向右转身约120°，身体下沉成左弓箭步；同时，右锐向下拉回至右胯前，左锐则从上向下、向前变阴把随上步式向前平扎，目视左锐。（图2-337）

3. 接上动不停。左脚外摆，右脚向前绕上一步，向左转身约90°；同时，右锐上穿至头顶右上方，左锐下捋至腹前。（图2-338）

4. 接上动不停。左脚向左前方上一步，脚尖外摆，右脚则向左脚前绕上一步，向左转身约120°，左脚再向左前方

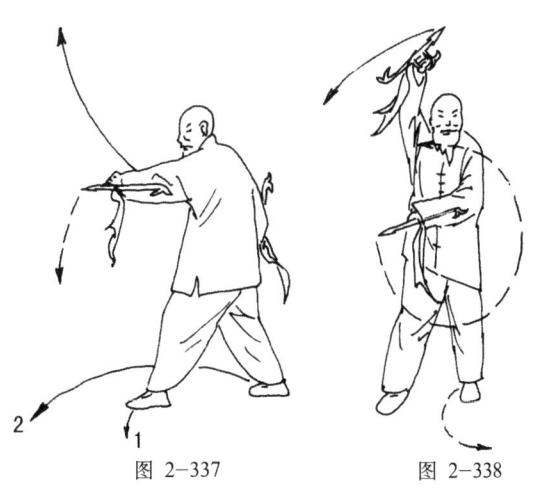

图 2-337　　　　　　　图 2-338

（北）上一步，向左转身约90°；同时，右锐随转身在头顶右前方（阴把）云转划一个270°的水平圆弧，仍停于右前上方，左锐则向下、向左随转身向上划一立圆至左前方，目视左锐。（图2-339～图2-341）

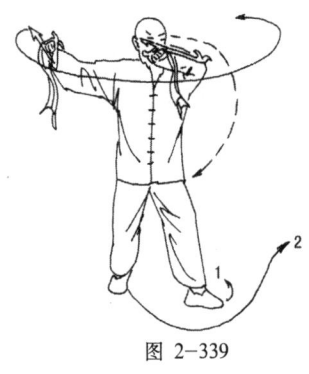

图 2-339　　　　　　　图 2-340　　　　　　　图 2-341

5. 接上动不停。向右转腰，右脚极力外摆，左脚向右上一步，向右转身约180°；同时，右锐向左、向下、再向右、向下随右转身拉至右腰侧，左锐则从后翻上经前上方划弧至左前方（与额同高），目光随锐移动。（图2-342）

6. 接上动。左脚外摆，右脚上于左脚前成右高虚步；同时，两锐向两侧伸展，两锐阴把，左高（与头同高）右低（与腰同高），目视右锐。（图2-343）

7. 接上动不停。右脚向右横挪一步于圈线上，左脚上于右脚前的圈线上，向右转身成左高虚步；同时，右锐向下、向右、复向上划至右前上方，左锐则从上向下、向右、向上至肩高时，复转而向左、向场地中心平扎（阴把），目视左锐。（图2-344）

图 2-342

要点：

① 右锐（阴把）在头顶上随左转270°的平圆弧时，手臂不可伸直或太屈，锐的力点在剑刺或喙钩。接下的右转身，右锐划弧和左锐划弧等都要连贯，不要断劲。

② 整个动作要锐、步、身等配合协调。

③ 收臀。

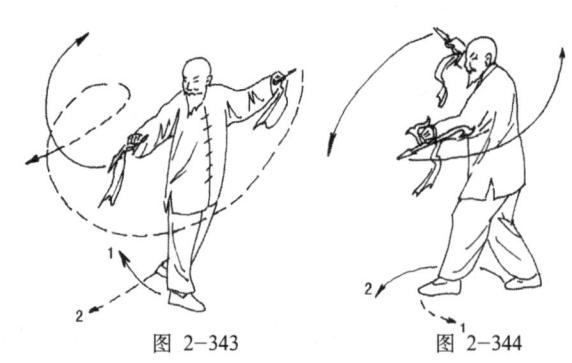

图 2-343　　　　　　　图 2-344

十一、刀剑封避随势使 枪棒一拿疾带还

动作说明：

1. 接左转锦鸡撒膀式，向左转走，圈数任意不限。当沿圈线转走到西北面且左脚在前时，停住，准备变式。

2. 接上式。左脚外摆，右脚向左脚前绕上一步，向左转身180°。同时，左锐从左向后、向上划弧至左前上方，右锐则向下、向前随转身划弧带至右腰前，目视右锐。（图2-345、图2-346）

3. 接上动不停。左脚向前上一步，右脚提起跟进，向左转身；同时，左锐先外旋后内旋挽锐从上向下、向左后划曲线拉带，右锐则随左转从右向上、向前斜撩至右前上方，目光先随左锐后随右锐。（图2-347）

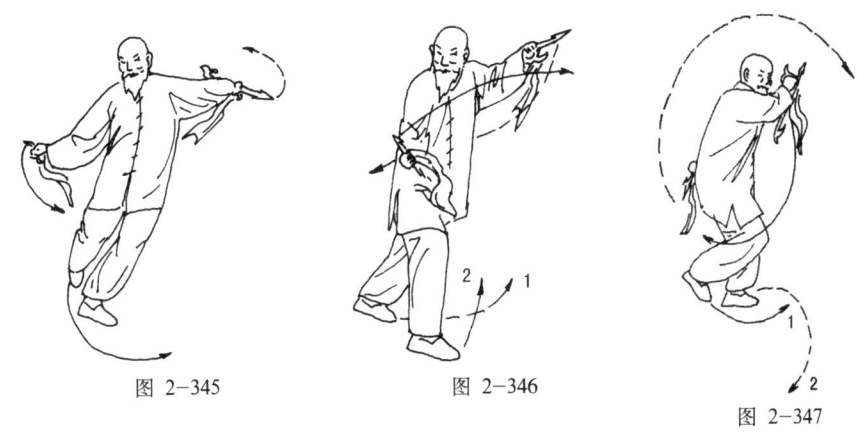

图 2-345   图 2-346   图 2-347

4. 接上动不停。右脚向前上一步，左脚向右脚前绕上一步，脚尖内扣，向右转身90°；同时，右锐先外旋向下、向内旋向右、向下挎至右胯外侧（阴把），左锐则从左后外旋翻上向左、向前划弧至左前上方。（图2-348）

5. 接上动不停。右脚向前上一步，左脚随跟，脚尖着地点于右脚的左前侧，向右转身90°，屈膝下蹲；同时，右锐挎带至右腰侧，左锐则从左上向前、向下插刺（盖刺），目视左锐。（图2-349）

6. 接上动不停。左脚向左横挪一步，右脚上于左脚前的圈线上，向左转身成右高虚步；同时，左锐从下向左、向上划弧至右前方，右锐从右腰侧向下、向前、向上插刺，目视右锐。（图2-350）

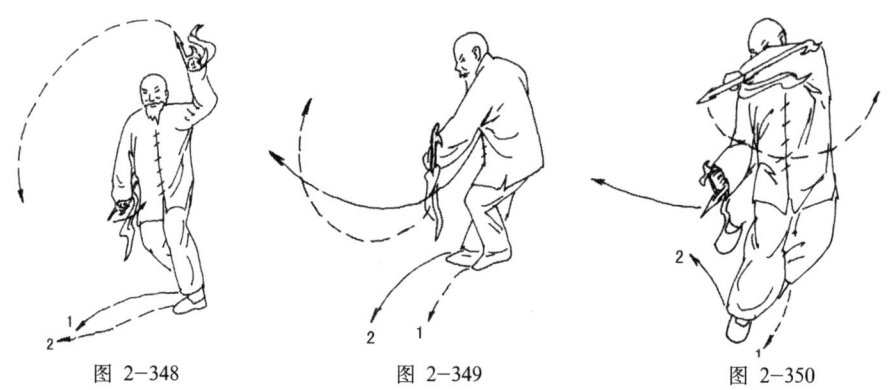

图 2-348   图 2-349   图 2-350

要点:

① 整个动作是在行进动态中进行的,其运行路线是一个"S"形的太极曲线。因而动作要连续,劲势要顺遂,眼神要随,身法、步法要灵活;锐法要精到,适用性很强。

② 在两手运锐过程中,手臂不可伸直或者太屈。

③ 收臀。

十二、强敌进取须用力 无故莫使可避难

动作说明:

1. 接右转锦鸡撒膀式,向右转走圈线随意不限。当沿圈线转走到东南面且右脚在前时,停住,准备变式。

2. 接上动不停。左脚向前上一步,脚尖内扣,向右转身,右脚向前上一步,身体下沉成马步;同时,右锐向前、向下削扎,左锐从左上向下、向后捋带,目视右锐。(图 2-351)

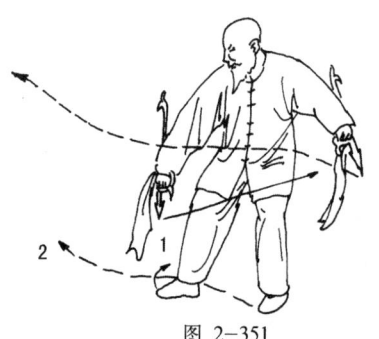

图 2-351

3. 接上动不停。右脚外摆,左脚向前上一步,向右转身成左弓箭步;同时,右锐内旋向右、向后划拉(阴把)至右胯后侧,左锐随转身向左、向前、再向右、微向上划弧(阴把)云扎,目视左锐。(图 2-352)

图 2-352 　　　　　　　图 2-353 　　　　　　　图 2-354

4. 接上动不停。右脚向前上一步，脚尖内扣，左脚向左后倒挪一小步，向左转身180°，两脚平行站立；同时，左锐随转身向左、向后、向上（阴把）划弧至左前上方，右锐亦随转身势，从右后方向右、向前、向上、再向前划一侧弧至左前上方，身体微沉，目视前方。（图2-353）

5. 接上动不停。右脚向后退一步，方向不变，身体下沉成左弓箭步；同时，两锐下落与胸平。（图2-354）

6. 收势：接上动不停。两脚不动，两锐同时动作，向下分向左右、再向上划圆弧至头顶上方（图2-355）；不停，重心退移至右腿，左脚向右脚靠拢，两膝微屈；同时，两锐阴把下按，分向左右复原下垂，剑刺向下，两腿缓缓直立，目视前方，面向场地中心。（图2-356）

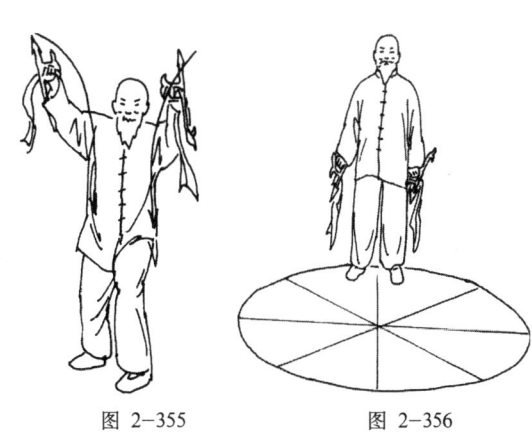

图 2-355 　　　　　　　图 2-356

要点：

① 收势动作要自然，缓慢稳健。动作要平稳对称、同步。

② 收势位置，仍是起势位置。

1993 年摄于香山别墅芙蓉馆

八卦滚手刀

八卦滚手刀是八卦掌门传统短兵套路之一，在民间流传极少，更由于它刀大体重，技术特殊，不易掌握，练者越发少见。八卦刀长4尺2寸（柄长1尺2寸，刀身长3尺），背厚刃利，分量较重（传统八卦刀重8斤）。（图2-357）

图 2-357

八卦滚手刀的基本功是八卦掌的基本功，刀的技法有：推、托、带、环、劈、截、斩、剁、钻、扎、抹、挑、绞、削、拦、撩、扫、盖、崩、蹦、剪、提、掛、压二十四字诀。身法有：转、走、伸、探、闪、展、提、旋八法。

八卦滚手刀的运动特点：走、转、翻、旋、身刀合一，人随刀走，步随身换，连环变化，灵穿沉稳，最重功力。其运刀关键在于用腕，有拧、裹、缠、滚、粘、贴、沉、圆诸法。讲究的是：以小圈控大圈，以内抑外，以横对直，以近拒远，用长使短，以重制轻。要求：刀法要精，技法要明，步法要灵，身法要活，神意要凝。滚手刀的习练容易，使用极难，必须有扎实的功力。方能得心应手，内外精美。

八卦滚手刀的运动场地，取直径4米平整区域，画上东西南北轴线和四个对角线，中间画上同心内圆，直径为2米。（图2-358）

图例符号：图上所用符号，刀尖运动轨迹为实线双边箭头，左手运动轨迹为虚线双边箭头。脚步线符号和其他编写说明均参考前几篇的套路所示。

北

西　　东

南

2m

4m

图 2-358

一、仙人指路

动作说明：

预备势：练者左手抱刀（中指、食指夹持刀柄，左腕屈，食指和大拇指扣住刀护手盘，中指、无名指、小指顶住护手盘，使刀背贴于左臂，刀刃向外，微屈提住；右手自然下垂。（图2-359、图2-359附图）

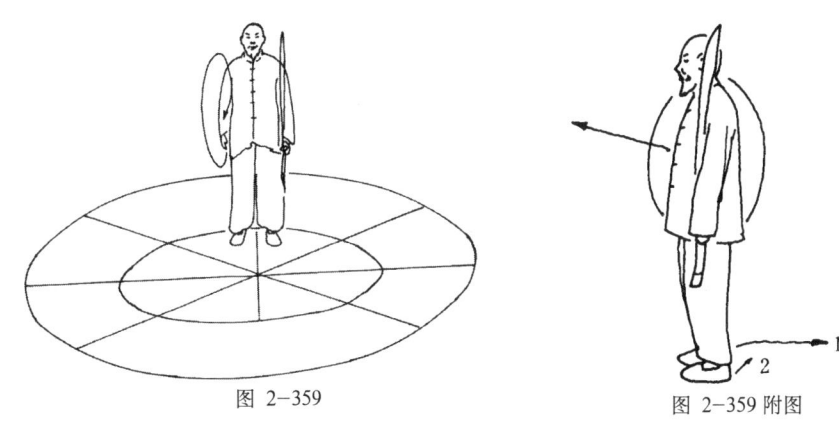

图 2-359

图 2-359 附图

正立于内圆北端的圈线上，面对圆心。立身中正，沉肩坠肘，尾闾中正，两脚平行站立（两脚相距30厘米），神态自然，眼睛平视、凝神、静气，准备起式，如图2-359、图2-359附图。

右脚向后退一步，左脚微缩，脚尖点地成左虚步；同时，向右转腰，右手向前、向上、向右、向后、向下划一侧圆，经右腰侧，再向前俯掌伸出，指向前方（掌心斜向下），眼随右手动作移动。（图2-360侧面）

接上式。两脚步型不变，向右转腰；同时，左手执刀向左、向上、向前划弧停于前方（与耳同高），右掌则向下、向右后、向上、向前落向刀柄，握刀柄。目视刀柄。（图2-361侧面）

图 2-360 侧面

图 2-361 侧面

要点

① 两手动作要配合协调。神韵自然。

② 尾闾中正、收臀。

③ 两臂不可伸直。

附注：

图 2-359 附图、图 2-360 侧面、图 2-361 侧面 3 图，都是仙人指路的左侧视图，这样显示动作表示清楚，而实际运动时，应面对南方。

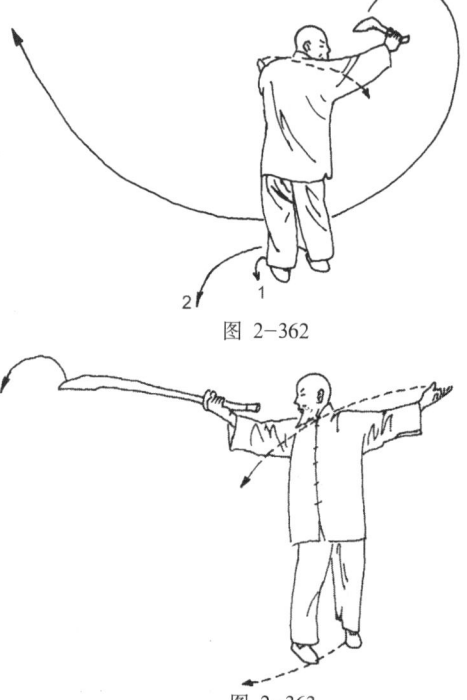

图 2-362

二、摇旗式

动作说明：

接上式。右手握刀柄上提过头至右后方（与耳同高），刀尖从左肩后横移到右后方，两脚不动，向右转腰，目视刀尖。（图 2-362）

上动不停。左脚向东南上一步，脚尖外摆，向左转身，右脚向东上一大步成右弓箭步；同时，右手提刀，刀尖从右后方向上、

图 2-363

向右、向下、再向左、向上划一大弧，用前刃向左前方上撩（与头顶同高，刀刃向上）；左掌向左后横伸（掌心斜向上），目视刀尖。（图 2-363）。

要点：

① 两臂左、右平伸，起平衡作用，不可伸直、要圆屈。

② 正撩刀的右臂要微向前伸探。

附注：

摇旗式是八卦滚手刀中的重要刀式，其转走、换式，多由此式过渡，是单操转刀基本功的一种。

三、蛟龙出海

动作说明：

接右转摇旗式，向右转走，圈数任意不限。当沿圈线转走到东南方且右脚在前时，停住，准备变式。

接上动不停。左脚向前上一步，脚尖内扣，向右转身；同时，右腕内旋，令刀头逆时针方向转一半圈，左手随转身附于刀柄处；不停，右脚向东上一步，向右转身成右弓箭步；同时，刀刃向下、向右、向前、向上划弧反撩，左掌停于右腋下，目光随刀尖移动。（图2-364、图2-365）

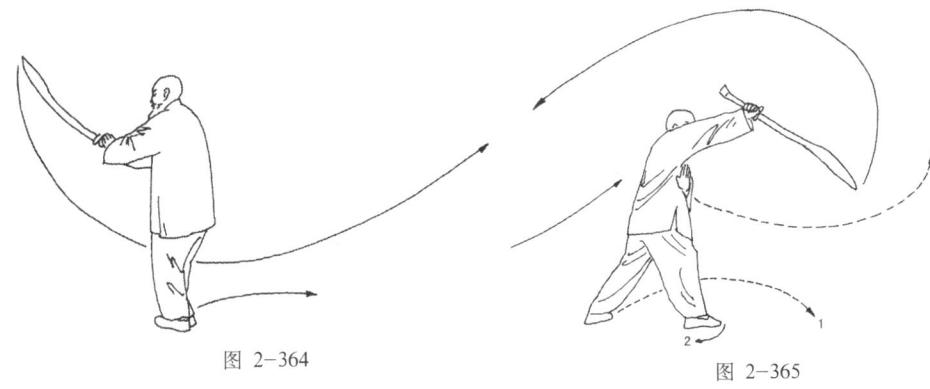

图 2-364　　　　　　　　　　　　　　图 2-365

要点：

① 动作要整齐、协调、臂不可伸直，收臀。

② 力点在刀前刃，撩刀时重要是运腕。

③ 反撩刀时，身、臂微向右探。

四、大鹏展翅

动作说明：

接上式。右脚外摆，左脚向前上一步，脚尖极力内扣，向右后转身180°成右弓箭步；同时，左掌向前伸出，右刀随右转身向上、向后探劈（刀刃向下），刀

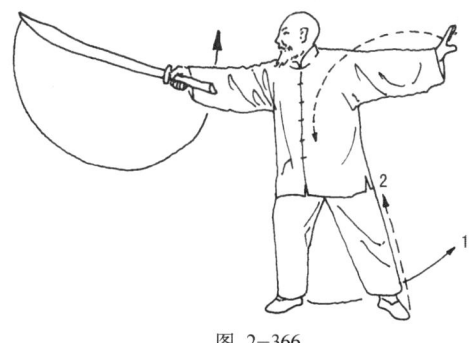

图 2-366

尖与头顶同高。眼神随劈刀移动，两臂前后伸展成右大鹏展翅式。（图2-366）

要点：

① 劈刀时要和右弓箭步配合完成。

② 两臂前后对称平衡，不可伸直。

五、卷帘式

动作说明：

接上式。右脚向后退一步，左脚极力提起，向右转身成右独立式；同时，右手翻腕内旋，令刀头向后、向下、向前、向上随退步转身划一半圆弧向上提挑（刀刃向上），横刀于左前上方，与头部同高，左掌划弧收回于右肘前下方，目视刀头成捲簾式。（图2-367）

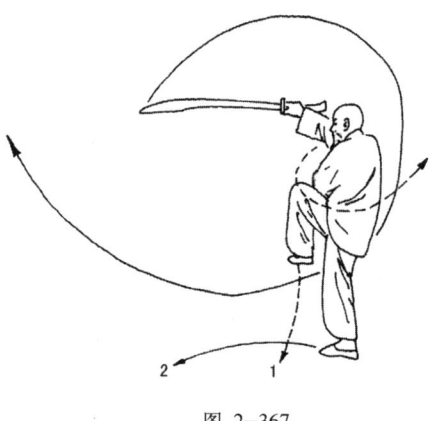

图 2-367

要点：

① 翻刀上挑和提左膝要同时进行。

② 独立要稳、含胸拔背、收臀。

③ 右臂不可伸直，也不可太屈。

六、摇旗式

动作说明：

接上式。左脚向左前方落进一步，右脚向前上一步至大圈圈线上，向左转身成右弓箭步；同时，刀前刃向上、向后、向下划弧下劈，右刀随势从下用刀刃向前、向上横削，然后右腕微裹，令刀刃朝上成托刀式，左掌向右、向后横摆至左后方；向右转腰，令刀尖

图 2-368

和面部转向场地圆心成中盘步，眼神随右刀移动成摇旗式。（图2-368）

要点：

① 上左脚和右后劈刀要同时进行，上右脚和向前削刀要同时进行。

② 两臂平伸要圆屈，不可伸直。收臀。

七、走马回头

动作说明：

接摇旗式，向右转走，圈数任意不限，当沿圈线转走到东南方时，在行进中准备变式。

接上动不停。在行进中右脚在前时，左脚向前上一步，向右转身，右脚向右前上一步成右弓箭步；同时，右腕内旋，令横刀

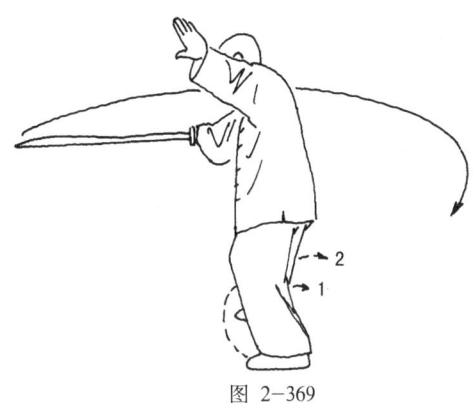

图 2-369

向上、向左、向下、向前逆时针划一立圆，随右转身用整个刀刃向回（北）平削或平推，左掌向前、向上置于左前上方，眼神随右刀移动。（图 2-369）

要点：

① 回身刺（推）刀要用腰腿劲，身、步、刀要合一。

② 两臂圆屈，刀要平，刃向外。

八、横扫千军

动作说明：

接上式。右脚外摆微进，左脚向前扣上一步，向右转身约180°，身体下沉成马步；同时，右手阴把握刀随转身向右、向后水平划240°横扫至右前方，左手随移，目视刀尖。（图 2-370）

图 2-370

要点：

① 上左脚和扫刀要同时进行。

② 右臂平扫和左臂伸展是平衡作用，两臂不可伸直。

③ 屈膝成马步，要含胸拔背，臀部不可凸出。

九、海底翻花

动作说明：

接上式。左脚外摆，右脚向前上一大步，向左转身成右弓箭步；同时，右手阴把握刀向前、向左平刺，左掌随移至左后方，两臂平展。（图 2-371）

接上动不停。右手继续外旋翻腕，用刀尖向下、向左、向上、向前顺时针挽一圈（令刀刃向上）；同时，左手下落附于刀柄处，左屈膝提起成右独立步；不停，右刀边内旋边向前钻出（力点在刀尖，刀刃向下），同时，左掌伸展于后上方，与刀势平衡，眼神前后均随刀尖移动。（图 2-372）

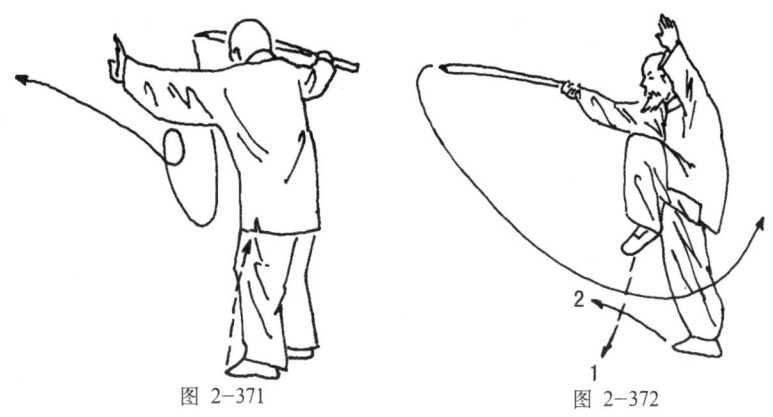

图 2-371　　　　　　　　　　图 2-372

要点：

① 挽刀、前钻、刀势不停，运刀要用腰腿劲。

② 刀法是先横刺、挽刀翻压、前钻，要一气完成。

③ 独立要稳，收臀，左臂圆屈，右臂不可伸直。

十、扫地搜根

动作说明：

接上式。左脚向前上一步，向左转身约 90°，两腿屈膝，身体下沉，极力向左转腰；同时，右手握刀（阴把）向左、向后平刺（刀刃向外），右臂环抱于胸前，刀柄在左肩前，左手插在腋下，两臂交叉，向左转腰，目视刀头。（图 2-373）

接上式。向左转身，两腿逐渐扭转下蹲成低"丁"字形拗步；同时，右臂绕过头顶，刀向后绕，目光随刀尖转动，向右转身360°，同时右手阳把（拳心向下）前伸（刀尖与肩同高），从上螺旋下扫一周至右前方，刀尖离地约20厘米，左手向左伸展，目光随刀尖移动。（图2-374）

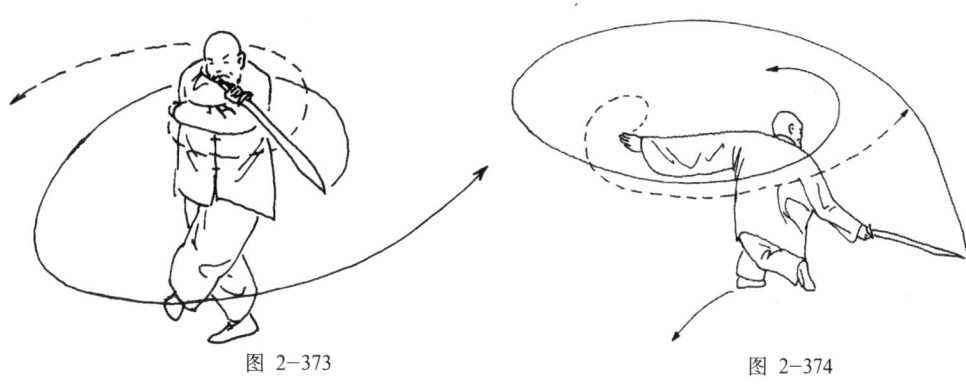

图 2-373

图 2-374

要点：

横扫一周，由上转到下，刀尖运动轨迹为一螺旋线。扫圈时，身体微前探，转身要稳，收臀。两臂伸展，不可太直。

十一、风摆荷叶

动作说明：

接上式。身体立起，向左转身180°；同时，右手握刀顺势旋转，刀在头顶上方转一大圈，右臂绕过头顶，刀头转到右背后时，右脚向右

图 2-375

前方上一步成右弓箭步；同时，左掌随着伸展于左后方，目视右前方，此为风摆荷叶式。（图2-375）

要点：

刀头转到头顶上方时，身向后仰转动，眼随刀转。劲势自然，运刀要用腰腿劲。

十二、卧虎当门

动作说明：

接上式。右脚向右上一步，向左转身约60°，身体下沉成马步；同时，右刀阳把随退步转腰向右横斩，左手在横斩时，握刀柄，刀尖略低于刀柄，刀尖与膝同高，目视刀头，此为卧虎当门式。（图2-376）

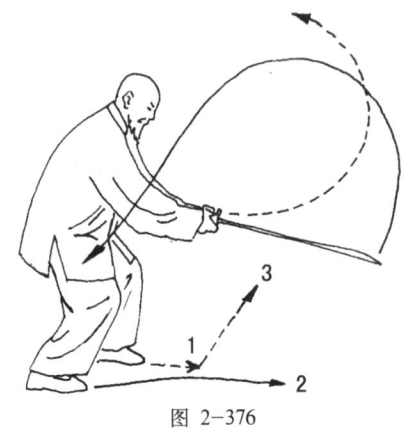

图 2-376

要点：

横斩刀时，两手握刀，微前探。力点在刀刃。含胸拔背、收臀。

十三、刘海戏蟾

动作说明：

接上式。左脚向前上一步，右脚再向前上一步，脚尖极力内扣，向左转身180°；同时，左腿屈膝迅速提起，身微前探成右独立步；同时，右手握刀向前、向上、向右（右臂绕过头顶）、

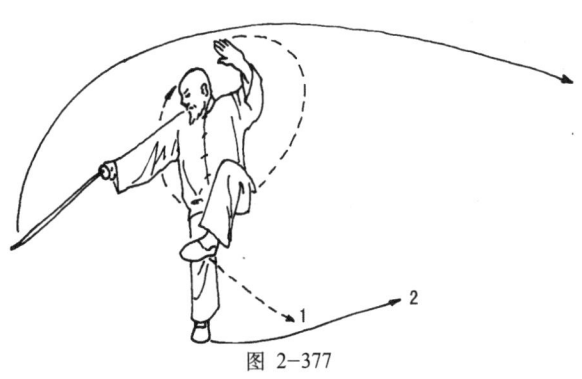

图 2-377

向下、向右划弧阴把斜截，刀刃向右，刀尖斜向下，左掌亦同时向下、向左翻向上，停于左前上方，目光随刀刃移动。（图2-377）

要点：

① 运刀和上步转身，要配合协调，不可断劲。

② 沉刀斜下截要和探身提左腿同时进行。

③ 右臂不可伸直，左臂不可太屈。

④ 左手和刀要配合得恰到好处，所谓"单刀看手"。

十四、流星赶月

动作说明：

接上式。左脚向左下落，脚尖外摆，右脚向前上一步，向左转身约180°成右弓箭步；同时，右刀阴把外旋，刀刃向上，随上步向上、向前（东微偏北）划弧抢劈（刀尖与头同高），左掌向下、向左、向上伸展于左前方（与头同高），目视刀前刃。（图2-378）

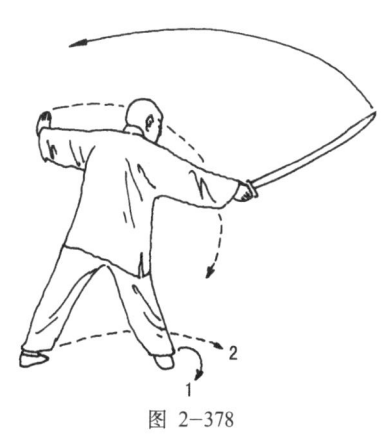

图 2-378

要点：

① 右脚和抢劈刀要同时进行。抢劈时，右臂不可伸直，左臂要圆屈。

十五、摇旗式

动作说明：

接上式。右脚外摆，左脚向前上一步，向右转身，左脚前进，右脚上于左脚前的圈线上，向左微转成中盘步；同时，右手握刀向上、向后劈，右刀顺势向下、向前、向上提撩（刀刃向上）；同时，左掌先向下、向左、向上在左前方划一圆弧，伸展于左方，目光随右刀移动。（图2-379、图2-380）

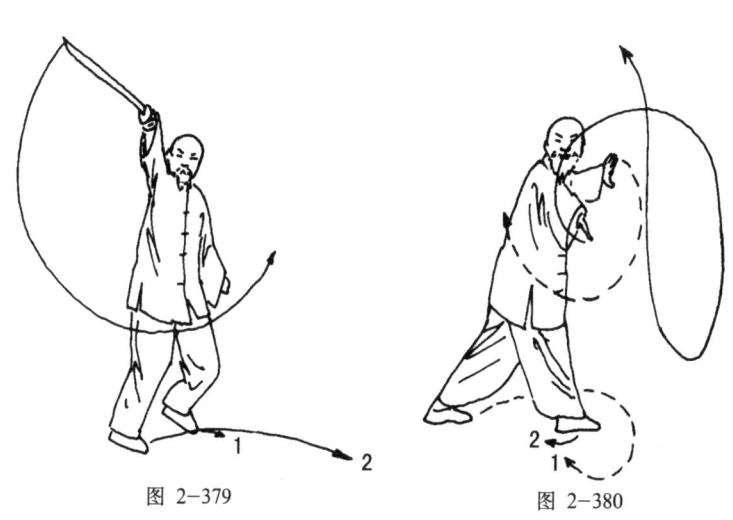

图 2-379   图 2-380

要点：

① 向右后劈刀和向前提刀，劲势要连续，不可停顿（提撩动作亦可练作提托，唯刀柄要略高于刀尖）。

② 连续上步，左手划弧和右手运刀都要配合协调。

十六、猛虎拦路

动作说明：

接摇旗式，向右转走，圈数任意不限。当沿圈线转走到北方且右脚在前时，再进行变式。

接上式。左脚向右前绕上一步，向右转身；同时，右把外旋，用刀头在右前方向上、向左、再向下、向前逆时针划一圈抹带，然后再向上摆至头顶左上方（阴把刀），左掌向前、向右划弧至右腋下。（图2-381）

接上动不停。右脚向前上一步，向左转身成中盘步；同时，右把外旋从上向右、向下、向左、向前拦扫（或拦截），左掌向下、向左、向上伸展于左方。目光随刀头移动。（图2-382）

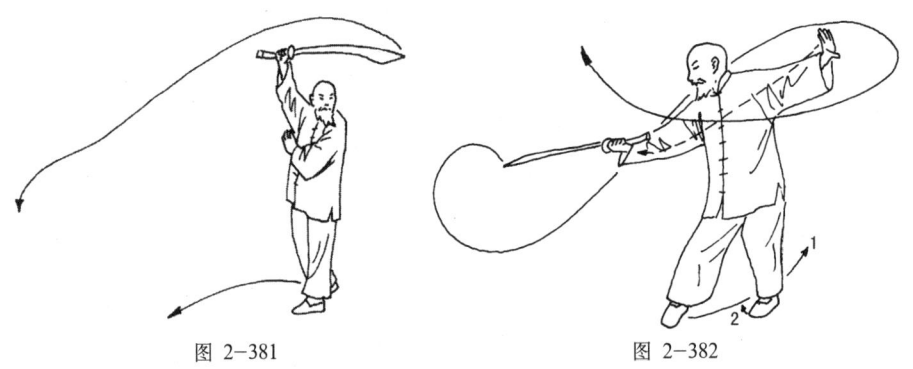

图 2-381　　　　　　　　　　　　图 2-382

要点：

① 逆时针方向划圆的抹带是从左向右横拦，而从右上向左下拦扫是从右向左横拦。力点都在内、外翻把的刀刃上。

② 两臂不可伸直，收臀。

十七、浮云罩顶

动作说明：

接上式。右脚向后撤一步，左脚内扣，向右转身成右弓箭步；在挪步前，右手翻腕，使刀头在前方逆时针划一立圆（即向上、向左、向下、向前转一圆圈，由阳把内旋成阴把），然后向右、向上抹带，复向右（向右转腰）、向后、向左、向前在头顶上方盘头划一大半圆横刀（刀刃斜朝上）置于右前上方，与头顶同高；眼睛始终注视刀的前部，左手则在挽立圆时，向下附于右腕，然后随动作后置于右肋侧。（图2-383、图2-384）

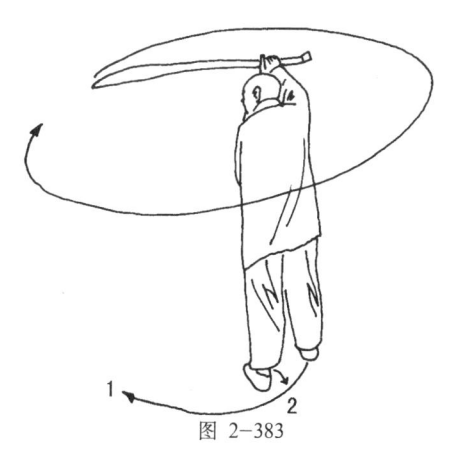

图 2-383

图 2-384

要点：

① 立环挽圈、抹带和盘头划圆、劲势不可断。

② 整个动作要配合协调。

十八、宿鸟投林

动作说明：

接上式。右手用刀尖向左前方平刺（刀刃朝上）；同时，猛然向东转身，左腿屈膝提起成左独立步；左立掌置于右腋下，目视刀尖。（图2-385）

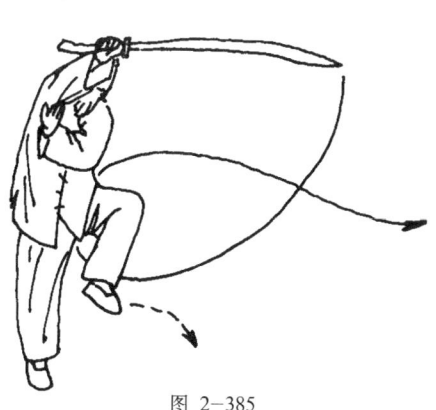

图 2-385

要点：

① 向左平刺、要微向前探。

② 转身、提左腿和刺刀要同时进行。

十九、海底捞月

动作说明：

接上式。在左侧运刀，令刀尖
向下、向后、向上、再向前挽一顺
时针的圈，用刀背翻压，刀柄停于
腹部前（刀刃朝上，刀柄略高于刀
尖），左手附于刀柄处；同时，左
脚向前下落并向前上一步成左弓箭
步；同时，刀尖向前反扎（刀刃朝
上），左掌向右平伸，平衡扎刀动作，
目视刀尖。（图2-386）

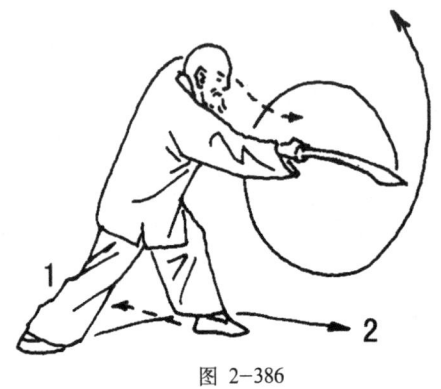

图 2-386

要点：

① 运刀在左侧挽圈，要用腰腿劲；左脚向右摆，身体向左侧倾。

② 反扎刀和上左脚、伸左手要同时进行，六合为一。

二十、白虎搅尾

动作说明：

接上式。左脚向左后撤一小步，右脚向
前上一步，脚尖着地成右虚步；同时，右手
握刀在左侧运刀，使刀头、刀刃向后、向下
踽削；不停，向前反撩至刀尖与腹部同高时，
猛然抖腕，用前刀背向上崩挑，立刀于右前
方；在崩刀时，左手附右腕处，目视立刀。

（图2-387）

图 2-387

要点：

① 崩刀时，力点在前刀背，发劲在抖腕、沉腕。

② 崩刀和点右脚要同时进行。动作要整齐。

③ 两臂不可伸直，亦不可太屈。

二十一、白蛇缠身

动作说明：

接上式。右脚向左前扣上一步，向左转身，左脚向左前上半步，脚尖着地成左虚步；同时，右手运刀向左、向后、再向右、向前、向下、向左在头顶上方划圈至左肋下（刀背靠肋背、刀刃向外），左掌配合右刀伸于右腋下、再向前、向左移至右肩前；不停。右脚向左前方上一步，左脚再向左前上一步，向左转身180°成左弓箭步；同时，右手刀向外、向前、向右、向上、向后在头顶上方盘旋一周停于头顶前上方；左掌向左、向下伸展于左后方。（图2-388、图2-389）

图 2-388　　　　　　　　　　图 2-389

要点：

① 舞刀，缠身和盘头划圈，内涵劈、蹁、削、拉、带、甩、斩等刀法。运动时，左手划弧画圈要与右刀配合完美。

② 两臂伸展不可伸太直。身、步、刀要协调。

二十二、黑虎出洞

动作说明：

接上式。右脚向左前上一步，向左转身约120°；同时，刀头向后、向右、向前、向下划一大弧，随势向左斜（横）斩（阳把与腹部同高，刀刃向左），左掌随势向左后伸展（大指向下、与肩同高），目视刀刃。（图2-390）

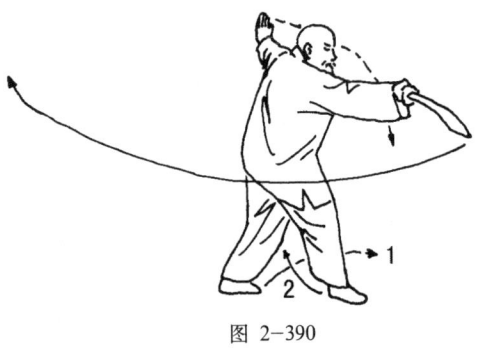

图 2-390

要点：

① 上右脚和横斩刀要同时进行。斜斩刀也可练成横截、横削和斜劈的刀法。

② 斜斩时，身体微前探。两臂不可伸直。

二十三、拨草寻蛇

动作说明：

接上式。左脚向左前方上一步，右脚向后滑退一步，向右转身成马步；同时，右刀内旋，刀头挽一小圈，而滑右脚时右手刀（阴把）向下（距地20厘米）随向右转身向右拉带至右下方，左掌随着移动，目视刀头。（图2-391）

图 2-391

要点：

① 上左脚和挽刀圈要同时进行，滑右脚和拉刀要同时进行。

② 两臂不可伸直。

③ 含胸拔背，收臀。

二十四、收刀归原

动作说明：

接上式。右腿蹬直，重心向前成左弓箭步；同时，右手握刀柄向上、向后、向左越过头顶，再向前落向左前方（刀背对肩，与肩同高）；同时，左掌向前运动，外旋接刀柄，目视刀柄。（图 2-392）

接上动不停。重心在左腿，右脚向左脚前上步成平行步站立，屈膝、身体下沉；同时，两手分开，左手握刀柄（同起式握刀法），右手成掌徐徐下放；同时，两腿缓缓蹬直，凝神，收势。（图 2-393）

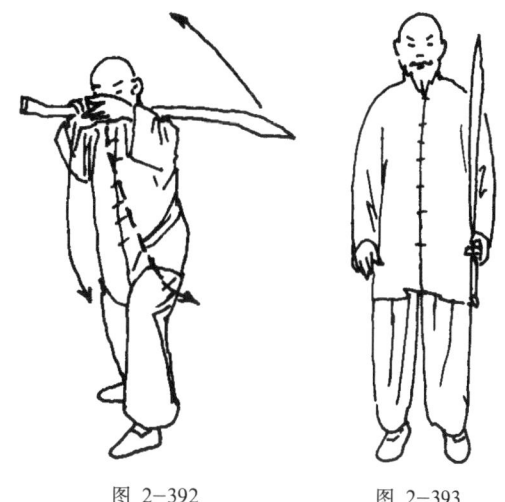

图 2-392   图 2-393

要点：

① 收势时，左手执刀柄盘，右手徒手，缓缓下落至两胯侧；要徐徐立起，轻轻呼气。

② 眼睛平视；起立后，立身中正，神情自然。

1993 年摄于香山别墅芙蓉馆

八卦连环对刀

八卦连环对刀，是八卦门中八卦刀的应用，是二人以刀短兵相搏的技艺，类属于八卦对劈刀（八卦带环片旋刀）的范畴。

八卦对劈刀，过去十分珍贵，流传极少，是董海川先生的再传弟子韩六（韩福顺）所传出，韩六当年曾跟随董海川先师在边外办事数年，故得董公刀法甚多，且对于八卦掌六十四式转刀，八卦八趟走刀、滚手刀、子路刀、六门刀、对劈刀等都有精深的研究，并得个中三昧。八卦刀中的滚刀手和左手刀是梁振蒲先生所传授。

八卦连环刀的特点

两人对练、走转连环、刚柔生克、片旋变化、翻腾灵巧、技法严密、气势磅礴。其技法有劈、截、撩、刺、钻、砍、扫、抹、剪、托、片、盖、提、拦、崩、带、环、挑、缠、削、剁、推、探、扎、压、挂等，技击性很强，在刀法中是独具风格的。八卦连环刀的基本功是八卦掌和八卦转刀、滚手刀等。而在拳法、刀法精熟后可不拘套路，任意进刀、接刀。自然发挥，有很好的实践性。

八卦对劈刀运动的要领

① 按八卦刀的技法、风格和特点要求进行。

② 二人对刀时手、眼、身、法、步要配合协调，在圆形区域范围内，走转变化，发挥技法。

③ 符合八卦刀法的生、克、制、化的技击规律。

④ 步法要活，动作要灵、沉、准、稳和刚柔相济，快慢合度。

⑤ 运刀自然，劲势连环的转环。手臂要圆屈，不可伸直和僵硬。

⑥ 运刀的关键是运腕、活腕，要取对方的手腕。

八卦对劈刀（八卦带环片旋刀），传统的刀谱为四段，计104个动作单元。本人于1980年已委由张修林先生绘制整理了《八卦连环转刀对练谱》在内部交流；由于时间关系，目前未能全部整理发表，容待日后再说。这里介绍的八卦连环对刀，是应用对刀中的局部内容（选段），仅略供参考。

运动场地

直径5米的平整场地。面对圆心对练,通过南北轴线,甲、乙两人分别站在圈线的东西两端(甲为黑发,乙为白发)。

符号图例

① 实线双箭头,表示甲的右刀尖,右手和右脚的运动轨迹。

② 实线半边箭头,表示甲的左手、左脚的运动轨迹。

③ 虚线双箭头,表示乙的右刀尖、右手和右脚的运动轨迹。

④ 虚线半边箭头,表示乙的左手、左脚的运动轨迹。

详见图2-394所示。

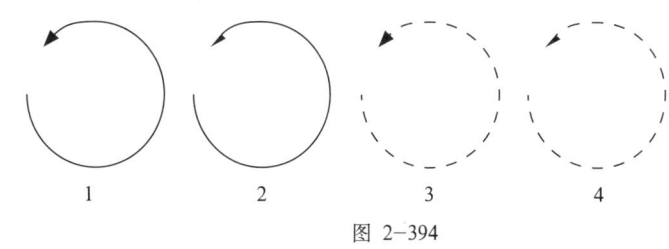

1	2	3	4

图 2-394

对劈刀运动说明

1.抱刀开式

两人相对并步站立,甲立于圈线东,乙立于圈线西。左手抱刀,右手徒手,自然正立,两人相对视,凝神。(图2-395)

甲、乙两人同时举刀、接刀,右手握刀柄,向右转身360°,刀在头顶上划一平圈至右前方成右弓箭步推刀式。(图2-396~图2-398)

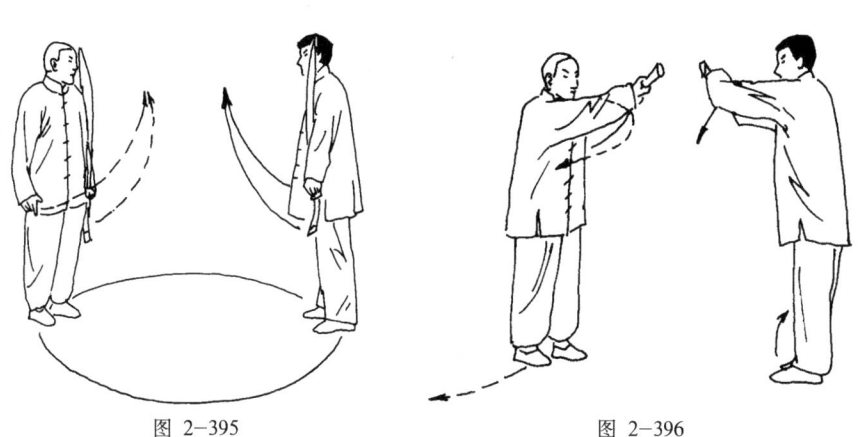

图 2-395   图 2-396

图 2-397   图 2-398

2. 甲进步劈顶

甲向前上两步，挽刀随进步抢劈乙头顶成右弓箭步，左掌向后伸展于后方。（图 2-399）

3. 乙拧腕进步劈顶

乙在甲刀劈来时，向左闪避，左手顺势抓拿甲右腕向上、向左反拧，并向左连续上三步，使甲被动连走三步，在进步时，用右刀抢劈甲头顶部，两人均成右弓箭步；左掌向后伸展。（图 2-399、图 2-400）

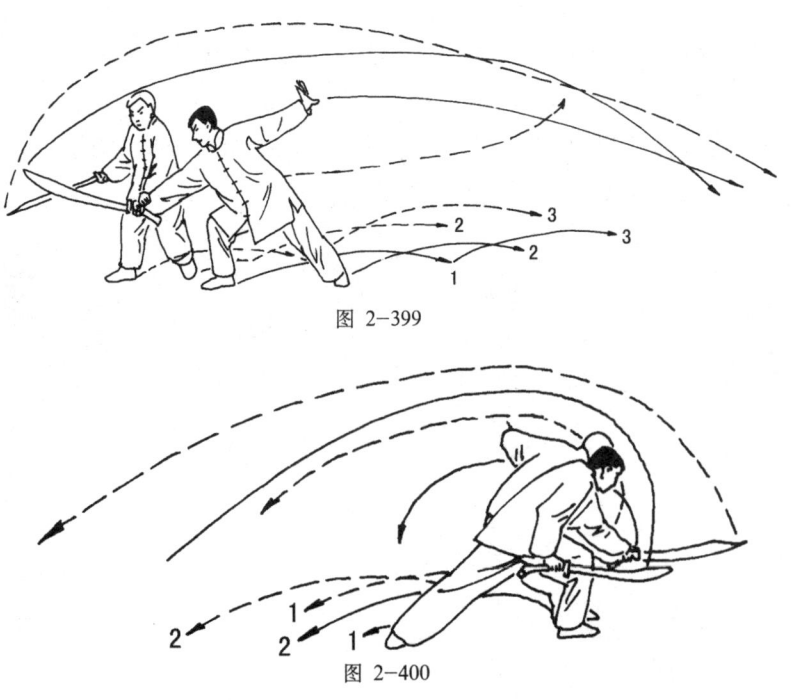

图 2-399

图 2-400

4. 甲拧腕返身正砍刀

甲在乙刀劈来时，向左闪避开，左手顺势抓拿乙腕向上、向左反拧，并向左连续前进左、右两步，令乙亦横走两步；同时，用右刀抢砍乙的头部成右中盘步，右掌随动，目视乙方。（图 2-401）

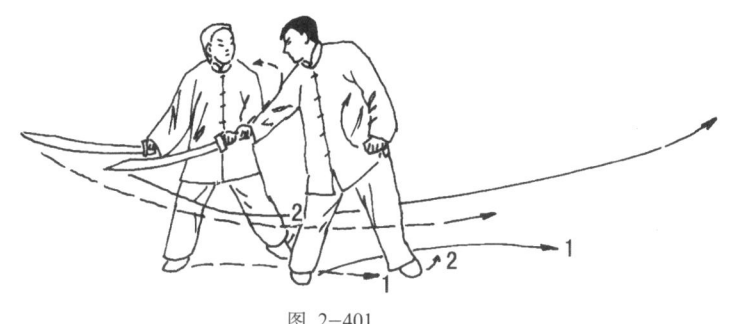

图 2-401

5. 乙擒腕横砍

乙在甲砍来时，向左闪身避开，左手顺势擒住甲右腕下压；当甲抽刀退走时，乙则跟进用刀横砍甲左腰（背）。（图 2-402）

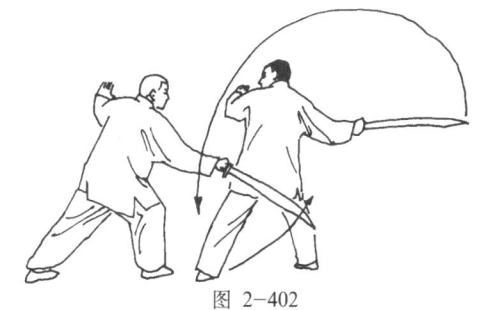

图 2-402

6. 甲退步独立外截腕

甲在乙擒住右腕时，内旋向回抽带并后退一步；而在乙刀横砍腰背时，迅速向左转身，左腿屈膝提起独立，并探身，避开乙刀；同时，刀向后过头顶绕下截乙前臂（或右外手腕），左手随动，目视乙右前臂。（图 2-403）

图 2-403

7. 乙转环外截腕

乙在甲独立闪身外截右前臂时,向左闪身成右虚步,右刀环转一圈,劈甲右外手腕,左手亦反转一圈配合。(图2-404)

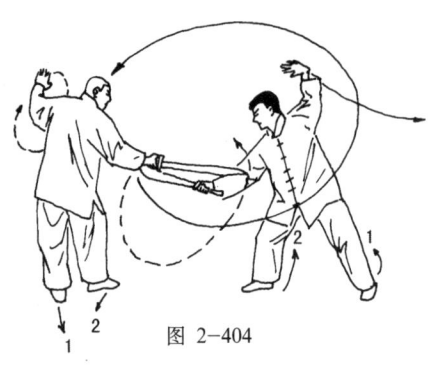

图 2-404

8. 甲转环劈肩

甲在乙刀截来时,两脚向右后滑步,闪身,右腕下沉,顺势挽一圈,向前、向上劈乙颈部;左手后伸。(图2-405)

9. 乙倒步转环里截腕

乙在甲刀迎头劈来时,向后退步闪身,右刀向下转环翻上,截甲右手腕,左手配合转一小圈。目视甲右手腕,(图2-405)所示。

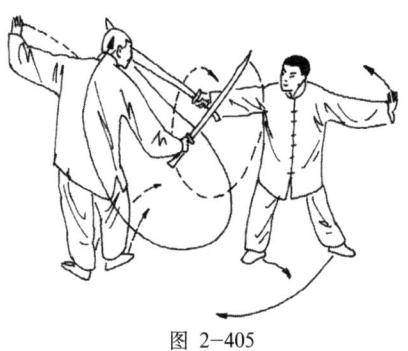

图 2-405

10. 甲绕步外劈肩

甲在乙刀截右腕时,甲向右绕步,右腕下沉,运腕使刀转一圈,向上劈乙右肩;左手划弧上展,目视乙肩。(图2-406)

11. 乙绕步外砍臂

乙在甲刀劈肩时,向左绕步,同时,右刀转环,砍甲右臂,目视刀前刃,如图2-406所示。

图 2-406

12. 甲滑步劈顶

甲在乙刀将砍到自己时，右腕下沉，向右闪身滑步；同时，右刀转环劈乙头顶，左手配合挽一圈，仍置于左前上方，目视乙头顶。（图2-407）

图 2-407

13. 乙绕步十字连环刀

乙在甲刀迎头劈来时，向右闪身，蹁刀提撩，向右绕上一步，右刀向下、向后、向上、向前劈甲头部，动作不停，向右转身，左绕步，右刀顺势向左挂带，向下复向右横扫甲腰部，向右转身，左手挽花配合，目光随劈刀和扫刀移动。（图2-408、图2-409）

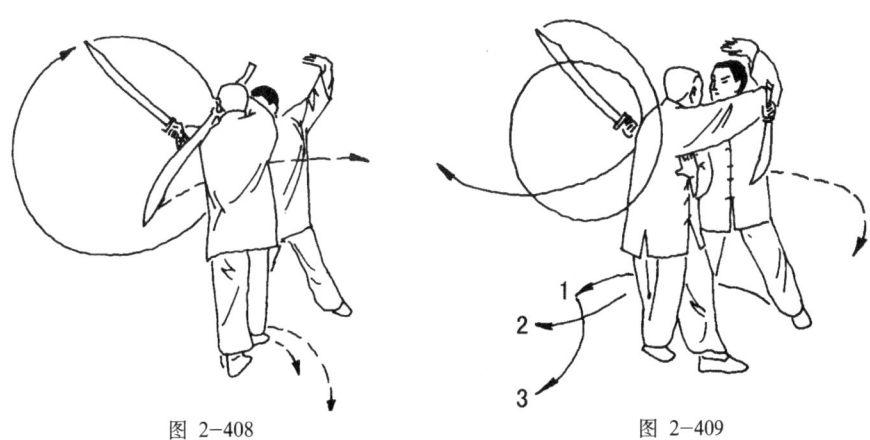

图 2-408   图 2-409

14. 甲转身三环刀

甲在乙刀连环直劈、横扫的同时，向右转身套步；右刀逆时针方向转环两圈随右转身平扫一圈，右腿提起，左掌配合运动，目光随刀头移动。（图2-410）

15. 乙转身片脚

乙在甲转身运刀上扫时，扭步、继续右转身，屈膝下蹲，横刀片扫甲

右脚，左手附右腕内侧，目视刀前刃。（图2-411）

16．甲独立剪腕

甲在乙刀扫右脚时，左腿独立，右腿屈膝高提避开；同时，身体前探，用右刀前刃向下剪乙右腕，左掌置于右腋前，目视乙腕，如图2-411所示。

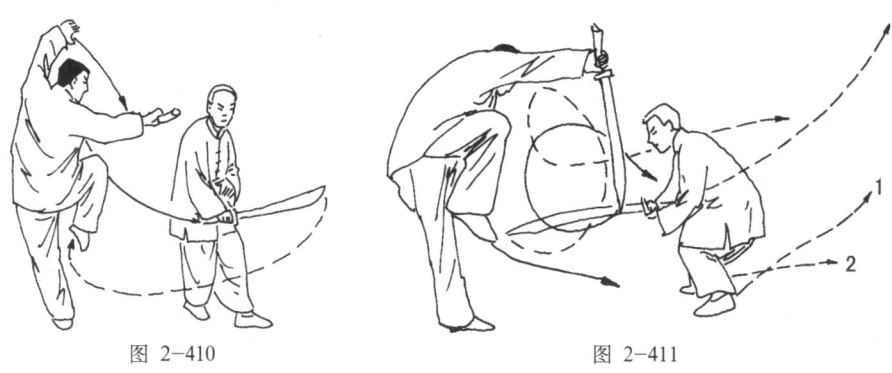

图 2-410　　　　　　　　　　图 2-411

17．乙撤步抹刀

乙在甲将剪刀时，沉腕后抹，向右后撤步退离接触，左掌左展，目视甲方。（图2-412）

18．甲翻腕钻刀

甲在乙撤步退后时，右刀在左侧顺时针方向翻腕挽一圈（刀刃向上），右脚向乙方落进一步；同时，右刀前钻（刀刃向上）乙右肋，左掌上展，目视乙肋，如图2-412所示。

图 2-412

19．乙转环崩刀

乙在甲刀钻来时，左脚向前上一步，右脚再上步；同时，右刀逆时针方向转环到甲腕下，猛然沉腕抖腕上崩甲右腕，左掌展于左前上方。（图2-413）

图 2-413

20．甲转环提撩刀

甲在乙刀将崩来时，右脚向后退一步，左腿屈膝提起，右脚独立；同时，向左探身，右腕内旋翻转使刀头环绕一小圈，微提反撩乙右腕，左掌置于右腋下。（图2-414）

21．乙撤步扬刀式

乙在甲刀剪腕时，右腕向左、向下避开甲刀，继而向右方撤步，右刀向右、向上扬于头顶上方（刀尖斜向下，对场地中心），左掌收于右腋下，和甲脱离接触，目视甲方。（图2-414）

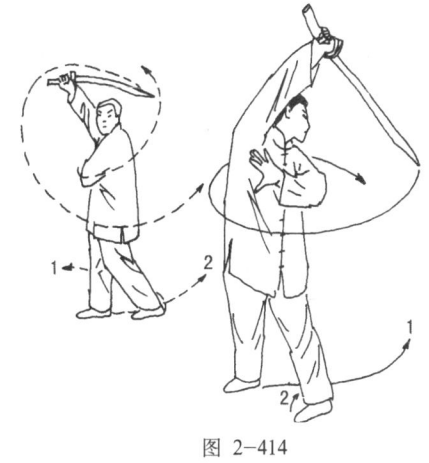

图 2-414

22．甲转身探海式

甲在乙脱离接触后，左脚落于右前方，右脚向后退一步，向右转身约270°，胸和面部向乙成右弓箭步；同时，右刀随身转至右前方，刀尖斜向下面对场地圆心，目视乙（图2-415），接着左脚上于右脚前的圈线上成左虚步，目视乙。（图2-416）

23．乙换步探海式

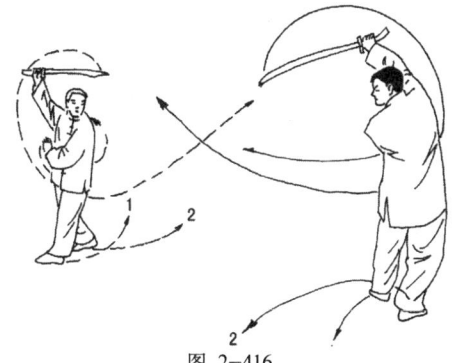

图 2-415

图 2-416

乙退左脚，调右脚，右刀向下、向右前方上撩，高度与胸齐，如图2-415，右脚向右后方撤一步，左脚上于右脚前的圈线上成左虚步式，目视甲，如图2-416。

以上甲、乙二人均做左转探海式，沿圈线向左转走，圈数任意不限。当走到甲在东南方，乙在西北方时，停住。准备变式，如图2-416。

24.摇旗式（甲、乙）

甲、乙二人动作相同，同时运动。

左脚向左上一步，右脚上于左脚前圈线上成右虚步；同时，刀向后、向下、向前、向上撩托（刀平、刀刃向上）；左手外展，目视对方。（图2-417）

甲、乙二人右转摇旗式，双方沿圈线向右转走，圈数随意不限。当甲走到东方，乙在西方时，停住。准备变式，如图2-418。

25.抱刀收式（甲、乙）

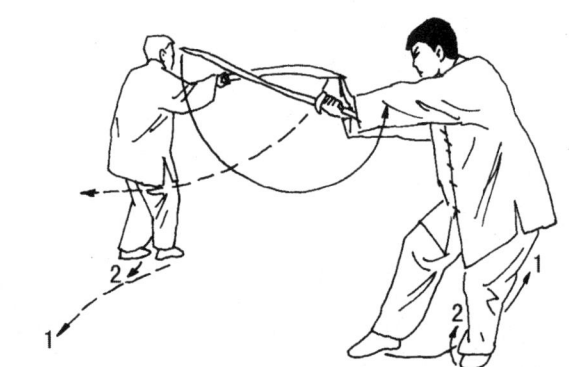

图 2-417

图 2-418

接上式。甲乙右脚向右上一步，向右转身，刀随转身向下、向右、向上划弧；左手附右腕内侧。（图2-418）

向右、向后挂，随后划弧至左后方，右臂越过头顶，刀背下落于左肩上；同时，左手前伸，接握刀柄；同时，右脚收并于左脚内侧，屈膝，身下沉，目视刀柄。（图2-419）

接前面动作，两手放下（左手握刀柄盘，右手空放），左手抱刀，刀背贴于左臂（刀刃向外），身体立起。两人同时在原起势位置，相对而立，对视、收势。（图2-420）

图 2-419　　　　　　　　　　　　　图 2-420

八卦掌传统拳械谱

八卦转掌六十四式谱

乾卦八掌

1. 单 换 掌　　5. 立 椿 掌
2. 双 换 掌　　6. 柔 身 掌
3. 转 身 掌　　7. 下 披 掌
4. 顺 势 掌　　8. 平 穿 掌

坎卦八掌

9. 迎门推扇　　13. 恶虎扒心
10. 倒拽孤舟　　14. 走马回头
11. 二郎担山　　15. 钝镰割草
12. 天王托塔　　16. 老僧披衣

艮卦八掌

17. 青龙探穴　　21. 顺步撩衣
18. 金丝抹眉　　22. 肘里进枪
19. 白猿献桃　　23. 怀中抱月
20. 拨云见日　　24. 倒拔垂柳

震卦八掌

25. 千金坠地　　29. 请客送客
26. 周仓扛刀　　30. 靠山探穴
27. 二仙传道　　31. 刘全进瓜
28. 燕子抄水　　32. 霸王捆肘

巽卦八掌

33. 指南金针　　37. 背 身 掌
34. 团 撞 掌　　38. 翻 身 掌
35. 苍龙摆尾　　39. 孤雁出群
36. 狮子滚球　　40. 旋 风 掌

离卦八掌

41. 回 身 掌　　45. 朝 阳 掌
42. 靠 身 掌　　46. 风 轮 掌
43. 蹁 旋 掌　　47. 换 影 掌
44. 虎 口 掌　　48. 取 水 掌

坤卦八掌

49. 滚腕平撞　　53. 脑后夺冠
50. 玉女穿梭　　54. 腰横玉带
51. 回头望月　　55. 黄莺掐月
52. 霸王摘盔　　56. 尾坠千斤

兑卦八掌

57. 双风贯耳　　61. 恶虎捕食
58. 猿猴爬杆　　62. 十字叠撞
59. 猿猴倒绳　　63. 走马活携
60. 懒龙卧枕　　64. 卧腹栽捶

八卦双头蛇转枪谱

1. 双头蛇使世无双

2. 凤凰展翅欲朝阳

3. 左右凤凰双展翅

4. 青龙出洞进下枪

5. 青龙翻身先挂下

6. 二郎担山赶太阳

7. 夜叉探海三环棒

8. 双头再翻劈砸枪

9. 左右钩开绊马锁

10. 老僧担柴扫四方

11. 太公钓鱼阴阳手

12. 苍龙归海锁口枪

13. 仙人指路三方进

14. 乌龙摆尾盖下枪

15. 青龙抖甲左劈势

16. 铁扇闭门左右防

17. 偷步摆手里外进

18. 双蛇吐信不易防

19. 撩枪就使急进步

20. 退步连环挂打强

21. 要练手眼身法步

22. 八卦第一双头枪

八卦掌七星竿谱

第一趟

太公钓鱼磻溪观，垂竿刮耳左鬓边。他若动时倒献鏊，返身刮耳太阳间。

回身三步下拦走，顺手转身倒撑船。回步偷身戳锁骨，扭身直顿三肋尖。

抽身回首钓鳌顶，左右来时点肾肝。身后有人倒锄地，身旁有人挑撩肩。

前面有人戳肩井，脐下左右也可穿。八方反正须叠肘，南北东西跟头连。

敌来崩竿敲手指，下来垂钓点腕眼。他若臂头抱竿势，他若走时竿后粘。

左来右跨腕头找，右来左跨嗓头钻。更有直去直来法，轻快灵兮自胜他。

盖顶下带盘根棍，盘根棍带双插花。说他东来西又转，四方四角任意加。

初始跟头循环棍，再使织女乱披蔴。忽又太公垂竿钓，稳观动静不理他。

他若来时我再动，我要动时快于他。直砸直撞且不使，速小绵巧实堪夸。

步小动一寸，步大三尺加　，大小快慢要稳拿。

第二趟

叠肘三关步开合，起落钻崩手足擦。左右摇身加肋杖，三寸跺地崩下颌。

顺把送竿戳二目，抽竿半步点心窝。斜身绕步太阳赶，脱身背后肾俞蛰。

卧身弓蹬拔镫棍，拧身开步抽顶额。退步翻使掀天棒，上步连环气海格。

左抽耳门脑海际，摔竿扑地点脑河。正步跟戳三叉骨，甩竿崩砸两肩窝。

并步倒抽双腕骨，翻挑双簾龙出窝。叠手稳使梅花棍，鹦鹉落架倒鼻窝。

二次重来华盖点，金龙串腕学邓车。左右掰手行者棒，蛰龙出穴探心窝。

甩点眉攒下点脐，横冲直入讲三折。钩刺剑扎稳准脆，金器甩腕步须挪。

若遇徒手三环步，若战枪棍胜于它。左右上下随意使，扭身跨步燕入罗。

第三趟

后手握竿七寸留，左撩右点錾双眸。上前一步翻腕甩，左旋步兮戳咽喉。

倒錾戳脐十分力，合手撩竿向肾抽。高手倒点华盖穴，卧身直捣下颌头。

七寸后錾肾囊杵，拔镫棍向怀中求。托竿绕步太阳赶，进攻腰肾腿心沟。

抱杆直指七孔地，翻杆上下两头搜。左右旋步如肋杖，前后上下七星求。

若逢刀剑七寸錾，翻手合手掌竿头。短兵不理速抽腕，逢迎进取不停休。

钩环器械照枪使，双械闭一功可收。长枪大戟逢竿死，连环越步前手丢。

敌众我寡休忙乱，此竿即是太平侯。快慢任他竿不住，穿梭来往不停留。

但遇空手须留意，一手执竿一运筹。忽又云来忽又雨，翻云覆雨滚绣球。

附注：

① 七星竿是八卦掌门的轻器械，竹竿制成，共计七节，每节七寸，全长四十九寸（合 1.63 米）。竹制最佳者为西蜀产苦竹（实心竹），质坚韧，把中心打通，灌以水银七两，用木塞和生漆封死，金属包头。使用时，水银两头流串，增加重力和惯性力，用以点击穴位和要害部分。

② 原传七星竿传统套路共四趟（套），失遗第四趟。

李子鸣先生 89 岁高龄时为弟子演示七星竿套路

八卦掌云盘杖谱

第一趟

1. 翻砸顺披
2. 三叠肘
3. 青龙分水
4. 乌龙摆尾
5. 鲤鱼翻身
6. 左右鲫鱼摔尾
7. 蛟龙分水
8. 螳螂翻车
9. 合手六盘
10. 前栽花
11. 后栽花
12. 双手合舞
13. 左右穿梭
14. 右穿梭
15. 进步擂鼓
16. 退原穿云箭

第二趟

17. 燕子抄水
18. 渔翁撒纲
19. 指小打磨
20. 四门到底
21. 黄龙转身
22. 金鸡拌翅
23. 量天玉尺
24. 上摘星斗
25. 下抉黄河
26. 子午杵
27. 阴阳鱼
28. 十字杖
29. 百花争艳
30. 左右贯耳
31. 孤雁追群
32. 青龙绞须
33. 怪蟒翻身
34. 归原二郎担山

八卦枪杆对扎六十四式谱

1．持杆对立	17．霸王举顶	33．飞过军山	49．身外横枪
2．脱胎忘形	18．孤树盘根	34．雷震群山	50．天道左转
3．返本还原	19．洒尘扫地	35．金针一拔	51．脚底击鼓
4．蛇入雀巢	20．硃衣点头	36．彩架双虹	52．鹤立鸡群
5．门开铁扇	21．乌云窜顶	37．小舟荡桨	53．探囊取物
6．披荆斩棘	22．蟠龙一条	38．雷石坠空	54．游江赶船
7．勒马听风	23．乌椎蛇矛	39．夜叉探海	55．倒挑战袍
8．怀中抱月	24．山凹飞起	40．狼牙钩人	56．樵夫担柴
9．褒记截粮	25．满地落花	41．长沙失蹄	57．劈头棒来
10．事事如意	26．凭空戏水	42．金钩挂瓶	58．劈头棒破
11．点点风头	27．行者背棒	43．定军山下	59．仰面朝天
12．更上一层	28．来回平扫	44．走马挥刀	60．开怀畅饮
13．三战不停	29．侧耳听风	45．麋鹿衔花	61．双手推山
14．高卷珠帘	30．惊蛇打草	46．量天拔步	62．握杆取水
15．低垂柳絮	31．钟馗降妖	47．剑斩白蛇	63．火焰钻心
16．刘郎登天台	32．雪花吹落	48．井底花翻	64．平地插旗

八卦掌转刀六十四式

1. 右手握刀
2. 向右转盖刀
3. 下刺腿腕
4. 左转拉刀走
5. 蹲步盖左膀
6. 撩腿腕
7. 带还
8. 向前撩刀
9. 蹁左膀走
10. 矮身变探海
11. 拦腰刀
12. 翻身变探海
13. 向右盖刀
14. 捧刀
15. 向右穿腕抹刀走
16. 向右背刀走
17. 向左盖刀
18. 起左腿探刀刺面
19. 海底捞月
20. 里外拦膀
21. 向前盖刀
22. 退步连劈三刀

23. 上步向前劈
24. 倒步拧手
25. 翻身劈刀
26. 劈刀
27. 拧手
28. 翻身劈刀
29. 劈刀
30. 拧手
31. 翻身劈刀
32. 倒捲刀起右腿走
33. 直刺
34. 前刺后蹦步拉刀走
35. 变探海
36. 钻身变摇旗
37. 捞月右转走
38. 钻身盖刀探海走
39. 向左转截腕抹刀走
40. 向右穿刀抹脖走
41. 钻身变摇旗
42. 蹲身向后撩刀
43. 带还
44. 向前撩刀

45. 蹁左膀截刀
46. 向身后盖刀
47. 变摇旗
48. 海底捞月
49. 变探海
50. 截腕走群拦
51. 刺面
52. 钻身变摇旗
53. 向下立刀
54. 向左转右旋变探海
55. 走回头望月
56. 向身后盖刀
57. 变摇旗
58. 向左进步崩脑海
59. 掰左步进右步转身
    砍头
60. 拉刀走变探海
61. 左膀插刀刺出
62. 身后盖刀
63. 里外拦腰
64. 走圈步藏刀劈刀

八卦掌带环片旋刀谱

（八卦连环对刀）

第一段

1. 甲摇旗式

2. 乙摇旗式

3. 甲托刀外撩腕

4. 乙倒步里撩腕

5. 甲上步外截腕

6. 乙进步弓身里截腕

7. 甲海底捞月拦腰

8. 乙撤步提拦

9. 甲左转翻身盖腕

10. 乙进步拦腰

11. 甲翻身盖腕

12. 乙左闪带环

13. 甲左闪劈腕

14. 乙带环劈顶

15. 甲里闪劈腕

16. 乙转身进步劈顶

17. 甲劈腕

18. 乙带环（一）

19. 甲外闪劈腕

20. 乙带环（二）

21. 甲右闪劈腕

22. 乙转身劈顶

23. 甲撤步提拦

24. 乙捞月拦腰

25. 甲拦腰

26. 乙翻身盖腕

27. 甲探海（走转）

28. 乙探海（走转）

第二段

29. 甲顺步反里撩腕

30. 乙进步外截腕

31. 甲倒步撩腕

32. 乙斜身左侧身腕

33. 甲横步反扫腰

34. 乙撤步提拦

35. 甲撤步转身钻刀

36. 乙进步扫腰

37. 甲横刀盖腕

38. 乙片膀劈顶

39. 甲右侧身截腕

40. 乙转身顺步反劈顶（一）

41. 甲外内抹腕

42. 乙顺步反劈顶（二）

43. 甲里劈腕

44. 乙片腕劈顶

45. 甲外闪劈腕

46. 乙反背劈顶

47. 甲撤步提拦

48. 乙捞月扫腰

49. 甲进步扫腰

50. 乙穿掌翻身钻刀

51. 甲穿掌反身

52. 乙盖刀

53. 甲钻刀变摇旗

54. 乙转身变摇旗

第三段

55. 甲托刀外撩腕

56. 乙倒步里撩腕

57. 甲倒步旋头

58. 乙蹲身里抹腕（一）

59. 甲右转身旋头

60. 乙蹲身里抹腕（二）

61. 甲转身扫腰

62. 乙剪腕

63. 甲退步托刀

64. 乙进步刺肋（一）

65. 甲左闪找玉枕

66. 乙进步刺肋（二）

67. 甲卧步闪身扫腿

68. 乙进步翻身脑后摘巾

69. 甲扫腿

70. 乙下刀剪腕

71. 甲翻身劈顶

72. 乙退步里劈腕

73. 甲捞月拦腰

74. 乙提拦

75. 甲翻身盖刀

76. 乙进步扫腰

77. 甲走深海

78. 乙转身变深海

第四段

79. 甲顺步里撩腕

80. 乙上步外撩腕

81. 甲倒步片头

82. 乙退步抹腕

83. 甲转身片头

84. 乙再抹腕

85. 甲转身撩腹

86. 乙立刀截腕

87. 甲上步外截腕

88. 乙翻身刺肋

89. 甲群拦转身

90. 乙刺肋

91. 甲回头望月

92. 乙进步右翻身推舟

93. 甲坐步撩腹

94. 乙截腕

95. 甲翻身反背劈顶

96. 乙外闪剪腕

97. 甲横右步捞月扫腰

98. 乙提拦

99. 甲翻身盖腕

100. 乙进步扫腰

101. 甲走转摇旗

102. 乙穿手翻身

103. 甲走转摇旗

104. 乙变摇旗

附录

八卦掌创始人董海川先师逸事

八卦掌创始人董海川，人称董公，原名海，字汇川，后更为海川。河北省文安县城外二十五里的朱家务村人。公生于清嘉庆二年十月十三日（1797年），卒于清光绪八年十二月十五日（1882年），享年八十有五。葬于北京东直门外东北五里沟小牛房村旁，榛椒村东北红桥大道旁。诸弟子及传人先后立碑四座，记载先生生平事迹。1982年5月移葬于北京西山万安公墓。

董公自幼酷爱武艺、嗜技如命，精通多种拳械；性情豪爽，任侠尚义。壮年时浪游江湖。据传，在江皖间（一说于安徽九华山）遇异人，授以"转掌"，并谓董公曰："吾道以转掌为体，以拳械为用，学而时习之，参悟之，攻造其极，可以无敌于天下，可以独善其身矣！"董公于是笃志受业、研求实践有年，尽其道而艺业大成。继后、精化、总结、提炼发展，首创八卦柔身连环掌，简称八卦掌或八卦转掌，传流于世。

董公所传的八卦掌，乃据先、后天（伏羲八卦、文王八卦）之理，创拳法八掌对应八卦，又进而推演为八八六十四掌之数，生克制化、变之无穷。在器械方面，有刀、枪、剑和奇形兵器等。董公最擅长子午阴阳鸡爪锐、链子锤。

董公出入京师时，隐身肃王府，匿迹销声，不愿公开会武身份，只做侍茶倒水的傭役太监，府中人都不知董公精于技击，更不知其为当代之大侠也。一日，王爷宴客，邀请的王公、贝勒、亲友甚多。宴毕，王爷要显示自己府里护院武装实力，谓府上有武师沙回回夫妇武艺高强，愿为大家表演助兴，凑个热闹。众客皆赞成，于是王爷命沙回回组织献艺。当时沙回回安排自己许多徒弟先练，继后沙回回夫妇上场，他们夫妇二人武艺高强，越练越狂，围观者越来越多，拥挤得水泄不通，观者甚为赞赏。此时王爷命董公倒茶，但因茶饮在后院，相隔数层殿房，而客众拥挤，无法通过。一时情急，董公便一手提壶，一手托盘，飞身越殿，直奔后殿。回来时，手提满壶开水，从殿上飘然而下，就像无事人一般。王爷看见，惊愣久之，便问董公："你也会练呀？"董公说："我只知道一星半点。"当时沙回回亦见到董公越殿飘然而下的艺能，甚为惊异。肃王对董公说："那你就练练，让大家看看。"于是董公便练起八卦转掌，其行走如龙，转势若猴，翻身似鹰，矫柔灵捷，活泼异常，变化万千，后来练到离地一二尺时，做了"八步腾空"的绝艺，大家齐声喝彩，声震屋宇。都说："这位的功夫真是了不起！真奇技也！"

八卦掌祖师董海川

王爷看后，甚为嘉许，心想我府中竟有这样的奇艺能手，于是命董海川替代沙回回为护院总管，而令沙另操他业。沙回回眼看好差重任被董公夺去，敢怒而不敢言，忿恨在心，便不动声色，假意求拜董公为师。董公辞之，但沙回回再三恳求，董公无奈，只得收沙为门徒。沙回回习艺数年，夫妇二人心怀回测，总想谋害老师，以解心头之恨，董公亦早看出沙夫妇二人心存不良，没有真心教授。有一天，董公在房静坐，垂目养神，这时沙二人分别潜于董公住房两侧的两个窗下，用舌润破窗纸，各用火药短枪，对准董公，心想你武艺再高，亦无法避开火器枪击。二人约好，同时前后发动射击，枪声响处，以为得逞，董公必死无疑了。但在短火枪响时，董师不见了，沙夫妇俩惊慌万状，亡命逃窜，董公并不追拿，任其遁去。王爷闻讯问董公："怎么响枪？"董公回说："沙回回夫妇二人行凶要杀我，未逞，现已逃走。"沙回回逃到边外，杀人放火，不干正事。后来又来北京，在天桥卖艺。当时董公弟子尹福、马维祺得知，约了程廷华、刘凤春到天桥逮捕，群雄把沙回回困住，去请老师。于是董公乘大鞍车，垂帘来到天桥现场，掀帘下车后。对沙厉声喝道："孽畜！还不住手！"沙回回一见，立即跪下，口称老师。众人将沙回回捆绑后送到刑部；后来沙回回被正法于宣武门外菜市口。

董公对待门徒，态度很严肃。凡拜师者，就教左转右旋地练基本功，练了很长时间，才有人问："老师，咱们练的什么啊？"董公才告诉说："是八卦。"但究竟是《周易》之卦呢，还是勾挂之挂，董师不爱深说，学生也都不敢多问，学的人都弄不清楚，众徒见老师，如鼠见猫，除练功外，也不敢寻根追源。

然而，董师对门人虽很严肃，但有时也说说笑笑。某天晚上，董师高兴地说："今天和你们解闷儿捉迷藏，将灯熄灭，在此室内，你们找我，能摸到我的，回头另外说（传授）一手。"众徒皆说："好。"于是将灯熄灭了，大家在满屋里找呀，摸呀，闹了半个多时辰；你抓我，我扯你，谁也没碰着老师。将灯点着看时，董师不见了，往上一看，只见董师用两个手指捏住房椽，身体悬在房椽上，引得大伙儿哈哈大笑，学生们也深知董师的功夫了得。从此有不少徒弟跟董师学习轻身术的功夫。

恭亲王府有个太监叶齐三，人称齐三老爷，亦善练武，功夫究竟有多大，谁也弄不清楚。他和董公彼此闻名，未曾见过面。有一天，二人相见，齐三说："董海川你的功夫究竟有多大，妙在哪里？"董公说："我也不知道。"齐三说："这么着，我出个主意，你盘腿坐在这方凳上，在你头上方一尺高处，用绳吊系一块砖，绳上拴一支火香，在火香烧断绳子时，砖掉下来砸不着你，算你功夫到家。"董公说："好。"于是盘膝坐在凳子上。继而香火烧断绳子，砖块砸在凳子上，董公已经站在齐三的背后了。齐三伸出大拇指，对董公说："你算真可以！"

有一天夜里，有人敲董公窗户，董公出屋后，看见一个黑影越房而过，便即追去。该人直奔永定门城墙上去，董亦追上。继而又向西顺城墙绕去，董公随后尾追，两人相距总是那么远近。该人到了德胜门，站住说："我是铁拐道人郭济元。"董公肃敬，并恳请盘桓几天再走。郭说："南京的使命停办，我走了，再见吧！"便消失在茫茫夜色中。

光绪三年，大雨连绵不晴，跳蚤特多，弟子们去董师处学艺。到时，叙话毕，董从桌子缝中扯出一根头发丝，头发上拴了一串细小东西，大伙儿近看，原来是一串跳蚤，大家惊叹称奇。都说老师如此高龄，尚有如此锐利的目力，真是难得。众人想那时晚间黑暗，没有电灯，他是怎么捉的？又是怎么拴的？可以想见，董公技艺微及毫发，真乃妙中奇矣。

光绪六年夏，连日大雨，董公闭目趺坐于炕上，和炕贴近的空斗墙因年久失修，积水浸透根部，突然倾塌，当时有徒弟在旁侍候，墙倒时大惊呼叫，再看董师时，突然不见，回身望去，董公仍闭目安然坐于他处椅上，身上没有一点灰尘。

一年深秋，京城天气较凉，中午休息，董公在炕上睡觉，没有盖被。一侍侧徒弟见此，恐老师着凉，便欲拿被服轻轻盖于老师身上，不想被子盖到炕上时，唯见空炕被服，不见老师，弟子大惊，回身环视，见老师端坐在靠窗的椅子上。慢吞吞地对他道："为什么不讲一声，使我吃了一惊。"董公的功力真到了"一羽不能加"的境界。

一次，董师去边外给王府办事，路遇一群土匪截住去路，叫他站住。董公将鸡爪子午阴阳锐拿在手中，说："你们这些无赖要干什么？"土匪说："要钱，也要你的脑袋。"董说："你们快滚，别找没趣。"两个匪徒喝道："你竟敢口出狂言，宰了你！"说着二人持刀照董公劈来，董公用子午阴阳鸡爪锐一挂一还，二人立即死于非命。群匪看见不禁大怒，发声大喊，一拥而上，将董公围在核心，各种兵器齐向董公攻击，围斗甚烈。董公心想，此类恶贼，夺财杀命，罪不容诛，必须铲除。于是用穿花打柳锐法，上下翻飞，左右飘拂，立即毙贼十余人。余贼惊惧乱窜逃脱，董公腾步追杀，又毙十余人，剩下的头目匪徒，亦相继铲除，一网打尽，为地方除去了大害。

1928年，我和梁师振蒲先生去天津，在东马路国术馆内，梁师告诉大家，他亲眼见到的事：在梁师的师兄弟中有一个是打弹子的好手，打小燕子百发百中。一天董师坐在坑上道："你的弹子打得不错，别看你打小燕子百发百中，但是打人却打不着。"徒弟说："老师，我打小燕子弹弹不空呀。"董师说："你们不信，冲我打来。"徒弟说："我哪敢打老师呀。"董师说："没关系，你就打来，叫你们看看！"弟子说："那我试试，"于是，拉弓拽弹，冲董师头部打一弹；董师并不慌忙，顺弹子用二指捏住，立即顺手一甩，回掷在打弹子者的头上，顿时头上被砸了一个大疙瘩，引得大家哄堂大笑。

董公游历多，见识广，且记忆力极好。弟子们叩头拜师，只要说出家乡住址，他就能说出你家乡的特点及情况。当年梁振蒲先生入门时，董公问到他家乡的地址，梁先生回答："冀县郝家冢。"董公就能说出，村里有个大塚头，村前有小庙，小庙建在塚顶上；还有什么街里哪有井等，说得清清楚楚。同时还指出村里有个秦凤仪先生，是练弹腿的，他的镖掌不错，可惜是死步眼等等。说起其他弟子家乡也是如此熟悉，可见董公的观察力强、记忆力也是超人的。

董公之功力，可谓通化而臻"绝"境，神出鬼没，神妙变化，人莫测其深也。正如孙禄堂（福全）先生在《拳意述真》书中所言："拳术之道，练要合道，是将真意化到至虚至无之境。不动之时，内中寂然空虚，无一动其心；至于忽然有不测之事，虽不见不闻而能觉而避之。中庸云：至诚之道，可以前知；能到至诚之道者，仅八卦掌中之董海川先生，形意拳中之李洛能先生，太极拳中之杨露蝉先生、武禹襄先生四人而已。此四位皆有不见不闻之知觉。"此种卓见，非虚言也。

肃王爱董公之术，授以七品衔位。在京及河北等闻董公之名而羡其术，拜师而习其技者，不下千百人。弟子后辈中，名家、好手辈出，继承发扬，至广至大，而今欣欣向荣，传流海内外，此皆八卦掌首传人董海川先生伟功也。

八卦掌第二代弟子中，其名较著而见之于董公墓碑之背阴面有五十六人：尹福、马维祺、史计栋、程廷华、宋长荣、孙天幸、刘登科、焦毓隆、谷毓山、马存志、张钧、秦玉宽、刘殿甲、吕成德、安份、夏明德、耿永山、魏吉祥、锡章、王孝盛、王怀清、沈长寿、王德义、宋紫云、宋永祥、李万有、樊志涌、宋隆福、王永泰、彭连贵、傅振海、王鸿宾、谷步云、陈春林、王廷秸、双福、李长盛、徐兆祥、刘宝珍、梁振蒲、张英山、郭玉亭、赵云祥、张金魁、焦春芳、刘凤春、司元功、张铎、清山、何五、何六、郭通海、徐鹤年、冯广廉、李寿年、陈泮。其声名较著而未列于碑者：全凯庭（开山门人）、阮真谷、梁世珍、张怀山、钟香林、吴茂亭、李存义、张兆东、司根条、李永贵、刘德宽、梁乐等。

八卦掌第三代传人中较知名者：尹玉章、程海亭、李文彪、郭古民、李少庵、韩六、黄柏年、司鸿波、杨俊峯、居庆元、孙禄堂、马贵、张玉奎、文玉、刘印章、王志、刘金印、张逸民、姜容樵等等，人才众多，限于篇幅，不能一一枚举。

梁振蒲先生生平简介

梁振蒲，字照庭，河北省冀县城北后冢村人氏。生于清同治二年（癸亥）五月二十日，（公元1863年）属猪。幼年在北京前门外东大市新店路北，万兴估衣店学徒。该业系其父所创，承其父业为生，故人称估衣梁。先生性刚直爽，好济人之急，有侠者之风。幼时曾在乡间拜本村秦凤仪先生学谭腿等拳，颇有成绩。入京后16岁又拜董海川先生门下学习八卦游身连环掌，先生勤学不辍，遂艺事猛进（先生在董海川祖师墓碑上排在第40名）。

光绪二十五年四月二十日梁振蒲先生时年27岁，在永外马家堡为争夺脚行事与金镖赵六争斗，打死赵六父子师徒共20余人，因此受清廷之刑部缧绁之灾，后经大弟子李同泰营救幸未处死。此事在当时有报刊记载。

光绪二十六年七月二十日八国联军入京，狱中看守遁逃，在押犯人互砸镣铐炸狱而出，先生出狱后回原籍隐居不出，恐其仇者图害。以后便在河北冀县开设德胜镖局，并授徒多人，以为晚年之乐。先生逝于民国二十一年八月十三日（公元1932年）。

梁振蒲恩师原配夫人系冀县城西北孙郑李庄人氏。李氏未曾生育，便过继二弟之子秋田为嗣，但侄（继子）结婚后不久病故，梁振蒲先生原配夫人李氏亦故，又继冀县城西北谢家庄刘氏夫人。梁振蒲先生与刘氏夫人生有二女，长女16岁故去，次女8岁而亡。1919年刘夫人又生一子名宝焱，属羊。宝焱不会八卦掌，于1979年正月初六病逝。宝焱有一女，名梁俊卿，现年56岁，嫁予冀县城西北良家庄赵双谦为妻，生有二子，长子名新月，次子名新年。

李子鸣

1980年

梁振蒲先生逸事

梁振蒲先生15岁时到北京前门外东大市估衣庄学徒（新店路北一号万兴估衣庄），经常跟随掌柜背着估衣包裹到各门各户去售卖。由于身材矮小体弱，经常生病。16岁时，经掌柜介绍拜董海川先生门下学习八卦掌术，勤学苦练，艺业大进，以功夫精湛成名。因他以卖估衣为生，所以人称"估衣梁"。梁先生除卖估衣外，还在北京教徒传授八卦掌。前门外东珠市口路南"德盛居"、黄酒馆掌柜王成斋是他的门徒。所以他常在前门外东珠市口海丰黄酒馆内，如有投师拜门者，即在黄酒馆办理。

前门外打磨厂恒义昌绸缎庄是河北冀县段家所设，每年要赶郑州庙会卖货，每年梁振蒲先生保镖到郑州。郑州有个刘佩孚的人，精武艺。有人

一九三五年 梁振蒲
先生爱鹏
图书馆
顾问

对刘佩孚说："你看那个保镖的，三块豆腐干高，还保镖呢！你去撞他个屁股蹲儿怎么样？"于是，刘佩孚就去见梁先生，假意请安，梁师一扶他，刘即以膀尖撞去，梁师用手一弹，刘大腿脱臼伤损，他恳请梁师先生代他接上，梁说："我不会接。"刘从此变成残废，一直拖着腿走路。

当时北京火车站只修到宛平县马家堡，站上的脚行，都有头目，但没有正式组织，他们收入很好。时有西城的大光棍金镖赵六到马家堡强夺脚行，两方动起手来；恰梁振蒲先生路遇，出面劝解，赵六非常蛮横不讲理，喝令梁师滚开，并说要把梁师甩到永定河里。梁师说："你们人多，不讲理不成。"赵六更火了："我先把你结束了再说。"赵六用七节鞭打来，梁师一闪将鞭捋住，随即一脚踢倒赵六，一鞭将赵六打死。赵六的子侄、门徒一看红了眼，一拥而上，将梁先生围起，梁师时年 27 岁，出于自卫，将赵的子侄、徒子徒孙都打得脑浆迸裂，据说死伤 20 余人，余者树倒猢狲散，抱头鼠窜而去。赵六的门徒跑到宛平县，叫来马快捕头 10 余人，他们一看梁先生手持的七节鞭打得只剩下三节，已死伤 20 余人，是个干家。班头说："朋友，你这个架打得不错，死的死了，跑的跑了。"梁师说："都跑了我就不打了。"差人说："你这架不打了，在我们地面上，死了这么多人，这场官司你得打呀！我看你够个朋友，不用捕你，请到宛平县辛苦一趟吧。"梁师一看也走不了，说："好，跟你们走吧！"心想打死这些人，也够本了，死也值得。到了宛平县，县太爷问完，当夜就把梁先生送往刑部，收监入狱。

在狱中每天晚上要上封，所谓上封就是睡觉时，犯人都是头冲墙里，将脚手铐都用铁链子拴好锁住，再用两根链子一头插在墙里，链子压在犯人身上，一头用铁链锁住。屋内臭虫特多，犯人动不得，非常难受，如此过了 3 天。后来梁师的大徒弟李同泰花了 30 两白银，在狱中买了一床铺位，就免于上封了。李同泰包修前门楼子，发了财，并和李莲英有交往，所以梁师没有被杀头。光绪二十六年七月二十日，八国联军入侵北京，一切官吏都已逃跑，犯人炸狱，梁师也逃回原籍隐居。后又收徒教授八卦掌，以后便开设了德胜镖局。最后在束鹿县女子师范任教。

当时，冀县河北省立第十四中学，想请一位武师，正好梁师回到冀县，该县便聘请梁师为教师，教授武术。梁师到任后，校长一直恳请梁师表演绝艺。当时校门前，有一荷花塘，直径有三四丈，时值荷花盛开季节，池中荷叶旺盛，梁师说："我试试看。"这时全校师生都到池塘边围观。只见梁师在南岸转掌，走到转弯处，腾步走上荷叶，径直到了北岸。全校师生雷鸣般地齐声鼓掌，惊为绝技。

有一次学校开运动会，邀请了全县的武术界人士表演。时有冀县城西冯家庄陈积义大夫，精于形意拳，陈大夫乃深县刘奇兰先生门人，与梁师交往甚好，人称陈先生。陈大夫儿子名大健，精于杨家枪法，也来参加运动会。大家表演后，梁师拿起一杆大枪，对陈大健说："来，咱爷俩扎几下，你把杨家枪使出来，我给你接着。"说罢，梁师以八卦转枪势相对，陈大健使枪扎来，上、下、左、右、中，怎么也扎不进去。后大健转到梁师背后一枪刺来，梁用背后沉枪法将大健枪砸掉落地，场上响起一片掌声。

冀县有4个人称为四霸天，4人都有千八百斤的臂力。他们名叫苏三胖、麻老胖、杜麻子、大明亮。4人在冀县耀武扬威，作威作福。他们4人靠在一起背对背搏击，多少人也打不过他们。此时梁师才25岁，从京回家正遇上五月二十八日的庙会，苏三胖挑衅，和梁师动起手来，梁师左闪右转，用了一个倒叉步，捲球倒流，一掌打在麻的胯上，将麻老胖打得蹦起五六尺高，落在地上，休克不省人事，三四个小时后才苏醒过来。

民国十四年（1925）河北省国术馆成立，聘请梁振蒲老师为国术馆顾问，国术馆下了一个委任状。当时北平市市长是商震，副市长是傅作义，委任状下了后，梁师来京谢委，商震和傅作义同时接见。时年梁师已62岁，起身对商、傅二位市长说："我比划几下八卦柔身掌请市长看看，请别见笑！"于是转走拧翻，如龙行，如鹰翻，灵活敏捷，气势妖娆。走转同时在脚下加了劲，使木结构的大走廊颤动起来。商、傅二位市长说："老先生慢点，小心走廊，别弄塌了。"三人相视而笑。商震和傅作义送梁到大门外时说："老先生这样大年纪，练得真好！"

冀县城南尧村，有个叫刘奉池的，家中很富裕，又好武，练得也不错。他家中请了一位护院的和司根条（字树棠）认识。当时和刘奉池商议好了，要给司树棠拜门，司本人也同意。即派大车去接，司树棠说："得到后塚接上我师兄梁振蒲一起去。"赶车的不大高兴，可又不能不去，就由司家到了梁家，赶车的见梁师个子小，貌不惊人，有点瞧不起。二人坐车来到小尧村，刘奉池和护院的到村外迎接，互相介绍，喝茶叙话后便举行拜师仪式。宾主都十分高兴。梁师说："你们虽然拜了门，但还没学，你们都有功夫底子，咱们就当作都不认识，来比划一下，也看看你们的玩意，你们也看看我的东西，赶车的师傅也参加，好吗？"大家同意。刘家客厅前是一个大院，靠东墙有一个大猪圈。梁师又说："今天咱们这样吧，真打一场；你们大伙一齐来。拿刀、枪、鞭、锒头、铁锹，随便照我头上砸。大家在东边，梁师一人站在西边。于是大家各执兵器照梁师打来。梁师不慌不忙，直出直入，把他们都扔倒了，但车把势很有两下子，使鞭照梁师打来，梁师往前一进步，腕子一刁，车把势便倒在当地，梁师抬腿一脚把车把势踢到猪圈里去了，猪屎猪尿脏水弄了一身，可七节鞭仍在手里，半天才爬出来，闹得大家一场大笑。车把势换了衣服，给梁师跪下，也要拜门。梁老师说："得了，你的玩意儿很不错，够用的了，算了吧！"

梁师轶事很多，难以记述。

梁振蒲先生门下弟子传人

李同泰　字瀛洲，山东掖县人。

耿　全　冀县人，刻墨合为业。

呼子斌　冀县人，成衣行，后入北京会友镖局。

滕子雨　山东掖县人，估衣行为生。

刘华堂　河北枣强县人，估衣行为生。

盖文修　在保定拜门。

刘华亭　山东烟台人，估衣行为生。

李宝鼎　山东掖县人，内行为生。

王成斋　山东掖县人。

夏松岭　山东海阳人，估衣行。

刘进才　冀县人，木器行为生。

李梦瑞　字少奄，山东海阳人。

李万才　山东掖县人。

王凤修　冀县漳下人，新衣庄为生。

郭德仓　字古民。河北冀县，郭家庄村人，一生以教八卦掌为业。
　　　　（门下弟子有：诸葛家保、傅质斌、刘介民、王其昌等，
　　　　其余百人略记）

田金峰　郑州东关人，裱糊行为生。

苏　亮　冀县人，谷称苏三胖，老胖又名青槐，杜二麻子。

张东海　冀县后冢村人。

刘和贵　冀县城东竹林寺庙为武老道。

秦老督　武邑人，冀县落户，保镖护院。

傅振伦　新河人，1919年在冀县十四中学入门，后落户北京，学者。

李子鸣　冀县李家桃园人，革命干部，1921年同李金豹一起于冀县拜门。

李金豹　冀县李家桃园人，医生。

赵世奎　冀县城西良家庄村人。

高庆锋　字启声，河北冀县淄村人。

高庆云　河北冀县淄村人（女）。

王超人　籍贯山东，后移居奥地利维也纳，德国古典文学博士。

安国良　河北清苑县人。

　　梁振蒲先生逝世后原安葬于河北冀县。1986年，其弟子李子鸣回家祭拜，发现梁振蒲恩师的墓已经损坏，由于地势不佳，也被水淹了。李子鸣率恩师梁振蒲门下传人将恩师的墓于1986年移至北京西山万安公墓，以尽弟子之孝道。

李子鸣先生在董海川先师灵柩迁葬大会上的讲话（节选）

各位首长、同志们：

　　1980年8月，我们成立迁葬董公灵柩委员会，向北京市和云南等6个省市武术爱好者们发出了迁葬倡议。这个倡议首先得到了国家体委、北京市体委、体协、北京市各大院校有关负责同志们对我们大力的支持，得到各地武术爱好者响应，得到了原墓地所在生产队和万安公墓的同志们的大力支持，使得这个自发的群众性活动迅速而顺利地进行，这正说明董海川先生在人民群众中的影响是深广的。董海川先生的贡献是民族的，光荣的，是武坛的骄傲。我们迁葬董公灵柩，就是为了更好地纪念董海川先生，

进一步发掘整理民族武术遗产，这不仅是国家体委12号文件的号召，也是我们每一个民间武术爱好者的心愿。我们要珍惜这份民族遗产，继承好这份民族遗产，不断地完善和发展祖先为我们留下的一切文化遗产，不愧为中华民族的子孙。

李子鸣

1981年

李子鸣先生手迹选录

李子鸣先生 1954 年日记

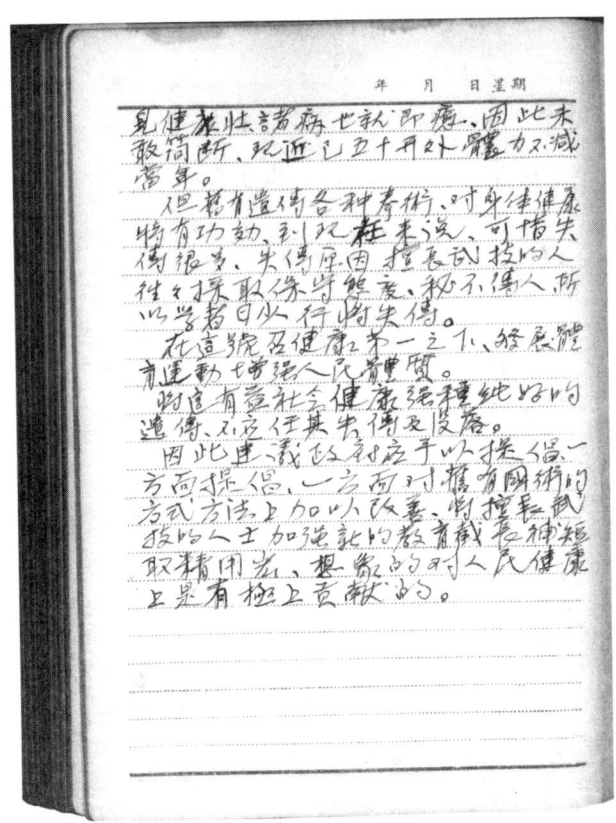

继承发扬传统武术是李子鸣先生一生的不懈追求，他在 1954 年 3 月 4 日日记中写道：

"旧有遗传的各种拳术对身体健康特有功效，到现在失传很多，失传原因，擅长武技的人往往采取保守态度，秘不传人，所以学者日少，行将失传。"

"因此建议政府予以提倡，一方面提倡，一方面对旧有国术方式方法上加以改善，将擅长武技的人士加强新的教育，截长补短取精用宏，想象对人民健康上是有极大贡献的。"

李老早就看到优良拳术失传的原因，所以对后学慷慨解囊，倾其所有。

李子鸣先生 1962 年写给魏书绅书的转掌歌诀

李子鸣先生1973年写给女儿李秀人的信

　　这是李子鸣先生当年寄给黑龙江生产建设兵团的女儿秀人的一封信，信中抄录了明朝爱国名将袁崇焕和革命先烈李大钊的诗句，以此来鼓励女儿报效国家。

一封没有寄出的信

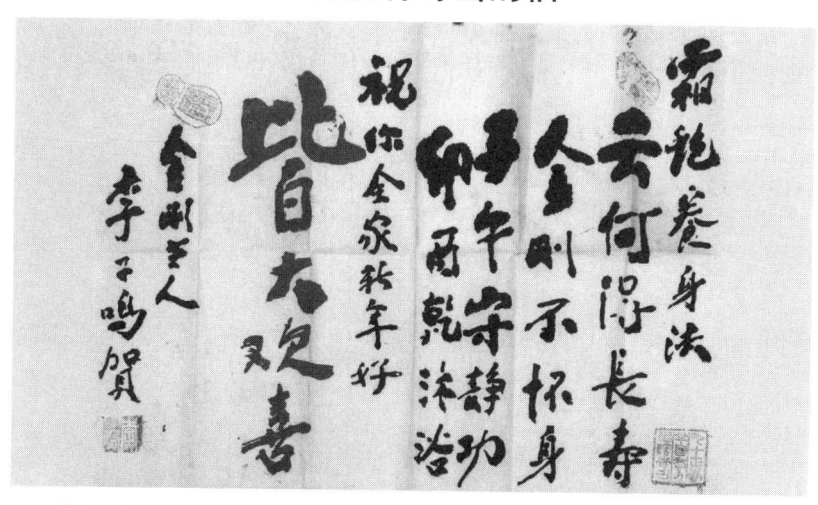

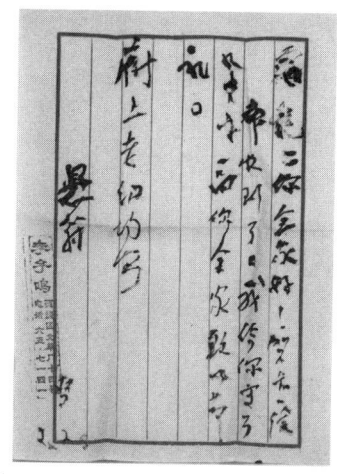

20 世纪 80 年代初，安徽省休宁县果品店一位叫刘霜艳的女孩儿，慕名写信给李子鸣先生，求教八卦掌。李子鸣先生收到信后，立即回信寄书给她，函授她气功养生健体及八卦掌，10 年后，1992 年春节，刘霜艳写信给九十岁高龄的李子鸣先生，她说经过 10 年的锻炼，自己身体已经好多了，她感谢李子鸣先生，并承诺，有机会到北京看望李子鸣先生，可惜这是她和李子鸣先生最后一封通信。李老收到她的信马上回复，并为她书写了养身法，可惜，这封回信也未来得及寄出，李子鸣先生就病倒了，成为了永远的遗憾……

回忆文章选登

深切怀念我的父亲李子鸣

有一位著名的女作家写过一本书，叫作《世上最爱我的那个人去了》。我想说，世上最爱我的那个人，也是世上我最爱的那个人也去了，他就是我的父亲李子鸣。

算起来，父亲离开我们已近20年了，可以说，20年我没有一天不想起他。多少次，我一个人站在他的遗像前，望着他那鹤发童颜的容颜，感受着他那深邃而又充满慈爱的目光，心中默默地呼唤着他。他那熟悉的笑容和风采，让我感到无比温暖，仿佛又把我带到昨天……

父亲自幼习武，先习燕青拳，1921年，带艺拜董海川入室弟子梁振蒲为师，研习八卦掌。随后，入河北省国术馆，得到了张占魁、尚云祥、居庆元等武术名家的指授。在北京，与师兄郭古民、李少庵、曾省三等众多武术名家交往密切，他博览了不同流派的技法，收集了大量资料，取名家之长，完善了梁振蒲先生承传的八卦掌体系。他对于中国传统武术的热爱与投入，可以说是发自肺腑，贯穿了他坎坷的一生。

我在整理他的遗物时，找到了一本日记，这是他在"文革"中遗失的几十本日记中仅存的一本。就是在这本日记中，我看到了他对中国传统武术事业的忧虑与热忱。

在1954年的一篇日记中，他这样写道："回忆我幼年间，因身体虚弱已达极点，中医治疗无效，行动都非常艰难。后跟京师一位著名武术家梁振蒲先生学习武艺，不到一年身体逐渐康壮，诸病均愈。因此，几十年不敢间断，现已五十开外，体力不减。"

接下来他又写道："旧有的各种拳术，对身体健康特有功效，可惜失传很多。失传的原因，就是擅长武技的人，往往采取保守的态度，绝技密不传人，所以学者日少，行将失传。""……因此，建议政府，应予以提倡，一方面提倡，一方面对旧有的国术在方式方法上加以改进，对擅长武技的人士，加强新的思想教育，截长补短，取精用宏，想象这样做对人民健康是有极大贡献的。"正是因为父亲在20世纪50年代初就对中国传统武术事业的传承有了这样清醒的认识，所以他才能身体力行，为传承、传播中国传统武术不遗余力。

要传承中华传统武术，首先自己要有好的武技。父亲功夫纯厚，是因为他几十年如一日的勤学苦练。父亲随身的小笔记本有十几本，上边密密麻麻地记载着各种拳术的口诀、练功秘籍和武术套路。这些小笔记本都被父亲翻烂了。父亲记忆力非常好，80岁时，对传统武术的口诀套路仍倒背如流。这不仅源于他的天赋，更源于他的勤奋。父亲50多岁才有的我。所以我上小学时，父亲已经拄拐杖了。当时拄杖的原因不是因腿脚不便或老态龙钟，而是因为他愿随手执杖练习。记得母亲常说："人家拄拐是拄着走，你爸爸是抢着走……"

在我们家，父亲永远是起得最早的一个人。寒冬酷暑，我们还在酣睡中，他早已开始了晨练。晚上不管多累，他都要练完功再入睡。在我的记忆中，他从未因为年节和身体的不适或加班出差而间断过，他和有些武林同好就是在外地出差或公园练功时相识的。

父亲是1974年后在北京正式按传统方式收徒的第一人。当时"文革"尚未结束，左的思潮仍根深蒂固，个别弟子虽跟父亲学习了多年，可对正式拜师还心有余悸。其实，在20世纪60年代初父亲已开始传授武术了。那时条件差，也没什么场地，父亲和学生大部分时间就在胡同里的空场上练习，我对八卦掌更多的了解也就是在那时。晚饭后，父亲拿个大芭蕉扇，一边扇着路灯下的蚊虫，一边指点学生的动作，夏天热得大汗淋漓。为了纠正一个动作，一练就是几个小时，他们的背心能拧出汗水，穿的球鞋里也都能倒出汗水来。"严师出高徒"，由于父亲严格的传授，所以得他亲传的弟子，功夫都比较扎实。

父亲的弟子中，有工人、农民、学生、干部。那时到家里来求艺的，有高干也有普通百姓，父亲都一视同仁，平易近人。有一次，一个东北的男孩，背着家人慕名而来找到我们家中，父亲了解到实情后，马上让母亲给孩子做饭，又积极和他家中联系，自己出了盘缠安排人将孩子送回了家。有一位安徽山区的女孩儿，身体不好，给父亲写信求救，父亲一直与她通信多年，函授她学习八卦掌和气功，使她身体逐渐好起来。直到父亲逝世的前一年，父亲还在春节时画画寄给她。

父亲有两位河南的徒弟，当年生活拮据，千里迢迢来京拜师学艺。为了节省他们的开支，父亲每天都教得很晚，尽量让他们多学一些，而早上比学生起得还早。有几次，学生晚上练得太乏了，早上起不来床，父亲气得用拐杖把地板拄得咚咚响，说："几千里来学艺，太阳老高还睡大觉，八卦掌指你们怎么往下传？"当他了解到学生起不来的原因后，又和蔼地说："晚上别练得太晚，练功也要有方法。"

父亲传授武艺，不分男女老幼，富贵贫贱，门里门外，只要喜欢，只要热爱，他都热心传授。人说："一般老师，宁教十手，不说一口。"可他传艺均口传心授，追着赶着教，毫无保留。在他的弟子中，手中保存着他手抄本拳谱的不止一位。那个年代复印一本书很昂贵，大多是他本人或他求人用毛笔一点点抄写，或复印无偿赠送给学生和朋友的。

在交通尚不发达、道路尚不完善的 20 世纪 70 年代初，他多次到北京郊区、河北等地送艺上门。有时在学生家一住就是十天半个月。起早贪黑，每天一练就是到晚上 12 点，而早上不到五点他又起来了，有时学生都熬不住了。弟子们在回忆他时无不感受到他为人师表、诲人不倦的为师风范。

一位河北弟子在回忆他的文章中说道，父亲最后一次要去看他们，几乎是乞求的口吻，说："现在我眼睛看不太清楚了，想再去看看你们练得怎么样了，再给你们说说。如汽油有困难，我自己想办法解决。老师顿首。"现在读来都令人心酸。几十年来，父亲授课从来是分文不取，为节省钱，他往往从西直门步行到展览馆去给学生讲课，弟子们不忍心，要凑钱给他买张月票，可他执意不肯。

父亲生活简朴，生活也不富裕，但待人豪爽，乐善好施，家人戏称他为"过路财神"。别人只要有用，他自己再珍爱的东西，也舍得相送。客人来访每逢饭时，他必要诚意留客吃饭，不吃不行。

父亲非常爱才，特别是武术人才，谁要是能把八卦掌这一传统武术发扬光大，传承下去，那他待他就比亲儿子还要亲。现任国家体育总局武术研究院秘书长、专家委员会执行专家的康戈武研究员就是其中一位。康戈武先生在读研究生时，毕业论文是"八卦掌源流之研究"。当时他慕名找到父亲。初次见面，父亲了解到来意后，一下子打开箱子，里边有他几十年积攒的上百本资料，父亲说："你全都拿去！"康戈武先生说："那怎么行，这是您一生积攒的！"不仅如此，父亲还列出在京武术界朋友和名家的名单相赠，便于康戈武先生拜访。由此可见，父亲待人的诚挚与思想的开明，心胸的开阔。

1984 年 4 月，父亲感到自己虽身体健康，可毕竟年老了。为把自己所学的东西留下来，他和弟子们在紫竹院公园拍摄了全套动作片。虽然当时摄影器械、拍摄场地条件都有限，而且时间又紧，摄影效果和现在专业的无法比，但录像十分珍贵。我们也只能从这仅有的影像中，看到父亲当年的风采和他健康的体魄。

他在片头中这样说："董海川先师始创八卦掌，已遍布全世界，各地中外人士爱好者颇多，吾拜门下第二代梁振蒲先生为师，已锻炼 70 年有余……接受恩师及众师伯、师叔教诲深受其益，八卦掌创自董海川先师，为中华武林精英，至此机会把先辈所传尽数献出，盼后辈武林研习，崇武尚德，把这宝贵的中华文化遗产继承下来，为祖国为人民做出贡献，振兴中华，吾愿足矣。"父亲不仅为后人留下了宝贵的影像资料，还留下了大量珍贵的武术理论资料。

怎样将传统武术古为今用，进一步普及继承和发展，是父亲所思所想的。正本清源，维护中华民族的尊严和武术文化地位也是他一向遵循的。

20 世纪 70 年代，他和弟子在拜访一位武术教授时，听说国外有个别人说，中国传统武术已经丢失，真正的武术精髓在日本时，心绪难平，气愤至极。也就是在那时，他撰写了为董海川先师迁坟的启事，决心把多年来一直所想办的一件事变成现实。那就是将"文革"中被铲平的八卦掌创始人董海川先师的遗骨和墓碑挖出来迁建。在当时"文革"后期，这可是惊人之举，不要说做，大多数人想也不敢想。他的建议一提出，就引起了各界人士的震惊，阻力很大，但父亲是一个有毅力的人，一旦目标确定就一往直前。当时他对母亲讲："就是没人响应，我一个人也要干！"当时也有人有顾虑，但父亲一再表态说："出了事我一个人承担！"

最终父亲的迁墓倡议书，还是得到了门内及国内外许多武林同好的响应，迁坟委员会就设在我们家中。

当年为寻找董海川墓碑是件难事，过去的墓地已夷为菜地，不仅要做菜地主人的思想工作，还要开各种证明，真是说薄了嘴跑断了腿。总算同意挖了，但没有探测仪，父亲和一些老武术家们是纯凭记忆找方位，可谓大海捞针。当时父亲已是近 80 岁的人了。带领大家奋斗了多日，寻找遗骨的最后一天，正赶雨后，菜地泥泞，费了半天劲也找不到，大家都很失望。

中午时分父亲带领大家到附近去吃面，安排好大家，他自己一个人又悄悄跑回菜地里挖起来。等大伙吃完饭，见父亲一个人顶着烈日饿着肚子在挖找，都非常感动，一齐上手，齐心合力，终于在最后一天下午把董先师的遗骨找到了。

董海川先师的新墓地选在京城龙脉万安公墓，这也是父亲和一些八卦掌老前辈及弟子们看了几次选定的。但当时万安公墓，除烈士和知名人士等一般人进不去。无奈，父亲找到了他的老领导，当时主管民政的北京市副市长陆禹同志。陆禹同志携夫人多次去了万安公墓进行协调才同意卖地。在整个建坟过程中，父亲一直认真监管着，隔两天他就用手绢儿包上两个馒头，带着小外孙，有时爷孙俩在工地上一呆就是大半天。当时，从西直门内到万安公墓要换好几次车，还要走很多土路。对于近80岁的老人来说，真是不容易。

董海川先师的墓碑建成那天，是父亲最高兴的一天。典礼仪式前，为整理资料文件，他一夜没睡，眼睛熬得通红。为纪念父亲，由中央新影音像出版社出版的《一代宗师》影像资料中，有父亲在墓碑迁建典礼上的讲话，今天听来仍字字千斤。董海川墓碑的迁建，在国内外武林界引起了巨大的反响，父亲在讲话中所阐述的意义是深远和超前的。董海川墓碑建成后，

李子鸣先生为本书赠书题词

各地其他拳种中的武林同好也纷纷将"文革"中被毁坏的武林前辈墓碑重新修建，台湾、香港、澳门等地以及日本的武林界人士也都前来认祖归宗。正如父亲所讲："虽然经过了'文革'的洗劫，但武术的根永远在中国。"这件壮举推动了当时传统武术的振兴和发展，意义是深远的。能完成此举，也充分证明了中国武林同好所共有的爱国热情和民族精神。

在董海川先师墓碑落成后，父亲又先后将恩师梁振蒲和师兄郭古民的墓迁至万安公墓，充分体现了他尊师重道、尚武崇德的精神。而闻名中外的八卦掌墓碑群也初步形成了。

董海川先师墓碑建成后，父亲并未在一片赞扬声中睡大觉，也没有丝毫的停歇。他对学生说："我们要干的事还很多，我们下一步的工作关键是要把大家组织起来，改变传统武术一团散沙的局面，这样才能不愧对祖国，不愧对先人。武术才能发展起来。"在他和弟子及八卦掌门中人士的不懈努力下，在中国武术协会的关注和北京市武术运动协会领导的大力支持下，他率先成立了全国第一个传统武术单拳种研究会——八卦掌研究会。研究会成立后，他把家中"文革"时被占用刚落实的三间房给研究会使用，一用就是十多年，直到他逝世才迁走。在这块天地中，他忘我地工作，接待来访，回复信件，组织开会，著书立说，办会刊，办辅导站。最多的时候，在全市办了近30家辅导站，免费传授八卦掌。他说："有普及才能发展，有发展才能提高。"可以说，八卦掌研究会的成立对全国传统武术事业的发展起到了推动作用。此后，许多单拳种研究会都成立了。每当这时，父亲就特别高兴，他没有门户之见，他认为各武术流派要各取所长互相学习，所以，哪个拳种成立研究会请他去，他都积极参加，又赠字画又赠书。

为了大家都能领会八卦掌的要领，他打破传统陋习，率先在武术刊物上公开发表过去秘不传人的八卦掌的秘诀"三十六歌"和"四十八法"，以便让更多的武术爱好者学习。为了把传统武术很好地传播下去，他不仅不顾年迈言传身教，还夜以继日地伏案整理，将他几十年所积累的宝贵武术材料，刊印成册。他拿出自己的工资，把孩子孝敬的零花钱，都用在武术事业上。那么大年纪，一天工作十几个小时，真是太累了！他的十几种专著印出后，对朋友及爱好者都无偿馈赠。其中也有个别人，将他的心血改头换面窃为己有，但他把此看得很淡。一次，友人拿来一本册子，是别人盗用他的原文出的，而内容全是父亲写的东西，父亲沉吟了片刻说："反正他也是为了宣传八卦掌。"现在印刷事业如此发达，书籍一本比一本精美，可越是这样，越对比出父亲当年出书的艰苦和他那些专著的珍贵。

他的弟子不仅有国内的，还有国外的。在国外弟子中，他和日本佐藤金兵卫的师徒友谊最深，佐藤尊他为老父亲。1993年父亲去世时，正值春节，佐藤先生得此噩耗，即刻到中国驻日大使馆办签证，虽是春节期间，可大使馆一路绿灯，很快地办好了手续。使馆人员对佐藤竖起大拇指说："你的老师，这个。"当时佐藤因过度悲伤，醉卧机场，到达家中，人们把他搀到父亲的遗像前，他痛苦得讲不出话，一个劲儿地用手指胸口。

1997年，按照他"死后和中国父亲在一起"的遗愿，已将他的一部分骨灰安放在父亲墓旁。我想，这也是世界武林的一段佳话。

父亲曾在20世纪80年代，以86岁高龄只身一人远渡重洋到日本和新加坡讲学，把他习武的宝贵经验传授给国外爱好传统武术的人们。他的胸怀是广阔的，他的目的是用中国的国粹、优秀的传统武术来为全世界人民的健康服务，让中国传统文化在全世界广为传播。

今天，他的愿望实现了。2002年他的一位弟子在我们的老宅收徒，我数了数，一次就有来自世界7个国家的学生。可谓"桃李满天下"。

我觉得，有件最遗憾的事，就是父亲生前未看到"李子鸣武术馆"的建成，1993年，有关部门已批准建院，地址也选好了，印章也刻好了，但由于种种原因未能兑现。父亲临终前，还亲笔给香港霍震寰先生写信，希望他支持此事。虽病卧在床，可字迹力透纸背。

父亲在他生命最后的时刻，还在忧国忧民，他自始至终都是像人们评价的那样"爱国、爱民、爱乡"。是一位志士仁人。

我16岁下乡到北大荒。 20世纪70年代后，有人陆续返城。为让我安心边疆，努力工作，父亲给我寄来了民族英雄袁崇焕的诗。诗中写到："五载离家别路悠，送君寒浸宝刀头。欲知肺腑同生死，何用安危问去留。策仗只因图雪耻，横戈原不为封侯。故园亲侣如相问，愧我中原尚未收。"

这种对中华民族的赤胆忠心，无私无畏的精神确实一直激励着我。这首诗同时也是父亲做人的写照。父亲在急救中心抢救时，让我到中国书店买了两本书，一本是孔子的《孝经》，一本是《后汉书》。前者我想是让我们在他走后照顾好母亲，后者是他一直期望读的，后来我把其中一部分陪葬在他的墓中。父亲热爱学习，生活简朴，把钱全用在武术事业和学习上。信纸、邮票、笔墨永远是他最需要的。

父亲对我们生活上关心，思想品德上要求也很严格。我们姐妹中，每人手中都有一本父亲赠的《论三缘四正》，要我们正大光明做人做事。父亲对我们的教诲让我们受益终生。

父亲虽是习武之人，可他最忌讳做一介武夫，他提倡德才兼备，文武兼修。他在字画方面的造诣也颇深，他的画曾被军事博物馆作为国家文物收藏。他懂医术、精酿造，爱戏剧，喜培植，他对生活的无比热爱，对事业的孜孜追求，缔造了他多彩的人生。

大姐说："父亲是一个平凡的人，又是一个不一般的人。他不是作家，可写了那么多书；他不是教师，可教授了那么多的学生；他不是明星伟人，可是收到了国内外那么多的聘请，受到那么多人的尊敬。他积极向上，宽容忍让，他的人格魅力深深地影响了我们全家。"真的，父亲要再多活十年该多么好啊！他一定还能为武术做好多事。由于父亲对武术事业的贡献，在他生前和去世后，国家和各界人士都给了他很高的评价，我觉得他无愧于那些赞扬。谈到父亲对中国武术事业的贡献，确实不能不说起我的母亲线起华女士。母亲是典型的中国传统妇女，相夫教子，任劳任怨，在这个家里她总是吃苦在前享受在后，对于父亲热心的传统武术事业，特别支持。几十年来，接待来客，沏茶倒水，买菜做饭，接听电话，发送信件……凡去过家中的武术界领导、弟子、友人都对母亲交口称赞。母亲在世时曾任八卦掌研究会第二届顾问，也被多家武术团体聘为名誉院长和顾问，她有着很强的记忆力，对于八卦掌的人员相当熟悉，被门中人称为"活字典"。2005年，时任中国武术协会主席王筱麟亲自为母亲颁发了奖杯，表彰她及家人多年来对中国武术事业的贡献。

父亲虽然走了，可他的事业还在。他的精神是永存的。正如原亚洲武术联合会主席、中国武术运动协会主席徐才先生所题，他——

人去事业在，人去人缘在，

人去风范在，人去精神在。

李秀人

1993 年 4 月 21 日完稿于京

追忆恩师李子鸣先生

怅望师门，立雪坐风怀往昔；
深涵教泽，耳提面命想音容。
亦师亦父，墨海难书双重爱；
承甘承露，弟子厚沐泰山恩。
亦严亦慈，父愿母心潜在德；
教益良多，仰止高山心向往。
赖先师善诱循循；金口玉言传弟子。
丈夫凭正气；君子仗德行。
哭恩师，挥涕洒泪；
九回肠，江涛泉涌。

  光阴如箭，斗转星移，转眼间恩师李子鸣先生已过世21年了。回忆往事，还历历在目。记得在1977年，恩师李子鸣先生从北京体育学院一位教授那里听说，日本武术界有个别人说"中国的武术精髓已丢失，真正的武术宗师在日本"的言论后，怒不可遏。那些日子，恩师的心情一直都很沉重。老人家深感老一辈武术家大都年事已高，在世的也已凤毛麟角，若不及时拯救、保护、挖掘和整理武术的密传绝技，传统武术极有可能丢失殆尽。恩师李子鸣先生郑重地承诺，"要把先辈所传，尽数献出，让武林后辈研习、把这宝贵的中华文化遗产传承下去，为祖国、为人民做出贡献，吾愿足矣！"恩师不顾年事已高，抓紧时间坚持不懈地传授弟子门人武功。

  在官园、在北京展览馆、在紫竹院公园，在陶然亭窑台、在大专院校和公安部门都可以见到恩师不知疲倦的身影。恩师一招一式、手把手、耳提面命、一丝不苟地传授技艺。那严谨而诲人不倦的教学风范至今仍使我铭记于心，老人家的谆谆教诲也时常在耳边回响。虽然恩师离开我们已有

21个年头了，但恩师那生命不息、奋斗不止的精神，令我感慨万千。在教学中恩师是一个不折不扣的"严师"，但在生活中却处处以慈母般的仁心关心和鼓励弟子。

为了传艺授功，不论是烈日炎炎，还是北风呼啸，恩师都一如既往，不辞辛劳。有时步行，有时乘公交车，有时甚至是几十里路骑自行车授徒传艺，送课上门。张全亮师兄在他出版的《八卦掌精要》一书中写到"百里登门送真情，再次屈尊育桃李"，深切缅怀了恩师李子鸣先生。

为了挖掘整理武籍资料，为了更好地传播武术文化，为了武林人的梦想，恩师可真算得上是抛家舍业了。那些年恩师不知走过了多少地方，不管是黄河两岸，还是大江南北都留下了老人家的足迹，他老人家不辞辛劳，心甘情愿地将自己的退休工资作为采访的交通费，到处去收集采访濒临失传的武术资料。他这样做，自己家的生活费用自然就减少了很多，可尽管是这样，恩师的家人也从未责备过恩师，而是一如既往地支持着恩师的武术事业。

20世纪70年代末的一天，恩师语重心长地跟我讲："志善，我有一个心愿，想把八卦掌的资料整理出来，著成书，留给后人，你是我弟子中唯一一位清华大学生。乘着我还能走动，你抽时间和我一起，赶紧把需要考查的地方和要拜访的人都采访到，也好帮我将采访到的资料整理和撰写出来。"我欣然答应了，只要工作有空隙就抽时间和恩师一起伏案整理八卦掌资料或者一同出去采访、考查古迹及收集八卦掌的名人轶事。

记得在20世纪80年代初期去河北省码头乡向阳村采访史建华先生（八卦掌第二代传人刘凤春先生之子，刘文华先生的弟子，八卦掌第四代传人）。

临行前，师母给我们爷俩准备了热水和干粮，师母知道外面饭店卫生条件差，尤其是农村蚊蝇太多，怕我们在外面吃坏肚子，就让我们带上水和干粮。我们开车从北草厂胡同出发到琉璃河水泥厂后就没有汽车走的路了。因为是农村，全是庄稼地，只有坑坑洼洼的田间小土路，又因刚下过雨，小路泥泞，加上前面在修路，汽车是开不成了，老师与我商量将汽车存放在附近的老乡家里，我们爷俩就带上水和干粮徒步走在泥泞的乡间小道上，渴了就喝口水,饿了就啃几口干粮,累了就在田埂边上坐下歇一会儿。后来,恩师步子都累得蹒跚了,看到这情景,我心里很不是滋味,那时恩师已是80岁出头的人了。我就说"老师,我背着您走吧?"老人家说什么也不答应,还是顽强地一瘸一拐地慢慢移动着脚步,看着老师的背影,我不禁鼻子一阵阵发酸差点流出了眼泪。

天色渐渐暗了下来,我们爷两总算找到了史建华的家。当时史建华先生家有北房三间,没有院墙,只有用秫秸夹成的篱笆墙圈。房子是两明一暗,明堂的西墙上挂着史兄之师刘文华(翠花刘之义子)的黑白色老相片,屋内陈设简单整洁。

史兄见我和老师风尘仆仆来到寒舍,甚感惊喜。马上打来洗脸水,史大嫂一会儿功夫就端上了热菜,斟满了衡水老白干。两杯酒下肚,老师脸上泛起红晕,精神头也来了,二位老人一见如故侃侃而谈。

史兄与恩师谈到了"翠花刘"的英雄轶事、史兄从师学艺以及八卦掌门中的传奇故事。史兄从过去一直谈到眼前自己有多少门人弟子等等。听着二位老人聊得神彩飞扬我也特别兴奋。史兄在我的心中一直是一个古道侠肠,饱识儒学,文才武略的武林奇才。二位老人越聊越刹不住车了。他们是从古说到今,谈到了中国武术的现状,恩师李子鸣先生讲出了自己"为了保护、拯救中国武术的文化遗产不被失传,要将这些资料编著成书,使其千秋万代薪火相传,永远光大。这样就没有辜负武林前辈们的厚望,也能让老前辈们含笑九泉,同时对得起国家,对得起人民,对得起武林后学"的想法。

史兄被我恩师的意愿、精神及行动所感动,史兄激动地说:"师叔此举乃为八卦门的又一创举。侄儿我虽然只是一个农村小学体育教员,但我一定以师叔为榜样,打破传统保守思想,努力传授八卦掌,弘扬八卦掌,同时也将"刘凤春这一支八卦掌技艺和相关资料整理成书,造福后人,再发余热。"

不知不觉二位老人已聊到了深夜,我实在不放心恩师的身体,担心老人家太疲劳,就几次劝他休息。后来在史兄与嫂子的再三劝说下,恩师才在天亮前睡了两个多小时。

天刚蒙蒙亮，恩师就早早起了床，在院子里与史兄比划起八卦散手。这两位老先生的架式潇洒，身形飘逸自如，真算得上是宝刀不老、老当益壮啊！为了传承八卦掌，为了拯救民族国粹，使其永世留传，恩师不顾年事已高，几十年如一日，四处奔走呼吁，鞠躬尽瘁。

没过几年，突然传来史建华先生去逝的消息，令我痛惜不已。不过码头乡的八卦掌在建华兄儿子史学良先生的传承和带领下却搞得如火如荼，有声有色。

每次采访回来，老师就立刻整理分类成各种专题。在 20 世纪 80 年代中后期，他老人家的视力明显下降，写字，看书越来越吃力。这从老师的手记就可明显看出来。老师实在太辛苦了，我近两年就深有感触，写个文章，眼睛发涨，时间长了头也不舒服。还时常提笔忘字，手也酸得不听使唤。但跟老师比我这又算什么？老师从不服老，只是总觉得时间不够用。我看在眼里、急在心上，我给老师买了一个放大镜，总算能补之万一吧。老师平时都是用毛笔写字。有时墨汁弄得满手满身，衣服上也都是墨迹，他老人家还全然不知，这也给师母添了不少的活儿。每当我看到此景，心里总是酸酸的，心情复杂又沉重。到了后来老师就口述，我来写或者我先写，写完了，再念给老师听。有时为了一个字或一句话，我们爷俩就要反复推敲，揣摩。老人家那认真的样子使我永久无法忘怀，也时时激励着我，不敢有半点怠懈。

皇天不负有心人，在恩师的带领下我们终于整理出了《八卦掌名家轶事》《八卦掌悟通》《梁振蒲八卦转掌》《八卦掌珍秘录》等十几部书稿及相关资料。总算给后人留下点儿真东西，这对我们八卦掌前辈们也算有个交待了。同时，也了却了老师的一个心愿，恩师也捋着他那美髯开心地笑了。

恩师几十年为了梦想不用扬鞭自奋蹄。他老人家做这些事是发自肺腑心甘情愿、无怨无悔的。他老人家辛勤耕耘，奋力拼搏为中国的武术事业献出了自己的心血和力量。而且他全家人都为老人圆梦做出了许多贡献，

尤其是恩师家中的女将们真是巾帼不让须眉，这在我们师兄弟的心中，在八卦掌门里是有目共睹、有口皆碑的。

现在虽然恩师李子鸣先生离开了我们，但他老人家为弘扬传统武术而孜孜不倦的精神永远留在我们的心中，恩师一生视武术如生命，不遗余力地传播中华武术，可谓桃李满天下。现在八卦掌的这朵鲜艳奇葩也越来越艳丽，八卦掌这株大树是硕果累累，这和前辈的努力是分不开的。

作为恩师的弟子，我写此文除了对恩师表示深切的怀念之外，也决心以恩师为楷模，鞭策激励自己在有生之年为八卦掌的薪火相传尽献绵薄余力。同时也祝愿中国传统武术在爱国主义的旗帜下继承、发展、薪火相传，以告慰前贤，福及子孙万代。

郭志善

2014 年 1 月 5 日

我忆师爷二三事

　　敬爱的李子鸣师爷已经离开我们 22 周年了，师奶奶线起华女士也离开我们 7 个年头了。今天，在师爷李子鸣先生著作正式出版之际，我怀着崇敬和无限思念的心情怀念敬爱的师爷和师奶，心绪难平不禁回想起 20 世纪 80 年代，我亲身经历的几件事情。今天想来，事情虽然平常，但透着不平凡，从这平凡小事中却折射出老一代武术家做人做事的高贵品质，令我终身难忘。

一、我为师爷印名片

　　20 世纪 80 年代中期，为便于联系交流，社会上开始流行印制名片。一天，我代赵大元老师去师爷家送材料，师奶奶对我说："你师爷想印点名片，你能帮忙吗？"那时还没有专门印制名片的部门，要找印刷厂才能办，我怕办不好，于是答应师奶奶说："我试试看吧。"当时，已经有人替师爷用稿纸设计了一个格式，职务不下二三十个，大多是国内外各大学武术协会和武术研究机构的名誉会长、顾问等职，名片署名是李子鸣先生。

　　第一次，我通过一家印刷厂先印了 200 张名片，我择其主要职务，采用两面印刷，用的是简体字。拿到成品我自认为美观大方，师爷看了一定会高兴。哪知师爷一看，就瞪眼了，对我嚷道："哪有自己称自己是'先生'的？改了！另外，字体要用繁体字，纸再小点，否则不庄重。"我心有侥幸地对师爷说："您这么大年纪，德高望重，叫先生应当可以吧。再说都印好了，改不了了！"师爷生气地说："不成，那也得改。去掉'先生'二字，而且必须用繁体字，那是咱们中国文化，要不然就不印了。"老人家语气坚决，我怕惹师爷生气，不敢再坚持己见了。师奶在一边说："我们这老先生太倔，办事认真，就听你师爷的吧。"

　　那时印厂大都用简化字，好多印刷厂就没有繁体字头，后来我还是通过同事帮忙，联系了北京大学印刷厂。这次，我长了个心眼，怕师爷不满意，印了几张先到家里让师爷过目，果然师爷又对任职机构的名称、顺序等做了修改。我一一记录清楚，准备正式印制。

当我拿着印好的 200 张名片第三次到家里给师爷看时，老人家满意地笑了。师爷笑得是那么慈祥、满足、开心，令我永远也忘怀不了。

俗话说，言传不如身教。师爷言行一致，居高而不自傲，尊重他人、严谨做事、坦荡做人的高贵品质，应当说对我后来的工作、生活，影响都是积极、深远的！相比之下，社会上那些不知自重、自以为是的所谓高人是多么的渺小啊！

二、两次邂逅师爷

也许因为与师爷缘分所致，我曾两次与师爷在街上不期而遇。

1985 年初夏的一天上午，我骑车外出办事，途经新街口商场时，看见师爷一个人挂着手杖，坐在商场旁边的台阶上，老人家看上去神情有些暗然落寞，似乎有心事，我赶紧推车走到他身旁，向师爷问好，我说："您怎么一人坐在这呢？"师爷认出我后，马上一脸焦虑地说："早上出门，带着一份拳谱，要上朋友家去，装着拳谱的袋子可能落在车上了。"师爷接着说："你赶紧上展览路 7 路汽车总站帮我找找，看还在不在？"师爷操着家乡口音，不时用手杖敲打着地板，而且话说得很快，加上街上人来人往，我也没听清到底是什么拳谱，要到谁家去，来不及多问，我对师爷说："您先别着急，我这就去找，您等着我。"

我一路急行到了 7 路公交车总站。逐一问了出车的司售人员，40 多分钟过去了，问了七八辆车的人员，都说没看见，因怕老人家等得着急，我又赶紧骑回来向师爷汇报。我老远看见师爷还站在那里张望，师爷见没找回拳谱，满脸沮丧不无遗憾地说："唉！这东西丢了就再也没有了……"

我安慰了师爷几句并要送他回家，可他老人家不让我送，让我赶紧上班去。后来我也不知道师爷是怎么回的家，但我能感受到老人家当时的心情一定特别失落和遗憾，或许后悔和痛苦都有吧，因为我知道师爷省吃俭用，生活俭朴，有点钱都花在武术事业上了。

师爷可以毫不吝惜地将自己珍藏多年的拳谱、资料无偿地送给研究者去研究，送给武术爱好者、习练者去学习，但因疏忽丢失了珍贵拳谱一定特别痛惜！因为这对一生习武、嗜武如命的人太重要了！但愿那丢失的拳谱能落在有缘人手里，好好收藏才是幸事啊！

另一次在路上遇到师爷是 1986 年春天的一个早晨，我骑车上班，途经北草厂胡同师爷家，看见师爷与王其昌先生（郭古民先生弟子）正在胡同口马路边拦一辆出租车，司机不愿停，嘴里还不干不净地骂骂咧咧，师爷拦车，而司机却闪过两位老人扬长而去。那时，北京出租车数量很少，司机大都挑活干而且不打表。见此状我骑到两位老人身旁，下车忙问师爷怎么回事儿。

王其昌师伯说："北京科学教育电影制片厂拍的'传统武术八卦掌'今上午 9 点在科影厂看样片，请我们去观片座谈。"其实我也知道此片拍得很成功，师爷是该片的顾问。片子曾在几十个国家放映并引起轰动。我还有幸在该片中和我的老师赵大元先生做了擒拿演练。王师伯说："本来我们说是走着去，可你师爷怕晚了，让人家科影厂同志等咱们不合适，非要拦辆车早点到科影厂，可司机就是不拉。"那时师爷已经 84 岁了。从西直门内走到科影厂，确实不容易。

问清了原由，我看时间还早，就对二老说："您们别急，我给您拦车。"那时车真少啊，好容易等到一辆，司机一听去科影厂，好话说尽，就是不拉。我怕师爷着急，就说："我用自行车推着您走行吗？"师爷想了想，同意了。

师爷魁梧的身材，坐在自行车后架上，王师伯跟着，我小心地推着车，刚走到新街口电影院时，就已经出了一身汗。师爷看着心疼，说什么也不让我再推了，坚持要自己走。这时，我见电影院旁银行门口停着一辆小轿车，像是公家办事的车。我试着过去跟司机师傅搭话，我把情况一说，没想到这位师傅竟痛快地答应送二老去科影厂，当时我要拿钱感谢他，他坚决不要并说："这两位老人真不容易，一看就是好人！"当知道师爷和王师伯是习武之人时，司机的脸上又增添了几分羡慕和敬佩。

我一路跟着小车骑行到了科影厂，谢过司机师傅，师爷满意而又高兴地对我说："快去上班吧。"看着他们二老进了科影厂，我才放心离去，一看手表，离科影厂要求的时间还早呢！

这本是件小事，但师爷讲信用、守时间，那么大年纪仍热衷武术事业，关心传统武术发展，师爷对他人的尊重，平凡而朴实的美德，深深印在我的记忆里。我也特别感谢那位没有留下姓名的好师傅。他的不图回报、乐于助人的好品行，在当今社会是多么可贵啊！相信他一定好人定有好报。

三、传真艺，赠书画，寄望后学晚辈

从 1985 年到 1992 年，我在西直门外上苑村工作，那时每天骑车都要路过师爷居住的北草厂胡同，加之偶尔替老师递送些材料，使我时常能到师爷家，接触到师爷和师奶奶。凡接触过师奶奶的人都知道她老人家热情好客，不管对谁都是笑脸相迎，真情相送。对后生晚辈更是慈祥有加，如待亲人。赶上饭点，总还要留客人和徒弟吃饭，让人有如到自家的感觉。她老人家常对我说："有时间就到家来玩儿。"那时，我上下班有空都会去看看二老，有时就在师爷家坐坐。如果赶上有人拜访师爷，我问候二老后，即告辞离去。赶上师爷、师奶没什么事，我就多呆会儿。师爷一见面常问的话就是："练了吗？"如果我回答一直练着呢，老人家就会高兴地点点头，有时老人家一高兴就会说："你练练我看看。"练后老人家每次都会对我的动作进行评价和指点，并嘱咐说："你老师怎么教，你就怎么练，别贪多，多转掌，会得多不如练得精……"

1991 年，我有幸入选北京市武协武术代表队，参加在河南濮阳举行的首届国际武术交流大会。赵大元老师对我精心指导，当时在北京武术队还集训了几次。临行前，老师带我上师爷家，师爷看过我的演练说："表演时怎么练都行，可以发挥，但练功必须按传统要求练！"当时师爷还对穿掌及腿法等的练法、用法给我进行了具体指点。由于师爷和老师的指教，这次比赛我获得了优胜奖。从河南回来后，我专门去师爷家看望汇报。当时，师爷说了很多，还提笔挥毫写下"学习"二字送给我，并将他撰写的《董海川转掌》《梁振蒲八卦掌》题上字送给我作为勉励。我理解"学"就是要好好向老师、前辈、向比自己强的人、向优秀的传统文化学；"习"

就是要坚持不懈地去锻炼和实践。通过不断的"学习"去努力提升自己，

从而把优秀的传统文化和技艺继承发展下去。师爷一生习武、研武、传武，他老人家多才多艺，光彩照人，对后生晚辈饱含深情并鼓励，寄望后学。与师爷接触的几年中，他老人家传授的技艺，我铭记在心，不敢忘记。老人家赠送的书画、书籍，我当珍宝一样珍藏。

我想，我只是众多得师爷指教的后生晚辈中的一个，我是幸运的，这些教诲弥足珍贵，我会终生好好珍惜。对于传统武术我们要不懈地努力追求，这将是对师爷、师奶两位老人最好的报答。

再传弟子　杨十明
2014 年 8 月

跋

　　《八卦掌汇宗》一书就要和广大读者见面了，辛苦和兴奋之余，更多要说的还是"感谢"二字。

　　我想，如果没有父母大人在世时为弘扬民族精神、传承中华国粹不懈的努力，没有他们的榜样力量和对我们子女的谆谆教诲，可能就没有此书的出版。

　　但是，如果没有武术界领导和同仁好友们的关注和激励，更不会令这本书这么圆满。这中间有多少人热情的期盼与无私的帮助啊！

　　中国武术协会四任主席，都先后亲笔为李子鸣先生写了回忆文章和序，这对我们是莫大的荣幸和激励，我们绝不会辜负领导们的期望，一定继承父母的遗愿，努力实现他们未竟的事业。

　　记得 1992 年，在父亲病重期间，为了能让父亲早日看到他的著作正式出版，经中国武术协会康戈武先生推荐，由他的师兄张修林先生替父亲整理这本著作的资料。那年张修林先生在我家住了两个多月，与我们朝夕相处，携手完成了资料的整理。22 年过去了，对于他们两位先生的帮助我们一直不能忘怀，借李子鸣先生著作出版之际，谨将张修林先生与父亲唯一一张合影刊登在此，作为永远的纪念。

　　自 2004 年始，我就与人民体育出版社为出此书一事多次联系并合作。人民体育出版社总编室主任何阳先生、编辑室主任张建林先生和编辑孔令良老师，也给予我们极大的鼓励和支持，了却了我们在人民体育出版社为父亲出书的愿望。

　　我代表家人和父亲的传人在此一并感谢所有为此书付出辛勤工作的领导和朋友！

北京武术运动协会八卦掌研究会常务副会长

《八卦掌汇宗》整理者

李秀人

2014 年 7 月

图书在版编目（CIP）数据

八卦掌汇宗 / 李子鸣著. –北京：人民体育出版社，
2015（2020.6.重印）
ISBN 978-7-5009-4714-1

Ⅰ.①八… Ⅱ.①李… Ⅲ.①八卦掌–基本知识
Ⅳ.①G852.16

中国版本图书馆 CIP 数据核字（2014）第210105号

*

人民体育出版社出版发行
三河兴达印务有限公司印刷
新　华　书　店　经　销

*

787×1092　16开本　18.75印张　270千字
2015 年 2 月第 1 版　　2020 年 6 月第 5 次印刷
印数：12,001——14,000册

*

ISBN 978-7-5009-4714-1
定价：65.00元

社址：北京市东城区体育馆路 8 号（天坛公园东门）
电话：67151482（发行部）　　　邮编：100061
传真：67151483　　　　　　　　邮购：67118491
网址：www.sportspublish.cn
（购买本社图书，如遇有缺损页可与邮购部联系）